■ 柬农林渔业部长会见专家组

■ 专家组获柬农林渔业部表彰

■ 专家组开展园艺产业调研

■ 指导柬方农药残留检测设备使用流程

■ 赴芒果种植基地及种植企业调研交流

■ 赴中柬农业示范基地调研

■ 现场指导木薯种植

■ 调研柬埔寨皇家农业大学

■ 调研腰果加工企业

■ 调研农产品质量安全实验室

■ 调研农民专业合作社

■ 开展农药残留技术培训

■ 开展政府官员培训

■ 现场指导柬方实验室工作人员

■ 开展农产品加工与质量安全综合培训

■ 参加柬现代农业发展规划可行性研究中柬研讨会

■ 驻柬使馆经商处领导出席项目物资设备捐赠仪式

■ 向柬埔寨农业产业局捐赠玻璃仪器及试剂

推动海南省农业厅和中国热带农业科学院与柬皇家农业大学签署合作协议

推动中国热带农业科学院与柬农业总局签署合作仪式

推动北京市农林科学院与柬农业产业局签署合作协议

■ 中心评估团和专家组会见柬埔寨农林渔业部总秘书长

■ 与柬农业总局座谈

■ 会见使馆经商处领导

柬埔寨农业调研报告

农业农村部国际交流服务中心　编著

中国农业科学技术出版社

图书在版编目（CIP）数据

柬埔寨农业调研报告／农业农村部国际交流服务中心编著．—北京：中国农业科学技术出版社，2020.6

ISBN 978-7-5116-4769-6

Ⅰ.①柬…　Ⅱ.①农…　Ⅲ.①农业经济-调查报告-柬埔寨　Ⅳ.①F333.5

中国版本图书馆 CIP 数据核字（2020）第 087380 号

责任编辑　李　雪　徐定娜
责任校对　贾海霞

出 版 者　中国农业科学技术出版社
北京市中关村南大街 12 号　邮编：100081
电　　话　(010) 82105169（编辑室）　(010) 82109702（发行部）
(010) 82109709（读者服务部）
传　　真　(010) 82106650
网　　址　http://www.castp.cn
经 销 者　各地新华书店
印 刷 者　北京建宏印刷有限公司
开　　本　787mm×1 092mm　1/16
印　　张　15.5
彩　　插　8 面
字　　数　332 千字
版　　次　2020 年 6 月第 1 版　2020 年 6 月第 1 次印刷
定　　价　68.00 元

《柬埔寨农业调研报告》
编 委 会

《柬埔寨农业调研报告》编著人员

张　超　李春阳　韩　宇　肖红梅

朱光艳　党选民　张传胜　牛　艳

何全光　陈　锋　万　平

前言

为落实李克强总理在中国—东盟领导人会议上所作承诺，推动“一带一路”倡议切实落实，深化中国—柬埔寨农业合作，应柬方要求，在农业农村部国际合作司、商务部培训中心等主管部门的领导和指导下，农业农村部国际交流服务中心（以下简称“中心”）分别于2017年、2018年和2019年向柬埔寨派遣了3个援柬高级别农业专家组（以下简称“援柬农业组”），致力于助柬完善农业领域相关政策法规、提升高级别官员管理能力、促进农业可持续发展。

三期项目实施过程中，在中国驻柬埔寨大使馆（以下简称“驻柬使馆”）的领导与指导下，援柬农业组坚持因地制宜原则，将能力建设作为有效手段和支撑，与柬农林渔业部密切对接，围绕政策咨询、技术指导、能力建设等主题开展援助工作，务实传授农机、水稻、土壤、经营、畜牧、兽医、农技推广、农药残留、农产品加工和质量安全等领域众多实用的先进技术经验，助柬出台或完善了相关产业发展政策，提升了柬农业系统官员和专家的能力水平，圆满完成各项援助任务，得到了柬方高度认可和嘉奖。

2019年4月，中柬两国签署《构建中柬命运共同体行动计划》，中方“一带一路”建设与柬方“四角战略”紧密对接。柬埔寨农业资源丰富，农业发展是其“四角战略”的重要内容，双方农业合作潜力巨大。为全面系统掌握柬埔寨农业发展情况，更好促进两国农业下一步合作，援柬农业组在中心指导和驻柬使馆、柬农林渔业部等部门支持下，积极发扬“钉钉子”精神，深入柬农业主产区实地开展调研，结合座谈交流、资料查阅等方式，最终完成《柬埔寨农业调研报告》。报告较为详细地介绍了柬埔寨农业发展情况、政府架构，以及种植业、畜牧业、渔业、天然橡胶和食品安全等重点领域发展情况，提出了中柬农业合作的建议举措。相信调研报告的编印，能够为国内相关决策部门提供参考，为相关企业、学界合作提供信息，为进一步促进中柬农业合作提供有益支持。

编著者

2020年3月

目录

第一章　柬埔寨农业发展概况

一、自然环境

（一）地理位置

柬埔寨位于东南亚中南半岛，面积 181 035 平方千米，首都金边。柬埔寨西部及西北部与泰国接壤，东北部与老挝交界，东部及东南部与越南毗邻，南部面向暹罗湾。全国最南端至西部地处热带区域，北部以扁担山脉与泰国柯叻交界，东部的腊塔纳基里台地和 Chhlong 高地与越南中央高地相邻。

（二）地　形

柬埔寨中部和南部是平原，东部、北部和西部被山地、高原环绕，大部分地区被森林覆盖。豆蔻山脉东段的奥拉山海拔 1 813 米，为境内最高峰。柬埔寨领土为碟状盆地，三面受丘陵与山脉环绕；中部为广阔而富庶的平原，占全国面积 3/4 以上。西部是狭窄的海岸平原，面对暹逻湾的西哈努克海。扁担山脉在洞里萨流域北边，由泰国的柯叻台地南部陡峭悬崖构成，是泰国和柬埔寨国界。境内有湄公河和东南亚最大的淡水湖——洞里萨湖。

（三）气　候

柬埔寨属热带季风气候，分为旱季和雨季，5—10 月为雨季，11 月至翌年 4 月为旱季。每个月的温度和湿度见表 1-1。每年 4 月、5 月和 6 月的平均气温最高，可以达到 25℃以上，每年 1 月和 12 月的平均气温最低，分别为 21.9℃和 21.7℃，全年平均气温波动在 5℃左右。平均湿度在雨季会提高至 80%以上，旱季主要在 80%以下。

表 1-1　柬埔寨全年平均温度和湿度

月份	平均气温（℃）	平均湿度（%）
1 月	21.9	73
2 月	23.0	71
3 月	24.1	71
4 月	25.0	73
5 月	25.3	77

（续表）

月份	平均气温（℃）	平均湿度（%）
6月	25.0	78
7月	24.7	80
8月	24.6	81
9月	24.3	84
10月	23.8	84
11月	22.7	78
12月	21.7	73

数据来源：https://www.weather-atlas.com/zh/cambodia/phnom-penh-climate

受地形和季风影响，各地降水量差异较大，象山南端可达5 400毫米，金边以东约1 000毫米。全年的降水量、降雨天数和日照时间见表1-2。全年的降水集中在雨季，从4—11月，平均降水量在100毫米以上，其他月份则低于100毫米，2月的降水最少，仅为11.5毫米。在雨季，平均日照时间为4～6小时，旱季的平均日照时间可以增加至7～8小时，3月的平均日照时间可以达到8.6小时，为全年中最长。

表1-2　柬埔寨全年平均降水量、降雨天数和日照时间

月份	平均降水量（毫米）	平均降水天数（天）	平均日照时间（小时）
1月	25.5	2.8	8.4
2月	11.5	2.4	8.1
3月	58.0	5.2	8.6
4月	101.0	8.6	8.0
5月	111.6	16.4	6.5
6月	177.1	16.6	6.4
7月	195.9	19.6	4.6
8月	172.0	21.4	5.6
9月	248.8	19.8	4.3
10月	318.9	24.0	6.5
11月	135.0	11.8	7.1
12月	80.3	4.8	7.8

数据来源：https://www.weather-atlas.com/zh/cambodia/phnom-penh-climate

（四）水　文

湄公河在境内长约500千米，流贯东部。洞里萨湖是中南半岛最大的湖泊，低水位时面积2 500多平方千米，雨季湖面达1万平方千米。湄公河和洞里萨湖是柬埔寨的重要水源，也是柬埔寨食物供应的主要来源，每年的经济价值为20亿美元。然而随着人口的增长，对水的需求在缺乏有效保障措施的情况下，这种情况正在发生变化。经济增长导致工农业用水需求量增加，从而带来不同部门之间的竞争，影响了水的质量和数量。柬埔寨对其可再生淡水的依赖率为 74.7%，这表明柬埔寨有近 3/4 的水来自另一个国家。每年多达 471.51 立方千米的水由老挝通过湄公河及其支流流入越南，这更加突出了湄公河国家之间至关重要的相互依存关系，以及他们对于邻国，特别是上游国家的行动的敏感。降雨是淡水的主要来源，森林集水区和其他集水区对生产至关重要。渔业在获得上游充足和无污染的淡水支持后，逐渐成为柬埔寨经济的重要支柱。在过去的几年里，渔业得到了蓬勃发展，2014 年全国渔业的产量达到 120 055 吨，约为 2010 年产量的两倍。

全国范围内的湖泊和河流平衡正在改变。由于部分上游河坝建设，湄公河部分地区的泥沙侵蚀特别严重，导致鱼类生态和土壤发生改变。沉积物中含有植物和鱼类生长所必需的营养物质。沉积物平衡的变化可能会影响湄公河的生产力，特别是鱼类和水稻的生产。洞里萨湖具有特别重要的作用，因为它与湄公河和众多支流及相关水体联系在一起。洞里萨湖生态系统及其功能是由它们与湄公河的相互作用决定的。这两个水系因季节的不同有很大的变化。雨季期间，河水的季节性上升使湖水和沉积物增加。这种全球独特的洪水脉冲系统特别脆弱。

水资源和气象部主要负责开发和管理柬埔寨的水资源，并负责监督灌溉开发和防洪等工作。水资源和气象部还负责淡水资源和海洋水资源管理。柬埔寨的水资源是根据 2007 年的《水资源法》进行管理的。灌溉开发和水资源管理的有效性和可持续性依然是农民、政府机构、私营部门和一系列发展组织等利益相关者共同面临的挑战。

2019 年 2 月，水资源和气象部宣布计划开发一个水数据中心。该中心是 2019—2033 年国家灌溉系统和水资源管理投资方案的一部分。该中心的数据将有助于管理来自 5 个河流和 39 个次河流流域的水资源。

湄公河，特别是下湄公河流域，已经被确定为极易受到气候变化影响的地区。气候变化将会影响水循环，带来主要河流和支流的水文变化及地下水补给。洪水或干旱造成的灾难极大影响了全国人民政治和经济生活。2015 年 5 月，国家灾害管理委员会表示全国有 250 万人的生活直接受到干旱的影响。2016 年 3 月，湄公河比同期的平均水位低 30%～50%。

水生态系统还可能因土地利用、基础设施发展以及不可持续的农业生产活动和过度捕捞而受到威胁。尤其是洞里萨湖特定的生态系统最脆弱。几个湄公河国家计划建设或正在建设的湄公河及其支流上的大型水电项目可能会对下游社区产生负面影响。湄公河委员会于 2017 年 10 月指出，柬埔寨目前缺乏有效的方法来预测和控制 Sesan、Srepok 流域的洪水（https://opendevelopmentcambodia.net/

topics/water-resources/)。

二、社会环境

（一）经济发展

政府实行对外开放的自由市场经济，推行经济私有化和贸易自由化，把发展经济、消除贫困作为首要任务，把农业、加工业、旅游业、基础设施建设及人才培养作为优先发展领域和任务，推进行政、财经、军队和司法等改革，提高政府工作效率，改善投资环境，取得了一定成效。

表 1-3 显示了从 1960 年至 2018 年全国国内生产总值、国内生产总值年均增长率、人均国内生产总值及其通胀率。其中，1975 年至 1992 年的数据由于多种原因而缺失。自 1993 年至 2018 年，全国国内生产总值呈现快速上涨的趋势，除了 1998 年亚洲金融危机期间，其年增长率基本维持在 7%以上，是全球经济增长最活跃的国家之一。1993 年，人均国内生产总值为 254. 12 美元，随后保持增长趋势至 2018 年，2018 年人均国内生产总值为 1 510. 32 美元，比 1993 年提高将近 5 倍；而同期的通胀率主要介于 1%～6%（除 2008 年的通胀率为 25%），国民经济处于健康的发展区域。

表 1-3　柬埔寨国内生产总值和通胀率

年份	国内生产总值（美元）	国内生产总值年增长率（%）	人均国内生产总值（美元）	通胀率（%）
1960	637 142 865. 71	0. 90	111. 34	—
1961	642 857 134. 29	2. 67	109. 46	—
1962	660 000 008. 57	10. 39	109. 48	—
1963	728 571 437. 14	7. 45	117. 82	—
1964	782 857 128. 57	10. 95	123. 65	—
1965	868 571 428. 57	5. 26	134. 30	—
1966	914 285 714. 29	5. 31	138. 84	—
1967	962 857 134. 29	10. 68	144. 01	—
1968	1 065 714 248. 57	-8. 15	157. 19	—
1969	978 873 232. 39	-26. 61	142. 27	—
1970	718 401 157. 72	35. 01	102. 68	—
1971	969 911 421. 39	-47. 88	135. 85	—
1972	505 549 441. 38	39. 04	69. 23	—
1973	702 899 155. 98	-16. 28	94. 36	—
1974	588 443 893. 69	-100. 00	78. 11	—
1975—1992	—	—	—	—

（续表）

年份	国内生产总值（美元）	国内生产总值年增长率（%）	人均国内生产总值（美元）	通胀率（%）
1993	2 533 727 592. 04	10. 17	254. 12	—
1994	2 791 435 272. 27	23. 28	270. 54	—
1995	3 441 205 692. 92	1. 90	322. 93	-0. 80
1996	3 506 695 719. 57	-1. 80	319. 29	7. 15
1997	3 443 413 388. 69	-9. 38	304. 76	7. 96
1998	3 120 425 502. 58	12. 72	268. 99	14. 81
1999	3 517 242 477. 23	4. 57	295. 90	4. 01
2000	3 677 897 739. 08	8. 32	302. 58	-0. 79
2001	3 984 000 517. 02	7. 53	321. 15	-0. 60
2002	4 284 028 482. 54	8. 74	338. 99	3. 23
2003	4 658 246 918. 27	14. 59	362. 34	1. 21
2004	5 337 833 248. 04	17. 90	408. 51	3. 92
2005	6 293 046 161. 83	15. 60	474. 11	6. 35
2006	7 274 595 706. 67	18. 76	539. 75	6. 14
2007	8 639 235 842. 18	19. 82	631. 52	7. 67
2008	10 351 914 093. 17	0. 48	745. 61	25. 00
2009	10 401 851 850. 61	8. 08	738. 05	-0. 66
2010	11 242 275 198. 98	14. 12	785. 50	4. 00
2011	12 829 541 141. 01	9. 55	882. 28	5. 48
2012	14 054 443 213. 46	8. 35	950. 88	2. 93
2013	15 227 991 395. 22	9. 68	1 013. 42	2. 94
2014	16 702 610 842. 40	8. 07	1 093. 50	3. 86
2015	18 049 954 289. 42	11. 69	1 162. 90	1. 22
2016	20 159 271 964. 96	10. 03	1 278. 63	3. 05
2017	22 180 376 505. 73	10. 65	1 385. 46	2. 89
2018	24 542 474 061. 24	—	1 510. 32	—

数据来源：世界银行统计

“—”表示未统计或未上报

表 1-4 显示瑞尔与美元汇率和年化活期存款利率变化情况。2007—2018 年瑞尔与美元汇率呈现波动性趋势，2010 年瑞尔与美元汇率达到最高为 4 184. 9，2018 年瑞尔与美元汇率为 4 051. 2。2007—2018 年年化活期存款利率呈现降低的趋势，2018 年年化活期存款利率为 1. 38%，货币供应充足。

表 1-4　瑞尔与美元汇率和年化活期存款利率（2007—2018 年）

年份	瑞尔与美元汇率	活期存款利率（%）
2018	4 051. 2	1. 38
2017	4 050. 6	1. 53

（续表）

年份	瑞尔与美元汇率	活期存款利率（%）
2016	4 058.7	1.44
2015	4 057.8	1.42
2014	4 037.5	1.42
2013	4 027.3	1.34
2012	4 033.0	1.33
2011	4 058.5	1.34
2010	4 184.9	1.26
2009	4 139.3	1.66
2008	4 054.2	1.91
2007	4 056.2	1.90

数据来源：https://www.ceicdata.com

国内生产总值是由工业、农业和服务业贡献组成，其总值是工业、农业和服务业产值之和，表 1-5 显示 2007—2018 年工业、农业和服务业产值。2018 年，国内生产总值为 62 419 200 000 美元，其中，工业、农业和服务业产值分别为 32 142 200 000 美元、9 504 500 000 美元和 20 772 500 000 美元，其分别占比为 51.49%、15.23%和 33.28%。其中，工业产值在 2010—2018 年保持持续性增长，其年增长率为 3.80%～7.06%；农业产值在 2010—2018 年保持持续性增长，但其年增长率均呈现负值，介于-8.76%～-1.70%；服务业产值在 2010—2018 年保持持续性增长，但其年增长率介于-3.36%～0.08%。工业产值比例逐渐提高，而农业产值比例逐渐降低。

（二）旅游业发展

2000 年以来，柬埔寨政府大力推行“开放天空”政策，支持、鼓励外国航空公司开辟直飞金边和吴哥游览区的航线。2002 年，柬埔寨政府加大对旅游业的资金投入，修复古迹，开发新景点，改善旅游环境。旅游业的快速发展带动了与其相关产业的发展，2009 年，服务业产值占国内生产总值的 39.85%，高于工业和农业产值占国内生产总值的比例，其分别为 32.39%和 27.76%；2018 年，服务业产值占国内生产总值的 33.28%，低于工业和农业产值占国内生产总值的比例，其分别为 51.49%、15.23%，因而服务业发展速度低于工业发展速度。

2012 年，柬埔寨共接待外国游客 358 万人次，旅游收入达 22.1 亿美元；2013 年，柬埔寨共接待外国游客 421 万人次，旅游收入达 25.47 亿美元；2014 年，柬埔寨共接待外国游客 450.3 万人次，旅游收入达 27.36 亿美元；2015 年，柬埔寨共接待外国游客 477.5 万人次，旅游收入达 30.12 亿美元；2016 年，柬埔寨共接待外国游客 501.2 万人次，旅游收入达 32.12 亿美元；2017 年，柬埔寨共

表 1-5 工业、农业和服务业产值（2007—2018 年） （%）

年份	国内生产总值（美元）	国内生产总值年增长率	工业产值（美元）	工业产值占比	工业产值年增长率	农业产值（美元）	农业产值占比	农业产值年增长率	服务业产值（美元）	服务业产值占比	服务业产值年增长率
2007	26 203 600 000	—	8 741 000 000	33. 36	—	7 173 800 000	27. 38	—	10 288 800 000	39. 26	—
2008	28 190 300 000	7. 58	9 389 100 000	33. 31	-0. 16	7 583 800 000	26. 90	-1. 73	11 217 400 000	39. 79	1. 34
2009	28 799 200 000	2. 16	9 326 800 000	32. 39	-2. 76	7 994 700 000	27. 76	3. 19	11 477 700 000	39. 85	0. 16
2010	30 456 900 000	5. 76	10 288 700 000	33. 78	4. 31	8 311 000 000	27. 29	-1. 70	11 857 200 000	38. 93	-2. 32
2011	32 545 000 000	6. 86	11 529 000 000	35. 42	4. 87	8 567 000 000	26. 32	-3. 53	12 449 000 000	38. 25	-1. 75
2012	35 417 100 000	8. 83	13 023 400 000	36. 77	3. 80	8 935 900 000	25. 23	-4. 15	13 457 800 000	38. 00	-0. 66
2013	38 461 800 000	8. 60	14 760 000 000	38. 38	4. 36	9 075 900 000	23. 60	-6. 47	14 625 900 000	38. 03	0. 08
2014	42 273 100 000	9. 91	17 268 400 000	40. 85	6. 45	9 101 400 000	21. 53	-8. 76	15 903 300 000	37. 62	-1. 07
2015	46 469 600 000	9. 93	20 323 100 000	43. 73	7. 06	9 119 900 000	19. 63	-8. 85	17 026 600 000	36. 64	-2. 61
2016	51 349 500 000	10. 50	23 927 300 000	46. 60	6. 55	9 240 600 000	18. 00	-8. 31	18 181 600 000	35. 41	-3. 36
2017	56 570 200 000	10. 17	27 711 800 000	48. 99	5. 13	9 401 200 000	16. 62	-7. 65	19 457 200 000	34. 39	-2. 86
2018	62 419 200 000	10. 34	32 142 200 000	51. 49	5. 12	9 504 500 000	15. 23	-8. 37	20 772 500 000	33. 28	-3. 24

数据来源：https://www. ceicdata. com

“—”表示未统计或未上报

接待外国游客 560. 2 万人次，旅游收入达 36. 38 亿美元；2018 年，柬埔寨共接待外国游客 620 万人次，旅游收入达 47 亿美元（国家 2018 年政府报告）。截至 2017 年，在旅游部注册的全国旅游胜地达 394 个，其中文化历史胜地 114 个，自然文化历史胜地 21 个，自然文化旅游胜地 27 个和自然游旅胜地 196 个。

（三）人口与教育

表 1-6 显示全国人口数量及其性别分布。从 1950 年至 2018 年，全国人口数量呈现增长的趋势，仅在 1975 年至 1980 年，人口数量出现降低。全国年人口增长率维持在 1%～4%，仅在 1975 年至 1980 年，年人口增长率出现负值。从 1980 年至 2001 年，人口出现快速增长的趋势，年人口增长率维持在 2% 以上，最高达到 3. 88%（1984 年），从 2002 年至今，全国年人口增长率维持在 1. 5%～2. 0%，人口增速降低。全国男性和女性的人口数量呈现增长趋势，男性的比例略低于女性，2018 年全国男性和女性的比例分别为 48. 8% 和 51. 2%，相差 2. 4%。

表 1-6　全国人口数量及其性别分布

年份	男性（千人）	男性比例（%）	女性（千人）	女性比例（%）	合计（千人）	年人口增长率（%）
1950	2 216. 26	50. 00	2 216. 46	50. 00	4 432. 71	—
1951	2 268. 74	50. 00	2 268. 93	50. 00	4 537. 68	2. 37
1952	2 327. 79	49. 99	2 328. 63	50. 01	4 656. 42	2. 62
1953	2 390. 67	49. 98	2 392. 53	50. 02	4 783. 20	2. 72
1954	2 455. 35	49. 97	2 458. 40	50. 03	4 913. 74	2. 73
1955	2 520. 52	49. 96	2 524. 76	50. 04	5 045. 29	2. 68
1956	2 585. 63	49. 95	2 591. 01	50. 05	5 176. 64	2. 60
1957	2 650. 83	49. 94	2 657. 30	50. 06	5 308. 13	2. 54
1958	2 716. 88	49. 93	2 724. 44	50. 07	5 441. 32	2. 51
1959	2 784. 96	49. 92	2 793. 74	50. 08	5 578. 69	2. 52
1960	2 856. 08	49. 91	2 866. 29	50. 09	5 722. 37	2. 58
1961	2 930. 52	49. 90	2 942. 45	50. 10	5 872. 97	2. 63
1962	3 007. 26	49. 88	3 021. 18	50. 12	6 028. 43	2. 65
1963	3 083. 76	49. 87	3 099. 83	50. 13	6 183. 58	2. 57
1964	3 156. 63	49. 86	3 174. 82	50. 14	6 331. 45	2. 39
1965	3 223. 49	49. 84	3 243. 70	50. 16	6 467. 20	2. 14
1966	3 281. 16	49. 83	3 303. 87	50. 17	6 585. 04	1. 82
1967	3 329. 97	49. 81	3 356. 00	50. 19	6 685. 96	1. 53
1968	3 375. 11	49. 78	3 404. 67	50. 22	6 779. 79	1. 40
1969	3 424. 12	49. 76	3 456. 51	50. 24	6 880. 62	1. 49
1970	3 481. 12	49. 75	3 515. 46	50. 25	6 996. 58	1. 69
1971	3 553. 09	49. 77	3 586. 55	50. 23	7 139. 65	2. 04

（续表）

年份	男性（千人）	男性比例（%）	女性（千人）	女性比例（%）	合计（千人）	年人口增长率（%）
1972	3 635.66	49.79	3 666.45	50.21	7 302.11	2.28
1973	3 708.30	49.78	3 740.93	50.22	7 449.24	2.01
1974	3 743.00	49.69	3 790.33	50.31	7 533.34	1.13
1975	3 722.16	49.47	3 802.30	50.53	7 524.45	-0.12
1976	3 635.05	49.09	3 769.63	50.91	7 404.68	-1.59
1977	3 494.73	48.56	3 701.31	51.44	7 196.04	-2.82
1978	3 336.49	47.96	3 620.78	52.04	6 957.27	-3.32
1979	3 209.59	47.41	3 560.80	52.59	6 770.40	-2.69
1980	3 148.99	47.04	3 544.77	52.96	6 693.76	-1.13
1981	3 168.16	46.94	3 581.69	53.06	6 749.85	0.84
1982	3 255.61	47.05	3 664.19	52.95	6 919.80	2.52
1983	3 390.87	47.29	3 779.14	52.71	7 170.00	3.62
1984	3 541.98	47.56	3 905.87	52.44	7 447.85	3.88
1985	3 685.53	47.77	4 029.36	52.23	7 714.88	3.59
1986	3 815.45	47.93	4 145.50	52.07	7 960.95	3.19
1987	3 938.85	48.05	4 259.23	51.95	8 198.08	2.98
1988	4 060.84	48.14	4 375.07	51.86	8 435.91	2.90
1989	4 190.70	48.22	4 500.63	51.78	8 691.33	3.03
1990	4 334.68	48.29	4 640.92	51.71	8 975.60	3.27
1991	4 492.86	48.37	4 796.44	51.63	9 289.30	3.50
1992	4 660.52	48.43	4 963.38	51.57	9 623.89	3.60
1993	4 833.46	48.48	5 137.26	51.52	9 970.73	3.60
1994	5 005.90	48.52	5 312.00	51.48	10 317.90	3.48
1995	5 173.36	48.55	5 482.79	51.45	10 656.14	3.28
1996	5 334.70	48.57	5 648.22	51.43	10 982.92	3.07
1997	5 490.13	48.59	5 808.47	51.41	11 298.60	2.87
1998	5 638.16	48.60	5 962.35	51.40	11 600.51	2.67
1999	5 777.51	48.61	6 108.96	51.39	11 886.46	2.46
2000	5 907.47	48.60	6 247.77	51.40	12 155.24	2.26
2001	6 027.17	48.58	6 378.24	51.42	12 405.41	2.06
2002	6 137.22	48.56	6 500.50	51.44	12 637.73	1.87
2003	6 240.51	48.54	6 615.66	51.46	12 856.16	1.73
2004	6 341.05	48.53	6 725.42	51.47	13 066.47	1.64
2005	6 442.01	48.53	6 831.35	51.47	13 273.35	1.58
2006	6 544.22	48.56	6 933.49	51.44	13 477.71	1.54
2007	6 647.52	48.59	7 032.43	51.41	13 679.96	1.50
2008	6 752.83	48.64	7 131.01	51.36	13 883.83	1.49
2009	6 860.85	48.68	7 232.76	51.32	14 093.6	1.51
2010	6 972.05	48.71	7 340.16	51.29	14 312.21	1.55
2011	7 087.01	48.74	7 454.42	51.26	14 541.42	1.60
2012	7 205.61	48.75	7 574.84	51.25	14 780.45	1.64
2013	7 326.77	48.76	7 699.56	51.24	15 026.33	1.66

（续表）

年份	男性（千人）	男性比例（%）	女性（千人）	女性比例（%）	合计（千人）	年人口增长率（%）
2014	7 448.81	48.77	7 825.70	51.23	15 274.50	1.65
2015	7 570.44	48.77	7 950.99	51.23	15 521.44	1.62
2016	7 691.29	48.78	8 075.00	51.22	15 766.29	1.58
2017	7 811.39	48.79	8 198.03	51.21	16 009.41	1.54
2018	7 930.23	48.80	8 319.57	51.20	16 249.79	1.50

数据来源：FAO 统计

“—”表示未统计或未上报

表 1-7 显示 2008—2018 年全国各年龄段人口分布。柬埔寨的人口在 2018 年达到 1 625.79万人，0～14 岁年龄段人数、15～24 岁年龄段人数、25～49 岁年龄段人数和 50 岁以上人口数占总数比例分别为 31.19%、19.00%、34.58% 和 15.24%，青壮年劳动力比例较高。

表 1-7　2008—2018 年全国各年龄段人口分布

年份	人口总数（万人）	0～14 岁年龄段人数（万人）	0～14 岁年龄段人数占总数的比例（%）	15～24 岁年龄段人数（万人）	15～24 岁年龄段人数占总数的比例（%）	25～49 岁年龄段人数（万人）	25～49 岁年龄段人数占总数的比例（%）	50 岁以上人口数（万人）	50 岁以上年龄段人数占总数的比例（%）
2008	1 388.39	480.84	34.63	315.16	22.70	425.76	30.67	166.63	12.00
2009	1 409.35	477.99	33.92	306.17	21.72	452.45	32.10	172.74	12.26
2010	1 431.23	476.98	33.33	298.92	20.89	475.42	33.22	179.91	12.57
2011	1 454.14	478.72	32.92	300.00	20.63	488.48	33.59	186.94	12.86
2012	1 478.05	480.30	32.50	305.26	20.65	497.31	33.65	195.18	13.21
2013	1 502.63	482.51	32.11	312.43	20.79	503.50	33.51	204.19	13.59
2014	1 527.45	485.91	31.81	317.97	20.82	510.23	33.40	213.34	13.97
2015	1 552.13	490.51	31.60	319.79	20.60	519.56	33.47	222.27	14.32
2016	1 576.63	494.89	31.39	318.69	20.21	532.03	33.74	231.02	14.65
2017	1 600.94	500.65	31.27	314.29	19.63	546.57	34.14	239.43	14.96
2018	1 625.79	507.02	31.19	308.84	19.00	562.21	34.58	247.72	15.24

数据来源：FAO 统计

据柬埔寨教育部统计，2014 年柬埔寨共有 2 772 所幼儿园，138 038名入园儿童；6 476所小学，学生人数 2 326 152名；1 321所中学，学生人数 898 594名；63 所大学（18 所公立大学，45 所私立大学），学生人数 11 万余人。表 1-8 显示全国各教育层级入学率。2015 年，学前教育、初等教育、中等教育和高等教育的总入学率分别为 17.9%、116.7%、未统计和 13.1%。在 2004—2015 年，学前教育和高等教育总入学率呈现波动性增长的趋势。

表 1-8 2004—2015 年全国各教育层级总入学率 (%)

年份	学前教育总入学率	初等教育总入学率※	中等教育总入学率	高等教育总入学率
2015	17.9	116.7	—	13.1
2014	17.6	116.4	—	—
2013	14.6	123.0	—	—
2012	14.5	121.4	—	—
2011	12.4	121.7	—	15.9
2010	12.5	123.4	—	14.1
2009	13.2	122.8	—	11.7
2008	12.4	123.3	45.1	9.1
2007	11.3	127.4	42.5	7.3
2006	10.5	128.4	39.6	5.7
2005	10.2	130.4	31.2	3.4
2004	8.9	131.5	27.4	2.8

数据来源：FAO 统计

"—" 表示未统计或未上报

※：总入学率是指各层级教育的总入学人数（不论年龄）在官方规定的入学年龄人群中所占的百分比。这个比率可以超过 100%，因为包括了那些因为太晚入学或留级的超龄学生以及那些入学过早的低龄学生。

农业人口是指居住在农村、主要从事农业生产（包括种植业、养殖业、渔业、橡胶等）生产和农业主要投入品生产等的从业者及其未成年的家庭成员，并以农业收入为主要生活来源的人口；城镇人口是指非农业人口的人口。表 1-9 显示全国城镇人口和农村人口数量及其比例。全国城镇人口的数量的变化分为两个阶段，在 1974 年由于战争的原因，城镇人口数量发生较大变化。从 1950—1974 年，全国城镇人口数量呈现上涨的趋势，从 45.2 万人增加至 218.8 万人，1975—2018 年，全国城镇人口数量呈现上涨的趋势，从 33.7 万人增加至 380.0 万人。与城镇人口数量相关，全国城镇人口的比例也分为两个阶段，从 1950—1974 年，全国城镇人口数量呈现上涨的趋势，从 10.20% 增加至 29.05%，1975—2018 年，全国城镇人口数量呈现上涨的趋势，从 4.48% 增加至 23.38%，全国城镇人口比例的上涨体现了柬快速的城镇化建设。

表 1-9 全国城镇人口和农村人口数量及其比例

年份	城镇人口（千人）	城镇人口比例（%）	农村人口（千人）	农村人口比例（%）	合计（千人）
1950	452.14	10.20	3 980.58	89.80	4 432.71
1951	463.21	10.21	4 074.33	89.79	4 537.68
1952	475.73	10.22	4 180.55	89.78	4 656.42
1953	489.09	10.23	4 294.00	89.77	4 783.20
1954	502.86	10.23	4 410.84	89.77	4 913.74

（续表）

年份	城镇人口（千人）	城镇人口比例（%）	农村人口（千人）	农村人口比例（%）	合计（千人）
1955	516. 75	10. 24	4 528. 54	89. 76	5 045. 29
1956	530. 65	10. 25	4 646. 01	89. 75	5 176. 64
1957	544. 58	10. 26	4 763. 57	89. 74	5 308. 13
1958	558. 70	10. 27	4 882. 62	89. 73	5 441. 32
1959	573. 28	10. 28	5 005. 40	89. 72	5 578. 69
1960	588. 53	10. 28	5 133. 84	89. 72	5 722. 37
1961	604. 52	10. 29	5 268. 49	89. 71	5 872. 97
1962	622. 95	10. 33	5 405. 61	89. 67	6 028. 43
1963	649. 08	10. 50	5 534. 67	89. 51	6 183. 58
1964	675. 09	10. 66	5 656. 49	89. 34	6 331. 45
1965	700. 39	10. 83	5 766. 81	89. 17	6 467. 20
1966	724. 32	11. 00	5 860. 44	89. 00	6 585. 04
1967	808. 80	12. 10	5 876. 52	87. 89	6 685. 96
1968	900. 97	13. 29	5 877. 75	86. 70	6 779. 79
1969	1 002. 90	14. 58	5 876. 29	85. 40	6 880. 62
1970	1 117. 08	15. 97	5 877. 77	84. 01	6 996. 58
1971	1 335. 96	18. 71	5 801. 79	81. 26	7 139. 65
1972	1 592. 74	21. 81	5 707. 41	78. 16	7 302. 11
1973	1 881. 41	25. 26	5 565. 88	74. 72	7 449. 24
1974	2 188. 29	29. 05	5 343. 13	70. 93	7 533. 34
1975	336. 81	4. 48	7 185. 78	95. 50	7 524. 45
1976	356. 79	4. 82	7 046. 09	95. 16	7 404. 68
1977	373. 06	5. 18	6 821. 22	94. 79	7 196. 04
1978	388. 00	5. 58	6 567. 57	94. 40	6 957. 27
1979	406. 04	6. 00	6 362. 68	93. 98	6 770. 40
1980	662. 37	9. 90	6 029. 73	90. 08	6 693. 76
1981	859. 85	12. 74	5 888. 34	87. 24	6 749. 85
1982	901. 49	13. 03	6 016. 62	86. 95	6 919. 80
1983	955. 18	13. 32	6 213. 05	86. 65	7 170. 00
1984	1 014. 57	13. 62	6 431. 45	86. 35	7 447. 85
1985	1 074. 49	13. 93	6 638. 49	86. 05	7 714. 88
1986	1 133. 54	14. 24	6 825. 44	85. 74	7 960. 95
1987	1 193. 30	14. 56	7 002. 74	85. 42	8 198. 08
1988	1 255. 20	14. 88	7 178. 60	85. 10	8 435. 91
1989	1 321. 74	15. 21	7 367. 41	84. 77	8 691. 33
1990	1 395. 02	15. 54	7 578. 33	84. 43	8 975. 60
1991	1 475. 43	15. 88	7 811. 55	84. 09	9 289. 30
1992	1 562. 00	16. 23	8 059. 51	83. 74	9 623. 89
1993	1 653. 43	16. 58	8 314. 85	83. 39	9 970. 73
1994	1 748. 04	16. 94	8 567. 33	83. 03	10 317. 90
1995	1 844. 26	17. 31	8 809. 30	82. 67	10 656. 14
1996	1 941. 66	17. 68	9 038. 61	82. 30	10 982. 92

（续表）

年份	城镇人口（千人）	城镇人口比例（%）	农村人口（千人）	农村人口比例（%）	合计（千人）
1997	2 040.07	18.06	9 255.81	81.92	11 298.60
1998	2 128.78	18.35	9 468.96	81.63	11 600.51
1999	2 194.96	18.47	9 688.68	81.51	11 886.46
2000	2 258.69	18.58	9 893.67	81.39	12 155.24
2001	2 319.59	18.70	10 082.88	81.28	12 405.41
2002	2 377.81	18.82	10 256.92	81.16	12 637.73
2003	2 434.02	18.93	10 419.11	81.04	12 856.16
2004	2 489.28	19.05	10 574.10	80.93	13 066.47
2005	2 544.41	19.17	10 725.79	80.81	13 273.35
2006	2 599.65	19.29	10 874.84	80.69	13 477.71
2007	2 655.04	19.41	11 021.65	80.57	13 679.96
2008	2 716.61	19.57	11 163.90	80.41	13 883.83
2009	2 808.17	19.93	11 282.04	80.05	14 093.60
2010	2 903.81	20.29	11 404.93	79.69	14 312.21
2011	3 003.94	20.66	11 533.95	79.32	14 541.42
2012	3 108.64	21.03	11 668.22	78.94	14 780.45
2013	3 217.18	21.41	11 805.51	78.57	15 026.33
2014	3 328.91	21.79	11 941.88	78.18	15 274.50
2015	3 443.04	22.18	12 074.60	77.79	15 521.44
2016	3 559.46	22.58	12 202.91	77.40	15 766.29
2017	3 678.04	22.97	12 327.34	77.00	16 009.41
2018	3 799.52	23.38	12 446.21	76.59	16 249.79

数据来源：FAO 统计

表 1-10 显示全国各省的人口分布情况。2013 年全国的农业人口比例为 78.6%，其中平原区和沿海区域的农业人口比例低于全国平均水平，而洞里萨湖区和山区的农业人口比例高于全国平均水平。金边、西哈努克和 Koh Kong 的农业人口比例分别为 10.5%、50.4% 和 62%，是全国农业人口比例最低的三个区域；Takeo、Svay Rieng 和 Prey Veng 的农业人口比例分别为 97.8%、96.1% 和 95.8%，是全国农业人口比例最高的三个区域。

表 1-10　全国各省农业人口和城镇人口数量（2013 年）

区域/省/市	城镇人口（人）	城镇人口比例（%）	农业人口（人）	农业人口比例（%）	合计（人）
全国	3 146 212	21.4	11 530 378	78.6	14 676 590
平原区	1 897 722	26.3	5 322 003	73.7	7 219 725
Kampong Cham	102 075	10.8	847 343	89.3	949 418
Kandal	143 397	12.9	972 568	87.2	1 115 965
Phnom Penh	1 510 327	89.5	177 717	10.5	1 688 044

（续表）

区域/省/市	城镇人口（人）	城镇人口比例（%）	农业人口（人）	农业人口比例（%）	合计（人）
Prey Veng	48 679	4.2	1 108 060	95.8	1 156 739
Svay Rieng	22 812	3.9	555 568	96.1	578 380
Takeo	20 635	2.2	902 738	97.8	923 373
Tboung Khmum	49 797	6.2	758 009	93.8	807 806
洞里萨湖区	827 556	17.5	3 892 410	82.5	4 719 966
Banteay Meanchey	151 401	20.8	578 168	79.3	729 569
Battambang	236 746	21.1	884 272	78.9	1 121 018
Kampong Chhnang	59 510	11.4	463 692	88.6	523 202
Kampong Thom	51 001	7.4	639 412	92.6	690 413
Pursat	38 335	8.8	397 262	91.2	435 597
Siemreap	242 538	26.3	680 444	73.7	922 982
Oddar Meanchey	28 063	12.1	203 327	87.9	231 390
Pailin	19 962	30.3	45 833	69.7	65 795
沿海区	245 193	24.0	777 508	76.0	1 022 701
Kampot	68 973	11.3	542 584	88.7	611 557
Koh Kong	46 480	38.0	75 783	62.0	122 263
Sihanoukville	124 113	49.6	126 067	50.4	250 180
Kep	5 627	14.5	33 074	85.5	38 701
山区	175 741	10.3	1 538 457	89.7	1 714 198
Kampong Speu	72 925	9.7	682 540	90.4	755 465
Kratie	48 954	14.2	295 241	85.8	344 195
Mondul Kiri	7 095	9.8	65 584	90.2	72 679
Preah Vihear	16 551	7.0	218 819	93.0	235 370
Ratanak Kiri	8 443	4.6	175 255	95.4	183 698
Stung Treng	21 773	17.7	101 018	82.3	122 791

数据来源：National Institute of Statistics（NIS）

三、基础设施

2004 年以来，柬埔寨政府把对基础设施的建设和改善列为“四角战略”的重要任务之一，加快恢复和重建的步伐。目前，以公路和内河运输为主的交通网络已初具规模（www. camining. org/ziliaoku/show. php? itemid=3658）。

（一）陆　路

公路运输是柬埔寨最主要的运输方式，占客运运输总量的 65%，货运运输总量的 69%。截至 2014 年年底，柬埔寨路网总长度约为 52 239千米，包括国道 5 622千米，省级公路 6 617千米，农村公路约 4 万千米。公路密度（千米/平方千米）为 0. 25；沥青路面的公路密度极低，仅为 0. 011。国道主要是以首都金边为中心的 8 条公路，基本达到中国三级公路的标准，沥青路面铺设。

柬埔寨仅有南北两条铁路线，总长 649 千米，均为单线米轨。北线从金边至西北部城市诗梳风，全长 385 千米，建于 1931 年；南线从金边至西哈努克港，全长 264 千米，建于 1960 年。

由于持续几十年的战乱破坏和缺乏维护，柬埔寨的铁路长期处于年久失修的状态。2009 年，柬埔寨政府停止所有铁路客运和货运，开始复建工作，并给予王家铁路公司对国内铁路 30 年的特许经营权。2010 年起，柬埔寨政府利用亚洲发展银行的低息贷款和澳大利亚政府提供的无偿援助，开始修复现有的两条铁路，并新建一条 48 千米的铁路，总耗资 1. 4 亿美元。其中，南线已于 2016 年 4 月 30 日恢复客运。

（二）海　路

柬埔寨水运分为海运与河运。西哈努克港是柬埔寨唯一的深水海港，也是柬埔寨最大的海港，有 2 个泊位，码头长度分别为 240 米和 160 米，前沿水深 9 米，主要进口商品有原料、车辆、药品和日用品，主要出口商品有服装、农产品，特别是大米。该港海运线路可抵达美国、欧盟、中国、印度尼西亚、日本、马来西亚、菲律宾、新加坡、韩国、泰国、越南等国家（多通过新加坡中转）。2015 年西哈努克港货物吞吐量达 376. 33 万吨，增长 9. 91%；货柜吞吐量达 39. 18 万标准货柜，增长 17%。柬政府计划向日本申请 1 亿美元贷款，用来增建西港新集装箱码头项目。该项目预计于 2021 年建成启用。

柬埔寨内陆水系主要包括湄公河、洞里萨河和巴萨河，雨季总长度约为 1 750千米，旱季缩减为 580 千米。全国有 7 个主要河运港口，包括金边港、磅湛码头、桔井码头、上汀码头、奈良码头、磅清扬码头和重涅码头。2013 年 1 月 22 日，由中国提供优惠出口买方信贷支持的金边港新建集装箱码头项目竣工。金边港新建集装箱码头位于金边以南湄公河畔，距金边市区约 21 千米，码头长 300 米，宽 22 米，有 2 个 500 吨级货轮泊位，设计年集装箱吞吐量为 12 万个标准箱。

（三）航　空

柬埔寨空运主要为客运，货运不发达。柬埔寨有 11 个机场，包括金边和暹粒两个国际机场。主要航空公司有暹粒航空公司、吴哥航空公司。由于柬埔寨政府执行航空开放政策，近年来，开通柬埔寨航线的航空公司数量稳步增长。金边机场现运营至马来西亚、新加坡、泰国、越南、中国、韩国等国家的航线。2015

年，柬埔寨航空客运量 11.4 万人次，货运量 230 万吨。

2016 年 6 月，柬埔寨国会通过了《中国—东盟航空运输协议》，其中批准了第五航权，旨在吸引更多国际航空公司在柬埔寨机场中途经停，上下旅客和装卸货物，吸引更多游客来柬埔寨旅游。这对柬埔寨民航事业的发展具有重要意义，也使柬埔寨与国际和地区更好地实现互联互通。

中国至柬埔寨的主要航线包括：北京—广州—金边、昆明—南宁—金边、香港—金边、上海—金边、台北—金边、济南—重庆—金边/暹粒、上海—昆明—暹粒。

四、农业资源

（一）土地资源

农业用地包括临时性作物用地、永久作物用地、临时性作物和永久作物公用地、用于农业生产的住宅用地、住宅用地和其他 5 个部分，其中，临时性作物用地是指的用于谷物、蔬菜等需要多次种植作物的种植用地；永久作物用地指的是播种长期占据土地的作物且收割后无须再次种植的土地，如可可、咖啡及橡胶等；临时性作物和永久作物公用地是指的以永久作物为主，间作临时性作物的用地；用于农业生产的住宅用地是指从事农业生产的住宅用地（https://cn.knoema.com/atlas/柬埔寨/topics/土地使用/面积/农业面积占总土地面积的百分比）。表 1-11 显示各省农业用地用途情况，Battambang、Siemreap 和 Prey Veng 的农业用地（含住宅）面积最大，是主要农业生产区，其面积分别为 398.844 公顷、252 753公顷和 247.344 公顷；Battambang、Prey Veng 和 Banteay Meanchey 的临时性作物面积最大，分别为 356 110公顷、226 204公顷和 224 376公顷，这三个地区主要是以稻米、木薯等谷物类作物为主；Tboung Khmum、Kampong Cham 和 Ratanak Kiri 的永久作物用地面积居前，分别为 54 175公顷、30 632公顷和 22 279 公顷，其中 Tboung Khmum 和 Ratanak Kiri 以橡胶为主要作物，Kampong Cham 以芒果和橡胶为主要作物。

表 1-11　各省农业用地的主要用途　　（公顷）

区域/省	临时性作物用地面积	永久作物用地面积	临时性作物和永久作物公用地面积	用于农业生产的住宅用地面积	住宅用地面积	其他用途面积	合计面积（含住宅）
全国	2 699 037	195 212	151 772	215 329	41 871	25 364	3 328 585

（续表）

区域/省	临时性作物用地面积	永久作物用地面积	临时性作物和永久作物公用地面积	用于农业生产的住宅用地面积	住宅用地面积	其他用途面积	合计面积（含住宅）
平原区	867 973	100 701	35 477	81 575	13 094	4 663	1 103 483
Kampong Cham	131 850	30 632	6 071	9 452	2 012	946	180 963
Kandal	88 941	6 396	3 112	9 095	5 080	1 561	114 185
Phnom Penh	18 725	6 327	2 647	4 376	1 222	307	33 604
Prey Veng	226 204	1 264	1 665	16 953	946	312	247 344
Svay Rieng	123 171	761	2 214	15 188	775	457	142 566
Takeo	155 256	1 147	1 087	14 167	671	99	172 427
Tboung Khmum	123 826	54 175	18 682	12 345	2 388	982	212 398
洞里萨湖区	1 339 113	38 033	59 773	83 171	15 328	10 702	1 546 120
Banteay Meanchey	224 376	904	1 580	6 345	1 652	219	235 076
Battambang	356 110	5 945	11 282	18 832	5 454	1 221	398 844
Kampong Chhnang	93 906	3 388	4 783	11 185	1 000	1 327	115 589
Kampong Thom	162 395	19 858	11 114	12 134	1 299	1 692	208 492
Pursat	117 137	1 632	2 085	12 465	590	4 188	138 097
Siemreap	223 371	3 593	5 094	15 286	3 850	1 559	252 753
Oddar Meanchey	129 484	1 016	19 967	6 193	1 330	424	158 414
Pailin	32 476	1 618	3 800	730	154	76	38 854
沿海区	137 332	16 681	9 958	20 836	3 183	3 534	191 524
Kampot	106 195	5 562	3 981	14 858	1 620	553	132 769
Koh Kong	7 770	3 819	3 521	3 132	649	2 364	21 255
Sihanoukville	18 578	6 863	2 323	1 893	582	665	30 904
Kep	4 542	521	224	953	332	24	6 596
山区	353 690	40 724	46 517	29 747	10 265	6 514	487 457
Kampong Speu	121 652	3 952	4 390	13 539	2 692	1 275	147 500
Kratie	65 530	5 886	11 259	6 515	2 381	1 272	92 843
Mondul Kiri	20 847	2 649	1 654	1 720	618	240	27 728
Preah Vihear	73 305	1 642	4 131	3 871	721	899	84 569
Ratanak Kiri	44 955	22 279	13 772	1 364	96	1 645	84 111
Stung Treng	27 330	4 341	11 352	2 739	3 757	1 186	50 705

数据来源：2013 年柬埔寨农业普查

各省区的土地数量和分布情况见表 1-12。2013 年，全国农业用地（含住宅用地）数量为 3 304 738 公顷，其中，平原区、洞里萨湖区、沿海区和山区的农业用地面积（含住宅用地）分别为 10 095 261公顷、1 535 298公顷、191 177公顷和 483 003公顷，其中 Battambang、Siemreap 和 Banteay Meanchey 的农业用地面积（含住宅用地）排名居前，分别为 397 573公顷、251 706公顷和 233 965公顷。

全国农业用地数量为 3 071 384 公顷，其中，平原区、洞里萨湖区、沿海区和山区的农业用地面积分别为 1 008 814公顷、1 447 621 公顷、167 505公顷和

447 445公顷，其中Battambang、Siemreap和Banteay Meanchey的农业用地面积最大，分别为374 559公顷、233 618公顷和227 080公顷。其中Prey Veng、Takeo和Kampong Speur的农业用地地块数量最大，分别为423 159块、379 014块和312 858块。全国拥有土地个体的平均农业用地面积为1.64公顷，平均地块面积仅为0.82公顷。其中，Oddar Meanchey、Pailin和Battambang的个体的平均农业用地面积较大，分别为5.01公顷、4.41公顷和3.12公顷，这些地区以谷物或永久性作物种植为主；Takeo、Prey Veng和Kandal的个体的平均农业用地面积较小，均未超过1公顷，这些地区以蔬菜等经济作物种植为主。

全国农业用地中的住宅用地估计为195 918公顷，其中，平原区、洞里萨湖区、沿海区和山区的住宅用地面积分别为74 963公顷、74 000公顷、20 752公顷和26 202公顷。在各省中，Battambang、Prey Veng和Kampot的住宅用地的面积排名居前，分别为17 959公顷、16 024公顷和14 840公顷。全国户均住宅面积为0.12公顷/户，其中，平原区、洞里萨湖区、沿海区和山区的户均住宅用地面积分别为0.10公顷/户、0.13公顷/户、0.16公顷/户和0.12公顷/户。在各省中，Phnom Penh 、Oddar Meanchey、Kratie和Mondul Kiri的户均住宅用地的面积排名居前，分别为0.28公顷/户、0.21公顷/户、0.20公顷/户和0.20公顷/户。

由于各省农业用地的地块数量差别较大，表1-13显示地块的面积分布情况。2013年，全国农业用地面积为3 071 383公顷，其中小于1公顷、1～4公顷、4～10公顷、10～20公顷、20～50公顷、500～100公顷和大于100公顷地块的面积分别为395 290公顷、1 479 848公顷、718 515公顷、219 428公顷、98 307公顷、39 522公顷和120 473公顷，其占农业用地的比例分别为12.87%、48.18%、23.39%、7.14%、3.20%、1.29%和3.92%，面积介于1～4公顷的地块总面积最大。平原地区小于1公顷、1～4公顷、4～10公顷、10～20公顷、20～50公顷、500～100公顷和大于100公顷地块的面积占农业用地的比例分别为22.13%、54.36%、14.85%、3.57%、1.91%、1.33%和1.85%；洞里萨湖区小于1公顷、1～4公顷、4～10公顷、10～20公顷、20～50公顷、500～100公顷和大于100公顷地块的面积占农业用地的比例分别为6.05%、42.67%、29.47%、9.86%、4.40%、1.29%和6.25%；沿海区小于1公顷、1～4公顷、4～10公顷、10～20公顷、20～50公顷、500～100公顷和大于100公顷地块的面积占农业用地的比例分别为22.81%、53.39%、10.70%、3.59%、2.52%、1.76%和5.23%；山区小于1公顷、1～4公顷、4～10公顷、10～20公顷、20～50公顷、500～100公顷和大于100公顷地块的面积占农业用地的比例分别为10.33%、50.13%、27.74%、7.75%、2.47%、1.02%和0.57%。

表 1-12 各省农业用地和住宅用地面积

区域/省/市	农业用地					住宅用地			独立住宅用地			合计		
	拥有土地的个体数量（个）	地块数（块）	农业用地面积（公顷）	平均个体土地面积（公顷/个）	平均地块面积（公顷/块）	住宅用地数量（户）	估计面积（公顷）	平均住宅用地面积（公顷/户）	独立住宅用地数量（户）	估计面积（公顷）	平均住宅面积（公顷/户）	拥有土地的个体数量（个）	农业用地和住宅数量（块）	总面积（公顷）
全国	1 875 712	3 731 551	3 071 384	1. 64	0. 82	1 677 628	195 918	0. 12	253 437	37 437	0. 15	2 129 149	5 662 616	3 304 739
平原区	869 305	1 753 981	1 008 814	1. 16	0. 58	768 929	74 963	0. 10	120 132	11 484	0. 10	989 437	2 643 042	1 095 261
Kampong Cham	131 560	273 783	169 499	1. 29	0. 62	110 767	9 236	0. 08	23 539	1 772	0. 08	155 099	408 089	180 507
Kandal	120 532	211 544	100 010	0. 83	0. 47	100 805	8 444	0. 08	37 731	4 677	0. 12	158 263	350 080	113 131
Phnom Penh	24 648	33 564	28 005	1. 14	0. 83	14 281	4 039	0. 28	14 835	870	0. 06	39 483	62 680	32 914
Prey Veng	197 617	423 159	22 944	0. 12	0. 05	179 818	16 024	0. 09	10 270	858	0. 08	207 887	613 247	39 826
Svay Rieng	109 603	219 871	126 603	1. 16	0. 58	103 000	13 477	0. 13	6 446	553	0. 09	116 049	329 317	140 633
Takeo	172 696	379 014	157 588	0. 91	0. 42	164 666	11 803	0. 07	8 810	542	0. 06	181 506	552 490	169 933
Tboung Khmum	112 649	213 046	197 664	1. 75	0. 93	95 592	11 941	0. 12	18 501	2 211	0. 12	131 150	327 139	211 816
洞里萨湖区	614 369	1 148 610	1 447 621	2. 36	1. 26	556 135	74 000	0. 13	95 804	13 677	0. 14	710 173	1 800 549	1 535 298
Banteay Meanchey	75 511	140 209	227 080	3. 01	1. 62	64 162	5 633	0. 09	11 299	1 252	0. 11	86 810	215 670	233 965
Battambang	120 137	191 176	374 559	3. 12	1. 96	107 522	17 959	0. 17	35 905	5 055	0. 14	156 042	334 603	397 573
Kampong Chhnang	82 740	212 923	103 404	1. 25	0. 49	75 356	10 655	0. 14	7 967	923	0. 12	90 707	296 246	114 982
Kampong Thom	111 227	230 841	195 058	1. 75	0. 84	103 283	10 704	0. 10	10 627	1 156	0. 11	121 854	344 751	206 918
Pursat	66 035	111 146	125 042	1. 89	1. 13	61 669	8 020	0. 13	4 397	523	0. 12	70 432	177 212	133 585
Siemreap	120 007	202 234	233 618	1. 95	1. 16	111 985	14 496	0. 13	21 120	3 592	0. 17	141 127	335 339	251 706
Oddar Meanchey	30 109	48 889	150 891	5. 01	3. 09	27 468	5 837	0. 21	3 265	1 031	0. 32	33 374	79 622	157 759

（续表）

区域/省/市	农业用地					住宅用地			独立住宅用地			合计		
	拥有土地的个体数量（个）	地块数（块）	农业用地面积（公顷）	平均个体土地面积（公顷/个）	平均地块面积（公顷/块）	住宅用地数量（户）	估计面积（公顷）	平均住宅用地面积（公顷/户）	独立住宅用地数量（户）	估计面积（公顷）	平均住宅面积（公顷/户）	拥有土地的个体数量（个）	农业用地和住宅数量（块）	总面积（公顷）
Pailin	8 603	11 192	37 969	4.41	3.39	4 690	696	0.15	1 224	145	0.12	9 827	17 106	38 810
沿海区	139 433	325 178	167 505	1.20	0.52	132 082	20 752	0.16	15 739	2 920	0.19	155 172	472 999	191 177
Kampot	112 382	276 265	116 291	1.03	0.42	109 584	14 840	0.14	7 080	1 524	0.22	119 462	392 929	132 655
Koh Kong	8 143	16 458	17 474	2.15	1.06	6 989	3 089	0.44	2 373	572	0.24	10 516	25 820	21 135
Sihanoukville	13 088	20 690	28 429	2.17	1.37	9 968	1 879	0.19	5 126	509	0.10	18 214	35 784	30 817
Kep	5 820	11 765	5 311	0.91	0.45	5 541	946	0.17	1 160	315	0.27	6 980	18 466	6 572
山区	252 605	503 781	447 445	1.77	0.89	220 482	26 202	0.12	21 762	9 356	0.43	274 367	746 025	483 003
Kampong Speu	136 248	312 858	131 269	0.96	0.42	132 369	11 828	0.09	8 011	2 509	0.31	144 259	453 238	145 606
Kratie	39 299	69 725	83 948	2.14	1.20	31 702	6 384	0.20	7 432	2 184	0.29	4 6731	108 859	92 516
Mondul Kiri	8 697	12 072	25 390	2.92	2.10	6 386	1 257	0.20	710	540	0.76	9 407	19 168	27 187
Preah Vihear	29 190	45 141	79 978	2.74	1.77	27 768	3 238	0.12	2 384	642	0.27	31 574	75 293	83 858
Ratanak Kiri	23 975	41 351	82 651	3.45	2.00	8 926	1 258	0.14	636	87	0.14	24 611	50 913	83 996
Stung Treng	15 196	22 634	44 209	2.91	1.95	13 331	2 238	0.17	2 589	3 395	1.31	17 785	38 554	49 842

数据来源：2013 年柬埔寨农业普查

表 1-13 各省农业用地分布情况

区域/省/市	总面积（公顷）	小于1公顷地块面积（公顷）	小于1公顷地块面积比例（%）	1～4公顷地块面积（公顷）	1～4公顷地块面积比例（%）	4～10公顷地块面积（公顷）	4～10公顷地块面积比例（%）	10～20公顷地块面积（公顷）	10～20公顷地块面积比例（%）	20～50公顷地块面积（公顷）	20～50公顷地块面积比例（%）	50～100公顷地块面积（公顷）	50～100公顷地块面积比例（%）	大于100公顷地块面积（公顷）	大于100公顷地块面积比例（%）
全国	3 071 383	395 290	12. 87	1 479 848	48. 18	718 515	23. 39	219 428	7. 14	98 307	3. 20	39 522	1. 29	120 473	3. 92
平原区	1 008 813	223 294	22. 13	548 370	54. 36	149 852	14. 85	35 966	3. 57	19 297	1. 91	13 395	1. 33	18 639	1. 85
Kampong Cham	169 500	31 964	18. 86	80 265	47. 35	32 948	19. 44	10 490	6. 19	7 166	4. 23	5 917	3. 49	750	0. 44
Kandal	100 011	35 934	35. 93	50 502	50. 50	7 730	7. 73	1 888	1. 89	1 152	1. 15	891	0. 89	1 914	1. 91
Phnom Penh	28 004	6 253	22. 33	11 016	39. 34	1 858	6. 63	862	3. 08	1 385	4. 95	1 380	4. 93	5 250	18. 75
Prey Veng	229 443	51 129	22. 28	135 097	58. 88	25 446	11. 09	5 114	2. 23	1 603	0. 70	1 472	0. 64	9 582	4. 18
Svay Rieng	126 604	26 241	20. 73	83 535	65. 98	11 996	9. 48	2 285	1. 80	1 089	0. 86	1 458	1. 15	0	0. 00
Takeo	157 586	50 535	32. 07	85 547	54. 29	16 742	10. 62	2 718	1. 72	963	0. 61	501	0. 32	580	0. 37
Tboung Khmum	197 664	21 238	10. 74	102 409	51. 81	53 131	26. 88	12 609	6. 38	5 938	3. 00	1 776	0. 90	563	0. 28
洞里萨湖区	1 447 622	87 547	6. 05	617 767	42. 67	426 618	29. 47	142 762	9. 86	63 761	4. 40	18 635	1. 29	90 532	6. 25
BanteayMeanchey	227 079	6 296	2. 77	85 539	37. 67	79 652	35. 08	31 469	13. 86	15 677	6. 90	6 007	2. 65	2 439	1. 07
Battambang	374 558	10 044	2. 68	132 612	35. 40	140 430	37. 49	57 076	15. 24	24 939	6. 66	6 121	1. 63	3 336	0. 89
Kampong Chhnang	103 404	19 895	19. 24	61 887	59. 85	15 540	15. 03	3 970	3. 84	1 100	1. 06	381	0. 37	631	0. 61
Kampong Thom	195 057	20 595	10. 56	101 705	52. 14	49 750	25. 51	11 902	6. 10	5 188	2. 66	1 782	0. 91	4 135	2. 12
Pursat	125 042	9 976	7. 98	70 507	56. 39	32 609	26. 08	5 091	4. 07	2 419	1. 93	730	0. 58	3 710	2. 97
Siemreap	233 618	19 599	8. 39	118 943	50. 91	47 216	20. 21	10 233	4. 38	4 233	1. 81	1 751	0. 75	31 643	13. 54
Oddar Meanchey	150 892	796	0. 53	37 026	24. 54	48 760	32. 31	16 515	10. 94	4 883	3. 24	716	0. 47	42 196	27. 96
Pailin	37 970	346	0. 91	9 548	25. 15	12 661	33. 34	6 506	17. 13	5 321	14. 01	1 147	3. 02	2 441	6. 43
沿海区	167 505	38 211	22. 81	89 423	53. 39	17 927	10. 70	6 019	3. 59	4 217	2. 52	2 946	1. 76	8 762	5. 23
Kampot	116 292	31 866	27. 40	69 560	59. 81	8 971	7. 71	1 592	1. 37	1 166	1. 00	978	0. 84	2 159	1. 86
Koh Kong	17 473	1 620	9. 27	7 751	44. 36	4 348	24. 88	2 368	13. 55	1 188	6. 80	198	1. 13	0	0. 00
Sihanoukville	28 429	2 861	10. 06	9 322	32. 79	4 260	14. 98	1 997	7. 02	1 751	6. 16	1 634	5. 75	6 604	23. 23

（续表）

区域/省/市	总面积（公顷）	小于1公顷地块面积（公顷）	小于1公顷地块面积比例（%）	1～4公顷地块面积（公顷）	1～4公顷地块面积比例（%）	4～10公顷地块面积（公顷）	4～10公顷地块面积比例（%）	10～20公顷地块面积（公顷）	10～20公顷地块面积比例（%）	20～50公顷地块面积（公顷）	20～50公顷地块面积比例（%）	50～100公顷地块面积（公顷）	50～100公顷地块面积比例（%）	大于100公顷地块面积（公顷）	大于100公顷地块面积比例（%）
Kep	5 312	1 865	35.11	2 789	52.50	348	6.55	62	1.17	112	2.11	136	2.56	0	0.00
山区	447 445	46 239	10.33	224 289	50.13	124 117	27.74	34 682	7.75	11 032	2.47	4 547	1.02	2 539	0.57
Kampong Speu	131 269	38 340	29.21	77 287	58.88	10 207	7.78	3 554	2.71	875	0.67	1 006	0.77	0	0.00
Kratie	83 947	4 935	5.88	44 584	53.11	26 783	31.90	4 594	5.47	1 868	2.23	768	0.91	415	0.49
Mondul Kiri	25 391	358	1.41	11 941	47.03	9 443	37.19	2 419	9.53	915	3.60	315	1.24	0	0.00
Preah Vihear	79 979	1 362	1.70	38 831	48.55	29 022	36.29	8 446	10.56	1 755	2.19	326	0.41	237	0.30
Ratanak Kiri	82 651	603	0.73	30 845	37.32	32 706	39.57	10 927	13.22	3 980	4.82	1 853	2.24	1 737	2.10
Stung Treng	44 209	642	1.45	20 800	47.05	15 956	36.09	4 742	10.73	1 640	3.71	279	0.63	150	0.34

数据来源：2013年柬埔寨农业普查

表1-14　各省临时性作物用地和永久作物用地分布

区域/省	临时性作物						永久性作物		合计
	谷物类面积（公顷）	谷物类比例（%）	非谷物类面积（公顷）	非谷物类比例（%）	面积（公顷）	比例（%）	面积（公顷）	比例（%）	
全国	2 454 605	78.64	407 479	13.06	2 862 084	91.70	259 084	8.30	3 121 168
平原区	831 147	78.77	95 928	9.09	927 075	87.86	128 137	12.14	1 055 212
Kampong Cham	115 576	68.19	20 631	12.17	136 207	80.36	33 282	19.64	169 489
Kandal	110 641	82.51	11 518	8.59	122 159	91.10	11 938	8.90	134 097
Phnom Penh	16 199	75.41	1 493	6.95	17 692	82.36	3 789	17.64	21 481
Prey Veng	219 281	98.19	2 722	1.22	222 003	99.41	1 322	0.59	223 325
Svay Rieng	127 175	87.64	4 821	3.32	131 996	90.96	13 113	9.04	145 109
Takeo	153 024	94.57	2 098	1.30	155 122	95.87	6 688	4.13	161 810

（续表）

区域/省	临时性作物						永久性作物		合计
	谷物类面积（公顷）	谷物类比例（%）	非谷物类面积（公顷）	非谷物类比例（%）	面积（公顷）	比例（%）	面积（公顷）	比例（%）	
Tboung Khmum	89 251	44. 64	52 645	26. 33	141 896	70. 97	58 048	29. 03	199 944
洞里萨湖区	1 185 792	83. 14	192 346	13. 49	1 378 138	96. 63	48 128	3. 37	1 426 266
Banteay Meanchey	205 751	87. 69	26 441	11. 27	232 192	98. 96	2 430	1. 04	234 622
Battambang	317 224	77. 54	81 997	20. 04	399 221	97. 58	9 880	2. 42	409 101
Kampong Chhnang	91 101	91. 38	5 243	5. 26	96 344	96. 64	3 355	3. 37	99 699
Kampong Thom	151 877	77. 22	25 337	12. 88	177 214	90. 10	19 474	9. 90	196 688
Pursat	117 552	95. 30	4 732	3. 84	122 284	99. 14	1 070	0. 87	123 354
Siemreap	192 365	93. 30	11 405	5. 53	203 770	98. 83	2 420	1. 17	206 190
Oddar Meanchey	85 381	78. 76	15 627	14. 41	101 008	93. 17	7 400	6. 83	108 408
Pailin	24 541	50. 91	21 564	44. 74	46 105	95. 65	2 098	4. 35	48 203
沿海区	135 290	83. 09	8 773	5. 39	144 063	88. 48	18 756	11. 52	162 819
Kampot	112 721	87. 51	5 878	4. 56	118 599	92. 07	10 210	7. 93	128 809
Koh Kong	6 751	57. 73	896	7. 66	7 647	65. 39	4 048	34. 61	11 695
Sihanoukville	10 779	67. 15	1 253	7. 81	12 032	74. 96	4 019	25. 04	16 051
Kep	5 040	80. 42	747	11. 92	5 787	92. 34	480	7. 66	6 267
山区	302 376	63. 41	110 432	23. 16	412 808	86. 57	64 019	13. 43	476 827
Kampong Speu	125 829	92. 00	4 553	3. 33	130 382	95. 33	6 386	4. 67	136 768
Kratie	46 366	44. 66	36 366	35. 03	82 732	79. 69	21 083	20. 31	103 815
Mondul Kiri	12 703	46. 55	12 676	46. 45	25 379	93. 00	1 910	7. 00	27 289
Preah Vihear	63 164	80. 32	11 916	15. 15	75 080	95. 47	3 564	4. 53	78 644
Ratanak Kiri	30 819	34. 40	32 107	35. 83	62 926	70. 23	26 671	29. 77	89 597
Stung Treng	23 494	57. 70	12 815	31. 47	36 309	89. 17	4 406	10. 82	40 715

数据来源：2013 年柬埔寨农业普查

农业用地包括临时性作物用地和永久作物用地。临时性作物用地是指的用于谷物、蔬菜等需要多次种植作物的种植用地，在临时性作物中，谷物类是主要种植品种，包括水稻、玉米、绿豆和高粱等；永久作物用地指的是播种长期占据土地的作物且收割后无须再次种植的土地，如可可、咖啡及橡胶等。表1-14显示各省临时性作物和永久作物用地分布。全国临时性和永久作物种植面积分别为2 862 084公顷和259 084公顷，其比例分别为91.7%和8.3%，在临时性作物中，谷物类和非谷物类占总农业用地比例分别为78.64%和12.06%。不同区域中，临时性和永久作物种植面积比例差别较大。平原区临时性和永久作物种植面积比例为87.86%和12.14%；洞里萨湖区临时性和永久作物种植面积比例为96.63%和3.37%；沿海区临时性和永久作物种植面积比例为88.48%和11.52%；山区临时性和永久作物种植面积比例为86.57%和13.43%。在各省中，Prey Veng、Pursat和Banteay Meanchey临时性作物比例排名居前，分别为99.41%、99.14%和98.96%；Koh Kong、Ratanak Kiri和Tboung Khmum临时性作物比例排名居后，分别为65.39%、70.23%和70.97%，其永久性作物种植比例在30%左右。

（二）水资源

柬埔寨的主要水系是湄公河和洞里萨湖。湄公河和洞里萨湖通过洞里萨河连接在一起。7—10月，湄公河水位高，通过洞里萨河水流进洞里萨湖，这样就会使湖面从2 600平方千米涨到10 500平方千米。11月初，湄公河水位下降后，水从洞里萨湖流向湄公河，这一系列冲刷形成了湄公河三角洲。柬埔寨1981—2010年的平均水资源总量为1 324亿立方米，其中，地表水资源总量为1 288亿立方米，地下水资源量为416亿立方米。柬埔寨境内水资源总量的年际变化不大，年内分配不均，5—11月的水资源总量占全年的84%（https://baike.baidu.com/item/柬埔寨/210375?fr=aladdin）。

农业取水总量是指灌溉、畜禽养殖业和水产养殖年取水量，包括可再生淡水资源和可再生地下水的取量或化石地下水取量、农业废水用量（经处理）和淡化水。2016年，柬埔寨的农业取水总量为20亿立方米。

可再生内陆淡水资源是指国内的可再生资源（内陆河流及降水产生的地表水）。人均可再生内陆淡水资源使用世行的人口估算值进行计算。年度淡水抽取量指水源总抽取量，未计入水库的蒸发损失。工业用水为工业直接使用的总抽取量（包括用于热电厂冷却用水抽取量）；生活用水包括饮用水、市政用水或供水，以及公共服务、商业机构和居民用水；农业用水是用于灌溉和畜牧生产的总抽取量。表1-15显示全国工业用水、生活用水和农业用水情况。2016年，工业用水、生活用水和农业用水占淡水抽取总量的比例分别为 1.51%、4.49% 和 94.00%，其中农业用水灌溉农业用地比例为 49.02%。农业用水灌溉比例从 1991 年的 69.01%降低至 2006 年的 49.02%，呈现减低的趋势。

表 1-15　工业用水、生活用水和农业用水情况

年份	人均可再生内陆淡水资源（立方米/人）	可再生内陆淡水资源总量（十亿立方米）	年度淡水抽取量占总量的比例（%）	年度淡水抽取总量（10 亿立方米）	工业用水占淡水总抽取量的比例（%）	生活用水占淡水总抽取量的比例（%）	农业用水占淡水抽取总量的比例（%）	农业用水灌溉比例（%）
1962	20 005.21	120.6	—	—	—	—	—	—
1967	18 037.80	120.6	—	—	—	—	—	—
1972	16 515.77	120.6	—	—	—	—	—	—
1977	16 759.21	120.6	—	—	—	—	—	—
1982	17 428.25	120.6	—	—	—	—	—	—
1987	14 710.76	120.6	—	—	—	—	—	—
1991	—	—	—	—	—	—	—	69.01
1992	12 531.32	120.6	—	—	—	—	—	—
1997	10 673.89	120.6	—	—	—	—	—	—
2001	—	—	—	—	—	—	—	58.09
2002	9 542.86	120.6	—	—	—	—	—	—
2006	—	—	—	2.184	1.51	4.49	94	49.02
2007	8 815.81	120.6	1.810945	—	—	—	—	—
2012	8 159.43	120.6	—	—	—	—	—	—
2014	7 895.51	120.6	—	—	—	—	—	—

数据来源：世界银行统计和 https://cn.knoema.com/atlas/柬埔寨/topics/水/取水量/农业取水量

“—”表示未统计或未上报

五、农业生产水平

（一）农业产值

表 1-16 显示全国农业产值及其变化。农业对应《国际标准行业分类》第 1～5 项，包括林业、狩猎和渔业以及作物耕种和畜牧生产。农业产值为所有产出相加再减去中间投入得出的部门的净产出。1993 年，全国农业产值为 1 147 636 259美元，占全国 GDP 的 45.29%。随后，农业产值逐年增长，农业产值占 GDP 的比例逐渐下降，2018 年，全国农业产值为 5 402 523 992美元，占全国 GDP 的 22.01%。

表 1-16　农业产值及其变化

年份	农业产值（美元）	农业产值占 GDP 比例（%）	农业产值年增长率（%）
1993	1 147 636 259	45.29	—
1994	1 271 713 973	45.56	10.82
1995	1 642 300 283	47.72	10.93
1996	1 559 184 908	44.46	2.36
1997	1 530 501 272	44.45	1.66
1998	1 387 963 983	44.48	4.41
1999	1 438 687 692	40.90	3.71
2000	1 312 480 808	35.69	2.53
2001	1 367 320 940	34.32	3.56
2002	1 333 577 089	31.13	-2.49
2003	1 489 279 833	31.97	10.51
2004	1 568 776 255	29.39	-0.87
2005	1 932 598 100	30.71	15.72
2006	2 186 653 404	30.06	5.48
2007	2 565 554 295	29.70	5.03
2008	3 390 361 365	32.75	5.71
2009	3 483 654 820	33.49	5.42
2010	3 808 509 454	33.88	3.96
2011	4 433 544 821	34.56	3.08
2012	4 710 993 655	33.52	4.31
2013	4 811 293 388	31.60	1.57
2014	4 822 261 474	28.87	0.28
2015	4 797 742 832	26.58	0.20
2016	4 987 941 012	24.74	1.32
2017	5 181 655 455	23.36	1.74
2018	5 402 523 992	22.01	1.24

数据来源：柬埔寨国家统计局年报

“— “表示未统计或未上报

（二）农业劳动力

在柬埔寨现有的经济体制下，劳动力共分成三个主要的类别：农业劳动力，工业劳动力和服务行业从业者。农业是柬埔寨第一大支柱产业，农业人口占总人口的 80%。据统计，农业劳动力在最近几年持续减少。2012 年，这一比例为 51%，2013 年为 48.7%，2014 年为 45.3%，2015 年为 41.5%。2017 年，大约只有 37%的劳动力直接参与农业生产活动中。表 1-17 显示全国农业、工业和服务业劳动力分布。

表 1-17　全国农业、工业和服务业劳动力分布

劳动力	2010 年柬埔寨经济社会调查				2015 年柬埔寨经济社会调查			
	柬埔寨	金边	城市地区	乡村地区	柬埔寨	金边	城市地区	乡村地区
总的劳动力数量（千人）	7 673	687	772	6 214	8 351	1 140	957	6 279
农业（%）	54. 2	1. 6	19. 7	64. 3	41. 5	0. 7	14. 0	53. 0
工业（%）	16. 2	23. 3	17. 8	15. 3	25. 5	28. 7	23. 4	25. 2
服务业（%）	29. 6	74. 9	62. 5	20. 5	32. 9	70. 6	62. 5	21. 7
其他	—	0. 2	—	—	0. 1	—	—	0. 1
总计	100	100	100	100	100	100	100	100

数据来源：柬埔寨经济社会调查

（三）农业生产工具

在过去 5 年中，柬埔寨农业目前的生产工具已经由机器逐步取代，其中使用农业器械进行耕地及种植水果的数量增长了 94%，而使用牛及水牛等传统工具的比例只剩下 4%左右。对农村家庭来说，尤其是依赖于农业、渔业和林业的家庭来说，打谷机和收割机是常用的设备。据报道，60%～80%的农户在加工过程中使用打谷机、收割机和碾米机，在 80%的村庄中，碾米机比收割机和打谷机更普遍。

农业机械指在指定年末或下年第一季度期间农业生产中使用的轮胎式和履带式拖拉机（园艺拖拉机除外）的数量。耕地包括短期作物用地（种植双季作物的土地只计算一次）、供割草或放牧的短期草场、供应市场的菜园和自用菜园，以及暂时休闲的土地。因转换耕作方式而休闲的土地不包括在内。表 1-18 显示每 100 平方千米耕地拥有的农业机械数量。农业机械的数量呈现增长趋势，其中在战争期间变化缓慢，1998 年后，呈现快速增长的趋势。

表 1-18　每 100 平方千米耕地拥有的农业机械数量

年份	农业机械数量（台）	100 平方千米耕地农业机械数量（台）	农业机械数量增长率（%）
1961	600	2. 11	—
1962	700	2. 46	16. 18
1963	813	2. 85	16. 14
1964	924	3. 19	11. 69
1965	850	2. 93	-8. 01
1966	1 000	3. 45	17. 65
1967	1 048	3. 61	4. 73
1968	1 158	4. 06	12. 51
1969	1 233	4. 48	10. 35

（续表）

年份	农业机械数量（台）	100 平方千米耕地农业机械数量（台）	农业机械数量增长率（%）
1970	1 233	4. 58	2. 12
1971	1 233	6. 85	49. 61
1972	1 233	6. 85	0. 00
1973	1 233	6. 85	0. 00
1974	1 233	6. 66	-2. 70
1975	1 233	6. 66	0. 00
1976	1 233	6. 49	-2. 63
1977	1 233	6. 49	0. 00
1978	1 233	6. 32	-2. 56
1979	1 233	6. 32	0. 00
1980	1 233	6. 17	-2. 50
1981	1 233	6. 17	0. 00
1982	1 233	6. 07	-1. 48
1983	1 233	6. 04	-0. 49
1984	1 233	6. 04	0. 00
1985	1 233	5. 36	-11. 30
1986	1 200	4. 62	-13. 91
1987	1 200	4. 00	-13. 33
1988	1 200	3. 48	-13. 04
1989	1 200	3. 26	-6. 38
1990	1 200	3. 25	-0. 27
1991	1 190	3. 22	-0. 97
1992	1 190	3. 22	0. 00
1993	1 190	3. 20	-0. 43
1994	1 190	3. 22	0. 43
1995	1 190	3. 22	0. 00
1996	1 190	3. 22	0. 00
1997	1 227	3. 32	3. 11
1998	1 540	4. 16	25. 51
1999	1 855	5. 01	20. 45
2000	2 166	5. 85	16. 77

数据来源：世界银行年度统计

表 1-19 显示 2011—2016 年全国农业机械保有量。从 2004—2016 年，拖拉机的数量增加了 4. 75 倍（2004 年 3 857台，2016 年 18 317台），特别是洞里萨湖流域和旱季稻区农业机械增长率较快。其中 2004—2016 年，手扶拖拉机增长了 17. 0 倍（2004 年 20 279台，2016 年 343 764台），同时，脱粒机和水泵也得到了快速发展。在山区区域中，中型拖拉机也逐步得到应用，特别是功率大于 50 马力的大型拖拉机。近年来，联合收割机逐渐被应用，从 2010 年至 2013 年，联合收割机增长了 6. 97 倍（2010 年 947 台套，2016 年 6 605台套）。联合收割机（中小型）主要由服务供应商提供，因为联合收割机价格昂贵，作业季节短，为了最

大限度地利用机器，一些服务提供商将他们的联合收割机运输到其他省份，实行跨区作业，以提高机具使用效率。在洞里萨湖区，动力泵已被用于灌溉稻田，这些泵主要通过手扶拖拉机带动进行工作。在柬埔寨南部的省份，为了抽取地下水用于农业灌溉，离心式动力泵也被广泛用于抽水灌溉，从目前来看，农业灌溉主要依靠动力泵。

表 1-19　农业机械保有量（2011—2016 年）

年份	拖拉机（台）	手扶拖拉机（台）	发动机水泵（台）	收获机（台）	脱粒机（台）	烘干机（台）	碾米机（台）
2011	6 786	77 421	183 502	1 548	15 210	—	48 753
2012	8 961	128 806	231 942	4 820	16 146	—	54 328
2013	9 466	151 698	255 955	4 598	17 067	94	55 270
2014	11 940	228 456	326 832	5 503	17 532	178	54 062
2015	13 701	266 004	344 633	5 893	17 169	180	55 364
2016	18 317	343 764	352 240	6 605	13 765	216	54 965

数据来源：农林渔业部 2016 年年报

“—”表示未统计或未上报

（四）农业灌溉

柬埔寨自然条件优越，土地肥沃，通过农业灌溉系统的应用，可以保障农作物的终年生产。表 1-20 显示各省农业用地的灌溉情况，2013 年，全国临时性作物灌溉面积为 718 146公顷，其灌溉比例为 23%，其中谷物类的灌溉比例为 27.28%，非谷物类的灌溉比例为 11.88%。平原区、洞里萨湖区、沿海区和山区的灌溉率分别为 38.5%、15.7%、6.4%和 9.1%，农业灌溉系统在平原区应用最为广泛，沿海区最缺乏。平原区谷物类和非谷物类作物灌溉比例分别为 44.78%和 29.43%；洞里萨湖区谷物类和非谷物类作物灌溉比例分别为 17.9%和 6.18%；沿海区谷物类和非谷物类作物灌溉比例分别为 7.40%和 4.26%；山区谷物类和非谷物类作物灌溉比例分别为 11.66%和 7.18%，谷物类作物的灌溉率在各个区域均高于非谷物类作物的灌溉率。

（五）农业生产水平

2018 年，柬埔寨共生产 1 664万吨农产品，出口 423 万吨，其中稻谷出口 62.6 万吨。农业为柬埔寨国内生产总值（GDP）贡献 23.5%，总量达 54.78 亿美元。农业依旧是柬埔寨最稳定的产业，同时也有巨大的提升空间和投资机会。（http://www.shitonghk.com/mobile/news/kuaixun/2019-03-14/7479.html）

表 1-20　全国各省区农业灌溉情况分布

省区	谷物类种植面积（公顷）	谷物类灌溉面积（公顷）	谷物类灌溉比例（%）	非谷物类临时性作物种植面积（公顷）	非谷物类临时性作物灌溉面积（公顷）	非谷物类临时性作物灌溉比例（%）	临时性作物种植面积（公顷）	临时性作物灌溉面积（公顷）	临时性作物灌溉比例（%）	永久性作物种植面积（公顷）	合计种植面积（公顷）	合计灌溉面积（公顷）	合计灌溉比例（%）
全国	2 454 605	669 733	27. 28	407 479	48 413	11. 88	2 862 084	718 146	25. 09	259 084	3 121 168	718 146	23. 0
平原区	920 398	412 191	44. 78	95 928	28 228	29. 43	1 016 326	440 419	43. 33	128 137	1 144 463	440 419	38. 5
Kampong Cham	204 827	66 875	32. 65	20 631	4 714	22. 85	225 458	71 589	31. 75	33 282	258 740	71 589	27. 7
Kandal	110 641	77 243	69. 81	11 518	7 619	66. 15	122 159	84 862	69. 47	11 938	134 097	84 862	63. 3
Phnom Penh	16 199	10 016	61. 83	1 493	802	53. 72	17 692	10 818	61. 15	3 789	21 481	10 818	50. 4
Prey Veng	219 281	113 549	51. 78	2 722	5 458	200. 51	222 003	119 007	53. 61	1 322	223 325	119 007	53. 3
Svay Rieng	127 175	22 030	17. 32	4 821	68	1. 41	131 996	22 098	16. 74	13 113	145 109	22 098	15. 2
Takeo	153 024	96 837	63. 28	2 098	889	42. 37	155 122	97 726	63. 00	6 688	161 810	97 726	60. 4
Tboung Khmum	89 251	25 641	28. 73	52 645	8 685	16. 50	141 896	34 326	24. 19	58 048	199 944	34 326	17. 2
洞里萨湖区	1 185 792	212 279	17. 90	192 346	11 881	6. 18	1 378 138	224 160	16. 27	48 128	1 426 266	224 160	15. 7
Banteay Meanchey	205 751	25 717	12. 50	26 441	451	1. 71	232 192	26 168	11. 27	2 430	234 622	26 168	11. 2
Battambang	317 224	56 946	17. 95	81 997	3 768	4. 60	399 221	60 714	15. 21	9 880	409 101	60 714	14. 8
Kampong Chhnang	91 101	26 891	29. 52	5 243	3 401	64. 87	96 344	30 292	31. 44	3 355	99 699	30 292	30. 4
Kampong Thom	151 877	16 846	11. 09	25 337	66	0. 26	177 214	16 912	9. 54	19 474	196 688	16 912	8. 6
Pursat	117 552	45 223	38. 47	4 732	1 996	42. 18	122 284	47 219	38. 61	1 070	123 354	47 219	38. 3

（续表）

省区	谷物类种植面积（公顷）	谷物类灌溉面积（公顷）	谷物类灌溉比例（%）	非谷物类临时性作物种植面积（公顷）	非谷物类临时性作物灌溉面积（公顷）	非谷物类临时性作物灌溉比例（%）	临时性作物种植面积（公顷）	临时性作物灌溉面积（公顷）	临时性作物灌溉比例（%）	永久性作物种植面积（公顷）	合计种植面积（公顷）	合计灌溉面积（公顷）	合计灌溉比例（%）
Siemreap	192 365	37 306	19. 39	11 405	1 740	15. 26	203 770	39 046	19. 16	2 420	206 190	39 046	18. 9
Oddar Meanchey	85 381	2 623	3. 07	15 627	33	0. 21	101 008	2 656	2. 63	7 400	108 408	2 656	2. 5
Pailin	24 541	728	2. 97	21 564	422	1. 96	46 105	1 150	2. 49	2 098	48 203	1 150	2. 4
沿海区	135 290	10 016	7. 40	8 773	374	4. 26	144 063	10 390	7. 21	18 756	162 819	10 390	6. 4
Kampot	112 721	9 039	8. 02	5 878	224	3. 81	118 599	9 263	7. 81	10 210	128 809	9 263	7. 2
Koh Kong	6 751	165	2. 44	896	29	3. 24	7 647	194	2. 54	4 048	11 695	194	1. 7
Sihanoukville	10 779	699	6. 48	1 253	100	7. 98	12 032	799	6. 64	4 019	16 051	799	5. 0
Kep	5 040	115	2. 28	747	22	2. 95	5 787	137	2. 37	480	6 267	137	2. 2
山区	302 376	35 247	11. 66	110 432	7 929	7. 18	412 808	43 176	10. 46	64 019	476 827	43 176	9. 1
Kampong Speu	125 829	15 823	12. 58	4 553	372	8. 17	130 382	16 195	12. 42	6 386	136 768	16 195	11. 8
Kratie	46 366	14 014	30. 22	36 366	5 135	14. 12	82 732	19 149	23. 15	21 083	103 815	19 149	18. 4
Mondul Kiri	12 703	931	7. 33	12 676	53	0. 42	25 379	984	3. 88	1 910	27 289	984	3. 6
Preah Vihear	63 164	1 866	2. 95	11 916	369	3. 10	75 080	2 235	2. 98	3 564	78 644	2 235	2. 8
Ratanak Kiri	30 819	1 687	5. 47	32 107	1 550	4. 83	62 926	3 237	5. 14	26 671	89 597	3 237	3. 6
Stung Treng	23 494	926	3. 94	12 815	450	3. 51	36 309	1 376	3. 79	4 406	40 715	1 376	3. 4

数据来源：2013 年柬埔寨农业普查

柬埔寨农林渔业部部长永沙坤出席部门2018年工作总结与2019年工作会议时内容：

2018年柬埔寨生产了1 089万吨稻谷，比2017年同比增长3.51%，其中雨季稻821万吨、旱季稻268万吨，稻谷盈余583万吨，大约等于373万吨大米。

2018年全国稻谷种植面积334万公顷，相当于计划的113%，其中雨季稻275万公顷、旱稻59万公顷，平均每公顷产量3.35吨稻谷，雨季稻每公顷平均产量3.094吨、旱季稻每公顷平均产量4.512吨。

2018年橡胶种植面积43.6万公顷，其中工业橡胶园27.5万公顷、家庭式橡胶园16.1万公顷，可割胶橡胶园面积20.2万公顷，产量22万吨。

2018年全国饲养4 430万只动物，商业饲养增加20%，禽类饲养增加21.3%，全国肉类生产与供应23.1万吨。

2018年全国自然与饲养水产品91万吨，淡水水产53.5万吨、海洋水产12.1万吨和饲养25.4万吨。完成了8.4万吨淡水和海洋水产的加工，出口量1.4万吨。

六、农业法规政策

（一）农业土地政策

根据柬埔寨宪法和土地法等法律规定，用于投资的土地所有权，必须由柬籍自然人或法人投资者（柬资占51%以上）所有。2005年年底，柬政府颁布“经济土地特许权法令”，外来投资者可通过长期租赁的方式使用土地，最长租期为99年，期满可申请继续租赁。为有效管理土地，政府一般批准的农业投资项目均在1万公顷以内。该法令极大地吸引了外国投资对其农业领域的投入。2001—2005年，外资在柬农业领域的投资年均不超过5 000万美元。2006—2007年，投资连续两年超过3.5亿美元，主要来自越南、中国、泰国、韩国和美国，利用经济特许地种植木薯、花生和甘蔗等经济作物。柬埔寨政府依据投资法对开发种植1 000公顷以上的稻谷、500公顷以上的经济作物、50公顷以上的蔬菜种植项目；对畜禽养殖业存栏在1 000头以上、饲养100头以上的乳牛项目、饲养家禽10 000只以上的项目；以及占地5公顷以上的淡水养殖、占地10公顷以上的海水养殖项目均给予支持和优惠待遇（https://www.tuliu.com/read-26471.html）。

（二）农业劳动力政策

柬埔寨是东南亚地区劳动力就业率最高的国家，在16～64岁的劳动人口中，82.7%的人参与就业或者正在寻找工作。2007—2015年，柬埔寨劳动适龄人口增长率为 2. 4%。与其他亚洲国家相比显著不同。这使柬埔寨处于一个经济增长的有利位置，柬埔寨平均每年增加的劳动人口量为 164 000 人。迄今为止，劳动力部门最大的变化是农业从业人数的减少。农业工人是指被雇佣从事种植业、农场（种植庄稼或者饲养动物）、林业以及渔业工作的工人。2017 年 6 月，农业部门统计的数据显示，1993 年农业从业人员的比例为 80% 左右，但是到了 2017 年，这一数字为 37%，下降了一半。这一下降速度与其他亚洲国家，如泰国（从 77% 下降到 32%）、菲律宾（从 56% 下降到 29%）相当（http://cb.mofcom.gov.cn/article/ddfg/200303/20030300075517. shtml）。

（三）农产品流通政策

柬埔寨主要的农作物产品是水稻、木薯、玉米、腰果、芒果、大米、橡胶、玉米、胡椒、绿豆、蔬菜、香蕉。2015 年，90% 出口的农产品都是未经过加工的初级产品。2004—2012 年，依靠大米（9% 增长率）、玉米（20% 增长率）、木薯（51% 增长率）、甘蔗（22% 增长率）、蔬菜（10% 增长率）等农产品，柬农业年均增长率为 8. 7%，是世界上增长率最高的国家。2013—2014 年，农业增长率下降到 1%。2014 年大米出口仅从 2013 年的 378 850吨增长到 387 100吨，而且价格下降了 30%（https://opendevelopmentcambodia. net/topics/agricultural-commodities-processing-and-products/）。除此之外，橡胶、玉米的价格也有不同程度的下降。这充分说明随着农产品市场进一步发展，加工后的农产品具有更强的竞争优势。农业产业的发展对柬埔寨来说非常重要，农产品加工业的发展又是重中之重。2015 年，柬埔寨发布了 2015—2025 年工业发展规划。在这个规划中，有四个优先发展的领域：农产品加工业，中小企业，运输及物流业和技能培训。该政策的几个目标包括：农产品加工出口比例达到 12%；使柬埔寨中小企业正规化；在一些关键线路上修建快速货运高速公路；农林渔业部将建立类似经济特区的农业生产区域。该目标完成后，将极大地促进柬埔寨农产品的竞争力和流通效率。尤其是高速公路的建成将提高物流速率和降低成本。农产品生产区域的划定也将极大地促进农产品生产及周边地区的产品流通。不仅能提高种植业从业人员的收入，还能方便群众的生活。除了上述的整体策略外，柬埔寨还制定了特殊农产品发展策略，例如 2011—2020 年提高水稻生产和大米出口的发展计划、天然橡胶发展计划等。

（四）农业金融政策

柬埔寨的金融部门以银行为主，银行和小额信贷机构的资产总额在 2015 年增加到 235 亿美元。同时，银行和小额信贷机构的信贷总额逐步增至 147 亿美元。根据柬埔寨国家银行 2015 年的报告，银行信贷分配给农林牧渔业 10. 19%；小额信贷的重点是农业，大约为 35. 24%。银行和小额信贷机构为农业领域提供了约 23 亿美元的信贷。根据世界银行 2013 年的报告，柬埔寨农业企业中约有一半使用的是商业银行的金融服务，使用率因公司的规模有差异。使用商业银行服务的公司中大约 85% 是大公司，22% 是微型公司（Research paper on agriculture financing，September 2016）。

（五）农产品贸易政策

2003 年，农产品最惠国关税从 20. 6% 下降到 14. 5%。进口某些农产品需要卫生和植物检验检疫证书和许可证。从 2005 年 1 月开始，柬埔寨逐步取消了除杀虫剂以外，化肥和其他农业投入品进口的数量限制。柬埔寨还规定了与世界贸易组织相一致的登记和审查进口农用化学品的方法，涉及安全存储和国内分销。这也适用于国内分销商或者在国内分销之前使用保税仓库的进口商。从 2007 年 1 月开始，柬埔寨一直依靠《技术性贸易壁垒协定》的规定来管制这些物品的国内和国际贸易。

除了特定的制造麻醉药品的原材料以外，柬埔寨并未对农产品出口进行限制。纯种的牛和猪的出口要征收 10% 的税，对水稻的出口限制已经于 2001 年 7 月取消，但柬埔寨依然保留暂时限制稻米出口的权利，以预防 1994 年关贸总协定第十一条第二款所预见的粮食严重短缺。除了碾米之外，柬埔寨还能为农产品提供出口信贷、出口信贷担保和保险方案。柬埔寨加入世界贸易组织之后，农产品出口补贴在其货物减让和承诺表中的约束为零。

柬埔寨既不使用黄箱政策措施也不使用蓝箱政策措施。根据提供的数据显示，2007 年和 2008 年资助总额的一半以上是以支付自然灾害救济款的形式发放。2004 年、2005 年、2006 年和 2009 年均未对农产品提供国内资助。

柬埔寨农业研究和发展研究所在农业研究、支持农民和农民协会、农业企业的管理能力研究等方面发挥着重要作用。柬埔寨农林渔业部向农民提供推广服务，并向受灾害影响的农民提供种子。柬埔寨农民还被免除了土地税和所得税，这被归类为独立的收入资助。农民还可以获得农业收入的增值税豁免（Trade policy review，reported by the Secretariat）。

（六）农业科技和教育机构

柬埔寨的农业科研、教育和推广体系单薄，主要靠外援和合作支撑。1. 2 万农业部职员中，约有 4% 参与农业研究，但只有极少数人能够进行独立研究或者国际合作。硕士学位以上者多是国外留学归国的，有一定的英语听说基础，有一定国际合作的基础；许多国际组织也协助设立研究推广机构，涉及多种作物和新技术的推广，但只有极少数人在运作，效果并不显著。教师的科研水平和教育能力普遍不高，缺少科研实践，多自编教材，教学质量参差不齐。新生素质较差，毕业生的工作能力不强，难以适应市场要求。近期，柬埔寨政府和各援助组织正在努力加强农业高等教育和职业教育，鼓励在岗人员攻读学位，组织各种培训班，陆续选送农业优秀人才出国深造，以期尽快提高农业科教人员的素质。主要农业科研机构和大学介绍如下：

1. 农业研究和发展研究所

柬埔寨农业研究和发展研究所是由农林渔业部管辖下的领导型研究所，该研究所成立于 1999 年 8 月，是委员会管理性质的半自治研究所。就政府拨款和人力资源来说，也是柬埔寨最大的农业领域研究所，主要目的是通过农业研究、培训和技术转让，提高柬埔寨农民的生活水平，在柬埔寨政府的国家扶贫计划及经济发展规划中做出了重要贡献。其研究项目主要以农学为基础，包括：水土资源科学研究；植物育种；植物保护；经济社会研究；农学和耕作体系研究；农机研究。年度财政预算大约在 90 万美元，每年的资金有 40% 来自柬埔寨政府、40% 来自合作项目，另外 20% 来自生产服务部门的创收。该所研发了一些高品质的农作物品种，同时，其他相关的研究项目也在改善作物多样性、作物改良、生长、栽培及收获方面取得了进步。尤其在发展柬埔寨水稻生产能力方面，柬埔寨农业研究和发展研究所的研究成果颇丰，包括 37 个水稻改良品种的研发，而且柬埔寨农业研究和发展研究所也将致力于发展其研究的多样性。目前，该所研究的薄弱环节主要是研究规模较小，缺乏对非稻类作物的研究与开发。由于缺乏弹性的资金预算，柬埔寨农业研究和发展研究所并没有完全发挥其潜在的人力资源方面的作用。除委员会自身所拥有的研究实力外，国际合作在很大程度上成为该研究所的主要方面。目前，柬埔寨农业研究和发展研究所与中国、澳大利亚、加拿大、日本、韩国、泰国等十多个国家建立了广泛的联系。

2. 皇家农业大学

皇家农业大学是柬埔寨综合实力最强的农业大学，涵盖了教育、农业研究和农业技术推广等部门，为本国和乃至于东南亚提供有效地发展智力能力的教育和研究，将年轻的人才转变为成功的专业人员和负责任的公民，为提高整个东南亚的竞争力做出了贡献。课程范围涉及农学、动物科学、兽医、林业、渔业、食品科学与技术、收获后技术、土地管理、工程学以及农业经济学和区域发展。

皇家农业大学是由诺罗敦·西哈努克国王于 1964 年建立，是当时 9 所皇家农业大学之一，旨在培养农业领域的专业技术人才，在1975—1979年由于国内战争的原因而暂停了一段时间，在1980年更名为农业教育研究所（主要向从事农业工作的政府官员提供各类专业课程）在1984年更名为农业科技研究所，提供了农学、动物科学和兽医、农业工程、林业和渔业学士学位，并从苏联等国家获得经济援助，大量开设俄语课程。1990年，苏联的经济援助终止，学校重新开始以高棉语教育为主，英文教育为辅。1994年，正式更名为皇家农业大学，并引入了更多的学士学位课程。自2002年起，开设了农业科学相关专业的研究生学位课程。

皇家农业大学也吸引最有活力的学生和最优秀的讲师，以不断追求卓越。在皇家农业大学学习不仅可帮助学生提高智力，为工作生活做好准备并为社会做出有效贡献。与亚洲、欧洲、美洲及其他地区的机构之间越来越多的合作与协作为学生和讲师提供了获得第一手国际交流的机会。

皇家农业大学下辖10个学院，包括：农学院、橡胶科学学院、动物科学学院、兽医学院、林学院、农业工程学院、渔业学院、农业产业学院、农业经济与农村发展学院、土地规划与管理学院。在学院的基础上进一步建立了10个研究中心，包括：文献中心、语言中心、信息技术中心、畜牧发展研究中心、食品研究发展中心、环境系统服务与土地利用研究中心、营养与健康中心、农业水资源中心、农业可持续集约化发展卓越中心。目前，皇家农业大学能提供学士、硕士和博士学位。农林渔业部以及教育、青年和体育部都认可皇家农业大学。表1-21显示皇家农业大学员工及学生组成情况。

表1-21　皇家农业大学员工及学生组成情况

项目	博士	硕士	学士	大专	中专	无学历	总计
员工（人）	27	100	30	0	2	4	163
学生（人）	7	44	2 806	137	0	0	2 994
奖学金（人）	0	0	812	0	0	0	812
自费（人）	7	44	1 994	137	0	0	2 182

农业产业学院是皇家农业大学于2001年根据柬埔寨王国政府政策建立的十个学院之一，以加强柬埔寨的农业产业部门。农业产业学院由三个部门组成：食品科学系、食品生物技术系和采后技术系。自2004年以来，建立了两个实验室：食品加工和食品微生物实验室。实验室在学院内部生产不同类型的果汁，并进行质量分析和其他研究活动。该学院的目标是培养合格的专家，管理农产品以减少损失并提高后期生产效率，促进农产品加工技术发展以及为本地和国际市场加工农产品。在这种背景下，该学院以培养食品科学与技术、食品生物技术和收获后

技术领域的学生为主。

3. 波雷列国立农业学院

波雷列国立农业学院位于金边东北部的 Khan Chhroy Changvar 的 Sangkat Prek Leap，距离市中心约 12 千米。它成立于 1948 年，当时是一个红玉米遗传研究站，1951 年成为农业培训机构。20 世纪 60 年代，在美国的支持下，PNCA 制定了其农业领域的文凭课程。由于内战，PNCA 于 1975 年关闭，但于 1984 年重新开放。2002 年，PNCA 以波雷列国立农业大学为名称成为公共管理机构，PNCA 主要由 12 个系组成，向学生提供农业科学副学士学位和学士学位。PNCA 主校区占地 8 公顷，在 Takeo 省 Tram Kok 拥有一个 18 公顷的农场，在 Kampong Speu 省 Tpong 拥有 300 公顷的农场。表 1-22 显示波雷列国立农业学院员工及学生组成情况。

表 1-22 波雷列国立农业学院员工及学生组成情况

项目	博士	硕士	学士	大专	中专	无学历	总计
员工（人）	4	46	70	2	0	4	126
学生（人）	0	0	621	259	0	0	880

4. 磅湛国立农业学校

柬埔寨磅湛国立农业学校成立于 1995 年，是一所非营利性的公立高等教育机构，位于磅湛市，经柬埔寨农林渔业部的官方认可，是一所男女同校的高等教育机构，提供的课程获得了许多高等教育学位领域的官方认可。表 1-23 显示磅湛国立农业学校员工及学生组成情况。

表 1-23 磅湛国立农业学校员工及学生组成情况

项目	博士	硕士	学士	大专	中专	无学历	总计
员工（人）	0	30	21	2	0	0	53
学生（人）	0	0	631	199	0	0	830
奖学金（人）	0	0	426	185	0	0	611
自费（人）	0	0	205	14	0	0	219

农业出版物方面，由澳大利亚等国和 FAO 等国际组织资助出版少量有关柬埔寨农业资源调查、农业发展战略和水稻生产等方面的著作；期刊主要有英文版的《柬埔寨农业学报》和《农业通讯》，柬文的《农业杂志》和《天然橡胶》

等。柬文期刊配有大量的图片和漫画，适宜文化程度较低的农民学习应用（Strategic Planning Framework for Livestock Development：2016—2025）。

七、农业贸易

（一）农业贸易

农业领域是国家经济活动的重要组成部分，与农业相关的农业原材料和食品贸易对国家发展和社会稳定具有重要作用。表 1-24 显示全国农业原料和食品等出口情况。由于战争等原因，表格中 1973—1980 年的数据缺失，其他的年份也存在数据缺失的现象。表中商品进口是报告全国向国际货币基金组织贸易方向数据库所报告的、从世界其他地方的商品进口总额。全国商品出口总量从 1960 年的 67 600 000美元，波动性地提高至 2017 年的 10 825 759 569美元，提高了 162 倍。食品出口占商品出口的比例从 2000 年以来逐渐上涨，2017 年，食品出口占商品出口的比例达到 4. 59%；农业原材料出口占商品出口的比例从 2000 年以来，在 2. 5%上下波动。

表 1-24　全国农业原料和食品出口情况

年份	商品出口总量（美元）	食品出口占商品出口的比例（%）	农业原材料出口占商品出口的比例（%）
1960	67 600 000	—	—
1961	63 600 000	—	—
1962	54 400 000	53. 60	44. 73
1963	87 600 000	68. 84	30. 40
1964	74 300 000	81. 90	17. 40
1965	86 900 000	63. 37	35. 92
1966	61 600 000	55. 29	44. 19
1967	82 100 000	66. 74	33. 04
1968	87 700 000	71. 65	27. 75
1969	—	48. 35	49. 45
1970	37 820 000	72. 17	24. 41
1971	—	79. 29	11. 48
1972	—	57. 43	33. 59
1981	2 372 727	—	—
1982	4 893 636	—	—
1983	2 108 679	—	—
1984	3 961 789	—	—
1985	4 815 521	—	—
1986	3 217 454	—	—
1987	9 600 122	—	—

（续表）

年份	商品出口总量（美元）	食品出口占商品出口的比例（%）	农业原材料出口占商品出口的比例（%）
1988	8 397 080	—	—
1989	20 730 942	—	—
1990	41 720 586	—	—
1991	57 375 931	—	—
1992	165 347 794	—	—
1993	267 261 077	—	—
1994	242 997 610	—	—
1995	357 137 722	—	—
1996	292 748 815	—	—
1997	625 820 000	—	—
1998	933 500 000	—	—
1999	1 040 060 000	—	—
2000	1 368 304 839	0. 96	2. 89
2001	1 496 813 924	1. 21	2. 37
2002	1 920 225 374	0. 79	2. 14
2003	2 110 592 713	0. 45	2. 13
2004	2 794 887 211	1. 09	1. 77
2005	3 020 131 180	0. 92	1. 59
2006	3 570 899 392	0. 61	1. 63
2007	3 534 602 891	0. 72	1. 58
2008	4 357 883 123	0. 66	0. 90
2009	4 984 308 677	0. 79	1. 18
2010	5 583 695 947	1. 44	2. 29
2011	6 706 564 648	2. 64	3. 69
2012	7 842 822 159	3. 51	3. 32
2013	9 248 432 472	5. 84	3. 55
2014	6 882 293 928	5. 30	3. 81
2015	8 578 653 464	4. 79	2. 14
2016	10 101 088 230	4. 59	2. 08
2017	10 825 759 569	—	—

数据来源：世界银行统计

“—”表示未统计或未上报

表 1-25 显示全国农业原料和食品等进口情况。由于战争等原因，表格中 1973—1980 年的数据缺失，其他的年份也存在数据缺失的现象。表中商品进口是报告全国向国际货币基金组织贸易方向数据库所报告的、从世界其他地方的商品进口总额。全国商品进口总量从 1960 年的 93 700 000美元，波动性地提高至

2017 年的 16 150 781 975美元，提高了 174 倍。2000 年以来食品进口占商品进口的比例在 6.19% ～9.79% 波动；2016 年农业原材料进口占商品进口的比例为 2.10%。

表 1-25 全国农业原料和食品进口情况

年份	商品进口总量（美元）	食品进口占商品进口的比例（%）	农业原材料进口占商品进口的比例（%）
1960	93 700 000	—	—
1961	97 200 000	—	—
1962	102 300 000	13.50	1.37
1963	105 800 000	11.07	1.31
1964	79 400 000	10.81	1.44
1965	97 100 000	6.26	0.99
1966	106 900 000	6.29	0.90
1967	—	7.98	1.00
1968	113 300 000	7.30	2.62
1969	—	10.06	1.01
1970	51 690 000	10.07	1.44
1971	—	20.80	2.85
1972	—	31.20	2.28
1981	78 371 700	—	—
1982	50 808 441	—	—
1983	52 066 085	—	—
1984	49 088 515	—	—
1985	27 370 822	—	—
1986	11 014 416	—	—
1987	13 302 278	—	—
1988	23 864 421	—	—
1989	51 872 363	—	—
1990	56 015 458	—	—
1991	61 933 482	—	—
1992	751 153 329	—	—
1993	981 386 995	—	—
1994	1 151 535 194	—	—
1995	1 573 460 945	—	—
1996	1 632 033 936	—	—
1997	1 116 440 000	—	—
1998	1 128 860 000	—	—
1999	1 242 970 000	—	—
2000	1 412 462 846	9.74	3.42
2001	1 455 319 957	9.79	2.56
2002	1 604 498 897	8.99	2.53
2003	1 656 454 866	7.66	2.55
2004	2 032 452 370	7.89	2.42

（续表）

年份	商品进口总量（美元）	食品进口占商品进口的比例（%）	农业原材料进口占商品进口的比例（%）
2005	2 545 929 101	7.47	2.20
2006	2 978 538 258	6.95	1.88
2007	3 551 449 658	6.19	1.73
2008	4 421 712 192	7.01	1.36
2009	3 899 236 616	8.13	1.82
2010	4 889 673 068	7.31	1.64
2011	6 138 210 451	6.66	1.27
2012	7 064 258 509	6.99	1.08
2013	9 220 336 965	6.99	0.79
2014	10 261 616 692	8.18	0.75
2015	11 215 140 870	8.43	2.02
2016	12 900 202 477	7.28	2.10
2017	16 150 781 975	—	—

数据来源：世界银行统计

“—”表示未统计或未上报

2013—2017 年，农产品出口呈现增长的态势（表 1-26）。2013 年至 2017 年，农产品出口量分别为 3 659 908吨、3 445 267吨、4 157 253吨、4 709 453吨、5 135 084吨。从 2013 年的 3 659 908吨增长到到 2017 年的 5 135 084吨，年均出口增长率在 7% 左右，与 2016 年相比，2017 年的出口增长了近 11%。柬埔寨主要的出口农产品包括大米、木薯片、木薯淀粉、玉米、胡椒、新鲜芒果和棕榈油果，这些农产品的出口自 2013 年开始就持续增长，尤其是木薯、玉米、胡椒和新鲜芒果。2017 年，植物保护、卫生和检疫局为出口的农产品进行检验检疫，签发了 21824 份植物检疫许可证，共计出口 5 135 084吨产品。

表 1-26 全国主要农产品出口数量（2019 年 1—10 月）

编号	农产品	出口量（吨）	出口目的地
1	湿木薯	13 750.00	泰国、越南
2	干木薯	1 250.00	泰国
3	木薯粉	335.00	泰国、越南
4	香蕉	800.80	越南
5	火龙果	360.00	越南
6	黑豆	500.00	越南
7	黄豆	500.00	越南
8	辣椒	105.00	泰国
9	蔬菜	2.66	法国
10	橡胶	403.20	印度、中国
11	胡椒	0.20	中国香港地区

2013 年至 2016 年，大米的出口持续增长。全国大米出口数量分别为 378 856 吨、387 061吨、538 396吨、542 144吨和 635 679吨。与 2016 年相比，2017 年大米出口增长了 17.3%。2016 年，出口大米中香米的比例占 61.99%。

2017 年，橡胶出口达到 190100 吨，价值 2.99 亿美元。2016 年，这一数字为 145 100吨和 1.87 亿美元。通过两年的数据比较，橡胶出口增加了 43 732吨，增长了 30.14%。橡胶产业增加的税收达到了 1.12 亿美元，增长了 59.96%。2017 年，出口的橡胶每吨 1 585美元，2016 年为 1 289美元，每吨增加了 296 美元，增长了 27.96%。

2013—2017 年，全国黄牛和水牛、猪、猪仔、猕猴和鸡的出口数量合计分别为 56 724头、7 777头、119 545头、72 519只和 180 000只（表 1-27）。

表 1-27　动物出口的数量（2013—2017 年）

年份	黄牛和水牛（头）	猪（头）	猪仔（头）	猕猴（只）	鸡（只）
2013	19 753	1 349	21 640	5 345	124 000
2014	12 161	2 017	50 400	4 530	—
2015	7 335	2 021	13 305	4 180	—
2016	6 235	1 250	34 200	51 530	56 000
2017	11 240	1 140	1 140	6 934	—
总计	56 724	7 777	119 545	72 519	180 000

数据来源：柬埔寨年鉴

“—”表示未统计或未上报

2013—2017 年，全国牛肉、奶、狗肉、毛皮、牛皮和猪皮的出口数量合计分别为 88 吨、451 吨、6 584吨、255 吨和 26 099吨（表 1-28）。

表 1-28　肉和动物制品出口的数量（2013—2017 年）

年份	牛肉（吨）	奶（吨）	狗肉（吨）	毛皮（吨）	牛皮、猪皮（吨）
2013	12	—	1 015	51	1 659
2014	—	—	1 182	63	11 620
2015	—	—	1 652	63	2 254
2016	68	—	1 370	50	1 483
2017	8	451	1 365	28	1 972
总计	88	451	6 584	255	26 099

数据来源：柬埔寨年鉴

“—”表示未统计或未上报

（二）与中国贸易

柬埔寨政府实行对外开放的自由市场经济，把发展经济、消除贫困作为首要任务，推行经济私有化和贸易自由化，各类物资自由通行。并把农业、工业、旅游业、基础设施建设及人才培训作为优先发展领域，推进行政、财经、军队和司法改革，提高政府工作效率，改善投资环境，取得了一定成效。

近年来中柬双边贸易额呈现加速增长的趋势，并且中方出口的平均增长率高于中方进口的平均增长率（表 1-29）。中方统计，2018 年中柬双边贸易额 73.9 亿美元，增长 27.6%。其中，中方出口 60.1 亿美元，增长 25.7%，进口 13.8 亿美元，增长 36.7%；2017 年中柬双边贸易额 57.9 亿美元，增长 21.7%。2018 年 1—8 月，双边贸易额 46.9 亿美元，增长 23.8%。其中，中方出口 38.6 亿美元，增长 24.1%，进口 8.3 亿美元，增长 22.1%；2016 年，中柬双边贸易额 47.6 亿美元，增长 7.4%。2017 年 1—7 月，中柬双边贸易额 32.8 亿美元，同比增长 20.3%。其中，中方出口 27.2 亿美元，增长 21.4%，进口 5.6 亿美元，增长 15.3%；2015 年，中柬双边贸易总额 44.3 亿美元，增长 18%，其中中方出口和进口分别增长 15% 和 38%；2014 年，中柬双边贸易额 37.6 亿美元，同比下降 0.39%。其中，中方出口 32.8 亿美元，同比下降 3.99%；进口 4.8 亿美元，同比增长 33.54%；2013 年，中柬双边贸易额 37.7 亿美元，同比增长 29.1%。其中，中方出口 34.1 亿美元，同比增长 26%；进口 3.6 亿美元，同比增长 67.9%；2012 年，中柬双边贸易额为 29.23 亿美元，同比增长 17%。其中，中国对柬出口 27.08 亿美元，同比增长 17%；自柬进口 2.15 亿美元，同比增长 16.8%。

表 1-29　2012—2018 年中柬双边贸易总额及增长率

年份	中柬双边贸易总额（亿美元）	增长率（%）
2018	73.90	27.60
2017	57.90	21.70
2016	47.60	7.40
2015	44.30	18.00
2014	37.60	-0.39
2013	37.70	29.10
2012	29.23	17.00

数据来源：http://cb.mofcom.gov.cn/article/zxhz/hzjj/

（三）与中国双边投资

1. 与中国双边贸易

中方统计，2018 年中柬双边贸易额 73.9 亿美元，增长 27.6%。其中，中方出口 60.1 亿美元，增长 25.7%，进口 13.8 亿美元，增长 36.7%。

2. 与中国双边投资

据中方统计，截至2017年年底，中国企业对柬直接投资量达54.5亿美元，其中非金融类直接投资36.4亿美元。2018年，对柬新增非金融类直接投资6.4亿美元，增长17.6%。截至2018年年底，柬累计对华实际投资额约2亿美元。

3. 与中国双边工程承包

据中方统计，截至2018年年底，中国企业在柬累计签订工程承包合同额204.2亿美元，完成营业额128.8亿美元。2018年，新签工程承包合同额28.8亿美元，下降12.7%，完成营业额18亿美元，增长2.1%（表1-30）。

表1-30　2019年1—6月中国与亚洲周边国家双边贸易统计

国家	进出口		出口		进口	
	金额（亿美元）	同比（%）	金额（亿美元）	同比（%）	金额（亿美元）	同比（%）
柬埔寨	44.7	30.7	37.7	31.5	7.0	26.9
日本	1 511.4	-4.0	695.3	-1.1	816.1	-6.4
韩国	1 396.2	-8.6	550.7	2.5	845.5	-14.6
朝鲜	12.5	14.3	11.4	15.5	1.1	3.2
蒙古国	40.8	4.7	8.0	-0.2	32.8	6.0
越南	699.3	6.1	445.8	14.3	253.5	-5.7
马来西亚	573.5	10.7	243.5	12.7	330.0	9.3
泰国	429.4	-0.1	209.5	-0.7	219.9	0.5
新加坡	414.6	0.1	248.0	2.2	166.6	-3.0
印度尼西亚	364.8	-2.5	206.3	3.2	158.5	-9.0
菲律宾	279.2	5.7	184.0	10.9	95.2	-2.9
缅甸	89.8	9.6	58.6	6.1	31.2	16.9

数据来源：http://yzs.mofcom.gov.cn/article/t/201902/20190202833046.shtml

（四）营商环境

世界银行发布《年度营商环境报告》，对全球190个经济体的商业监管法规和产权保护进行分析与评估，以衡量监管法规是否有助于推动或限制商业活动。排名越高，表示该经济体的监管环境越有利于开启和运营一家本地企业。

2010—2018年，柬埔寨在世界银行发布的《年度营商环境报告》中，分别排名138名、135名、137名、133名、128名、131名、135名、135名和138名。

（数据来源：https://tradingeconomics.com/cambodia/ease-of-doing-business）

第二章　柬埔寨农林渔业部组织机构及职能

农林渔业部是柬埔寨农业的主要管理部门，本章介绍农林渔业部的组织机构和各个部门的主要职责。

一、农林渔业部的组织机构

农林渔业部的组织机构见图 2-1。

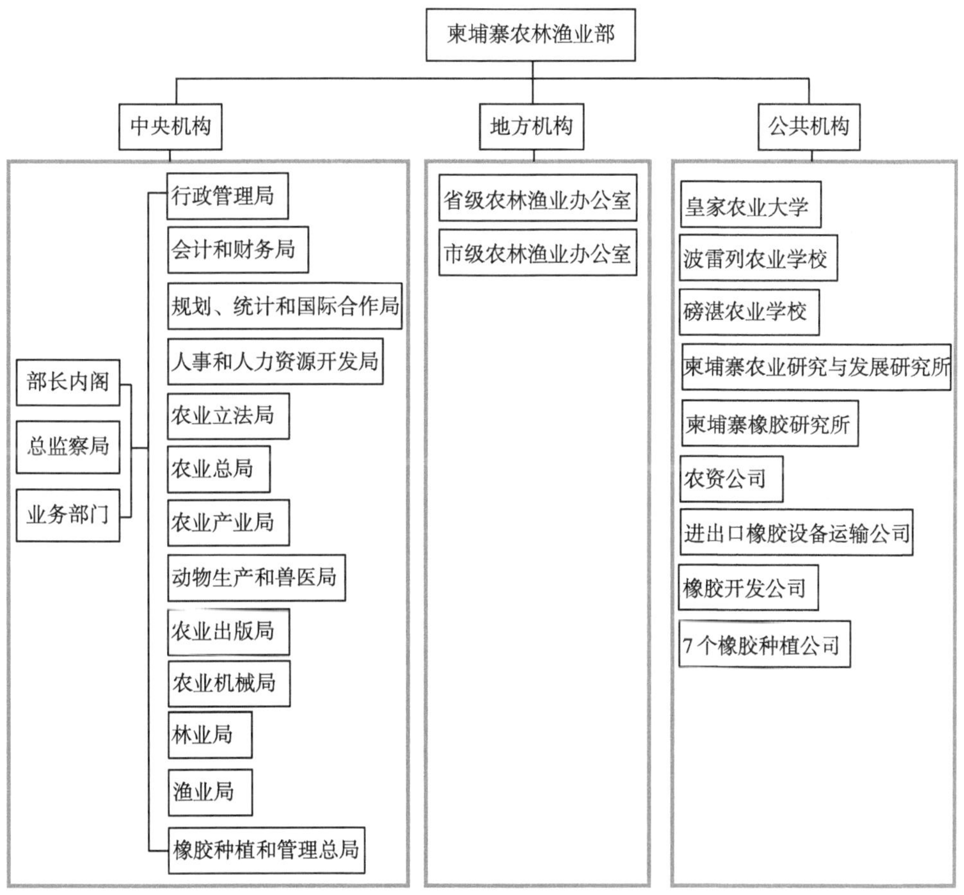

图 2-1　柬埔寨农林渔业部的组织架构

农林渔业部主要包括中央机构、地方机构和公共机构三个部分。中央机构是中心管理和监督部门，负责全国农业的发展和与相关部门的协调工作；地方机构属于中央机构在各省/各市的分支机构，负责贯彻和实施中央机构的各项规章制度，负责地方农业发展和与相关地方部门的协调工作；公共机构归属于中央机构的监督和管理，负责各自专业技术领域内农业技术研究、技术推广以及产业开发等工作。三个部分的组织机构如下。

（一）中央机构

中央机构包括部长内阁、总监察局和业务部门。其中，业务部门共包括了13个局级单位。它们分别是：行政管理局；会计和财务局；规划、统计和国际合作局；人事和人力资源开发局；农业立法局；农业总局；动物生产和兽医局；农业出版局；农业机械局；林业局；渔业局；橡胶种植和管理总局。

（二）地方机构

地方机构包括省级和市级的农林渔业管理办公室。

（三）公共机构

公共机构受农林渔业部的监督和管理，主要从事专业技术或生产。它们分别是：皇家农业大学；柬埔寨农业研究与发展研究所；波雷列农业学校；磅湛农业学校；农资公司；橡胶开发公司；柬埔寨橡胶研究所；进出口橡胶设备运输公司；7个橡胶种植公司（Chup橡胶种植园，Krek橡胶种植园，Memot橡胶种植园，Snuol橡胶种植园，Chamcar Andoung橡胶种植园，Boeng Ket橡胶种植园和Peam Chaing橡胶种植园）。

二、农林渔业部主要职责

农林渔业部的主要职责如下：制定和执行农业发展政策，以提高公民生活水平；参与土地改革和合理利用政策的制定；指导和制定农业发展规划；协调、监督和评估政策执行和农业发展活动；监测农业自然资源演变，促进自然资源生产发展，满足国家需求并保持生态平衡；制定和管理保护农业自然资源的规定，并对其实施进行监督；开展农业生产相关技术人员的评估和培训，以促进技术应用和资源高效利用；开展农民生产技术宣传和指导，促进农业生产和生产力提高；制定政策并跟踪政策执行绩效，促进和改善与农业相关的机构和协会的职能；开展农业相关科学技术和经济技术的研究和推广；根据地理条件和区域天气，指导土地开发和土地质量改善以及农地、苗木、育种、化肥和农用化学品的合理使用，以获取高产并保护自然环境；与国际和非政府组织开展农业发展各方面的合作；参与鼓励和促进投资，以及农产品和食品的出口；参加执行与该部管辖的湄公河相关的任务；参与价格政策的制定，开拓农产品市场；收取财政收入，支付国家预算，或与经济和财政部合作为国家收取收入；执行国家政府指派的其他活动。

三、农林渔业部中央机构主要职责

（一）部长内阁

部长内阁主要执行1996年4月30日颁布的各项职责。

（二）总监察局

总监察局主要职责如下：对农林渔业部管辖的所有实体部门进行定期监察；完成已检查实体部门运作情况以及改善现有情况措施的报告；履行部长指派的其他职责。

（三）行政管理局

行政管理局主要职责如下：协调中央一级及其管辖下部级单位之间的行政管理；管理和分发部级行政文件；确保行政管理效率、安全、社会事务和部委规章正常运转；进行各部级单位的需求评估，并制定各部级单位车辆、材料和设备的费用预算、管理、使用和维护办法；总结并编写部门总结和活动报告；维护文件和记录；履行部门领导下达的其他职责。

（四）会计和财务局

会计和财务局主要职责如下：汇总和调整预算；提出部门预算计划并跟踪其运作；维护会计记录和账簿；管理公共采购绩效的成本核算；管理信息技术、财务活动和成本核算账户；对公共采购交易进行技术检查；评估所有部长级支出需求，并在部级间进行协调；根据《财务管理法》适当收取收入；跟踪并负责特别账户的管理；管理动产和不动产、物资存货、编制存货清单；接收设备并将其分发给受其监督的实体；定期维护就业形式和实物账户；编写该部门年度财务报告；履行领导交办的其他职责。

（五）规划、统计和国际合作局

规划、统计和国际合作局主要职责如下：分析并制定短期、中期和长期农业发展计划，并跟踪其实施；对农业领域进行总体和部分监测，收集信息和农业统计数据，并对文件进行分析、评估和汇编；拟定和制定战略政策和农业发展计划，并确定发展目标；筹备和发展公共投资项目，并指导与农业和食品生产相关的私人投资项目；研究和传播农作物在本地和国际市场上的价格以及需求，帮助农民选择适当的农作物进行生产；管理技术和科学农业文献中心；在农业相关的投资和项目领域，与国内外机构建立广泛的合作关系；履行领导交办的其他职责。

（六）人事和人力资源开发局

人事和人力资源开发局主要职责如下：与国家公务员制度秘书处联络，管理公务员和部长级公职人员；为公职人员准备相关的行政文件；编制人员管理和活动时间表的统计数据；制订有关该部专业职位和人力资源的计划；编制工资单、聘用单（临时）、工资和津贴；对公职人员发展培训进行需求评估，审查并派遣专家官员参加培训课程或在国内外进修；通过与国家公务员制度秘书处的联系，组织初步和中级培训政策，并执行该政策；与农业技术研究实体和研究所合作，参与课程制定以及这些实体的任务授权，以满足人才培养的需求；提议机构的设立和解散，根据实际情况安排机构职能，角色和重组；履行领导交办的其他职责。

（七）农业立法局

农业立法局主要职责如下：为包括农民在内的弱势群体制定政策，以改善他们在市场经济中的社会经济地位；制定法律文件，提出措施并促进实体经济组织和农业组织的发展；根据部门或下属实体组织的要求，在现行法律基础上，准备和修订法律，法规和草案；颁布并监督与农业领域相关的法律文本，规定和法规文本的实施；根据农业设备规范登记和设计质量标准，完善农业设备检验措施；担任农业部部长级领导和实体监督下的农业事务法律助理；履行领导交办的其他职责。

（八）农业总局

农业总局主要职责如下：为促进农业生产设计政策、规划、方案、项目和实施方案；编制土地管理清单，并进行土地分类；跟踪农业生产，并分析与生产或贸易中使用材料供应有关的，影响农业生产的技术因素；协调公共、私人组织和农民之间的活动，提高农业生产服务水平，包括技术咨询、信贷、生产资料供应和商业服务；拟订关于农产品质量、生产要素的使用、维护和植被卫生保护的法律和法规草案，并制定与农业生产有关的法规文本，并监督其实施；通过与专门公共机构和农民组织合作，向农民和工商业组织传播技术和农业经济信息；监测植物健康状况，以确定预防措施，并安排应对灾难性事件的应急措施；检查农业生产设备的质量，并制定设备使用方法；监测边境和农产品加工实体的生产卫生情况；确定土地使用、土地维护和土地改良的政策和法规；设计未使用或未充分利用土地的政策和人工林标准，并监督其实施；履行领导交办的其他职责。

（九）农业产业局

农业产业局主要职责如下：为促进农业产业发展设计政策、规划、方案、项目和实施方案；参与解决与农业产业和食品企业发展有关的问题，并制定直接指导加工和商业生产投资的农业产业政策；参与制定规划，并鼓励和促进农产品加工企业和食品加工企业参与；参与、鼓励和促进对农产品加工和食品企业的投资和出口；与专门的公共机构和农民组织合作，向农民以及工商业实体传播技术和农业经济信息；履行领导交办的其他职责。

（十）动物生产和兽医局

动物生产和兽医局主要职责如下：为促进养殖业发展设计政策、规划、方案、项目和实施方案；跟踪畜禽生产和兽医活动，分析生产或贸易影响养殖业发展的因素；协调公共和私营主体与养殖者之间的活动，以改善生产所需的服务，包括技术咨询，信贷，生产原料供应和商业环境；拟订有关动物产品质量、维护和兽医保护的法律和法规草案，并制定与动物生产和兽医有关的法规文本，并监督其实施；与专门的公共机构和农民组织合作，向养殖者以及工商业主体传播技术和农业经济信息；监视动物的健康状况，以确定预防措施，并建立应对灾难性事件的预案；检查生产和兽医用设备的质量，并制定设备使用方法；在边境检查动物的进出口，检查动物卫生和动物加工产品，并监督和跟踪动物屠宰以及在动物加工产品的卫生等；履行领导交办的其他职责。

（十一）农业出版局

农业出版局主要职责如下：与省级和市级农业、林业和渔业办公室、研究中心、生产主体、农民和农业合作组织联络，组织、鼓励和并协调农业出版开展研究和开发活动；定期监测农业媒体的活动情况，并结合农民和专业媒体感兴趣的信息和主题，评估出版物的效果，并提出改善媒体的方法；定期记录从农民那里获得的知识和国内外的技术研究结果，并将这些知识传播给农民；收集国内外最新研究成果和新技术，并将这些成果和技术传播给农民；建立并维护农业领域研究人员或相关专家与农民、养殖者、省市农林渔业部门之间联系，以促进信息和技术知识的相互交流，使科学研究工作反映农业发展需求；履行领导交办的其他职责。

（十二）农业机械局

农业机械局主要职责如下：根据土地和用于农业发展的耕作植物的种类，研究和确定农业机械、设备和机器的适用区域；制定有关机械在生产中的潜力和效率的政策和法规；研究和促进农业设备的生产，减少农业生产活动中的劳动力消耗；对农业机械用户进行生产和技术指导，以提高他们的生产效率；履行领导交办的其他职责。

（十三）林业局

林业局主要职责如下：编制森林资源和野生动植物清单，评估、分配并跟踪森林和野生动植物的演变过程；拟订保护和管理森林资源开发、野生动植物保护和狩猎项目相关的法律文本、监管法令和指令，并监督其执行情况；参与确定环境保护措施，并设计林地、野生动植物保护区、自然保护区、重新造林区以及森林和野生动植物发展的管理计划；开展林业和野生动植物科学和文献的研究；检查和管理与林业产品、副产品和野生动植物狩猎活动有关的所有业务；协助并鼓励专注于林业和野生动植物资源保护的个体或组织活动；管理和发展动物园；履行领导交办的其他职责。

（十四）渔业局

渔业局主要职责如下：编制水生资源清单，评估、分配并跟踪水生资源和水产养殖业的发展；拟订保护、保存、改善和加强渔业区秩序、管理海洋和非海洋水生资源的项目、法律文本、法规、指令，并监督其执行情况；参与确定管理渔业区和保护区的环境保护措施和设计计划，并确定开发和保护水生资源政策；开展水产科学和水产养殖相关文献研究；检查和管理与水生资源和鱼类养殖有关的所有业务；协助并鼓励专注于水生资源和鱼类养殖资源保护的个体或组织活动；履行领导交办的其他职责。

（十五）橡胶种植和管理总局

橡胶种植和管理总局主要职责如下：研究和确定红色土地和其他适于橡胶种植的土地的开发政策，并促进柬埔寨橡胶的发展；建立和管理橡胶档案和统计系统；研究和传播国内外市场上橡胶价格和需求信息，以促进和鼓励家庭规模的橡胶种植者生产和贸易；加强国际合作以促进红色土地和其他适于橡胶种植土地的橡胶生产；履行领导交办的其他职责。

四、农林渔业部中央机构的组织机构

（一）总监察局

总监察局下辖5个部门，分别是：行政人事处；监察一处；监察二处；监察三处；监察四处。

（二）会计和财务局

会计和财务局下辖6个部门，分别是：行政人事处；投资预算管理处；会计师事务处；财务处；公共采购处；国家财产管理处。

（三）规划、统计和国际合作局

规划、统计和国际合作局下辖9个部门，分别是：行政人事处；计划财务处；农业规划处；农业信息化管理处；农业统计处；国际劳工处；双边和多边合作处；东盟农业处；世界农业处。

（四）农业立法局

农业立法局下辖6个部门，分别是：行政人事处；农业信息管理和统计处；农业法和农业法推广处；农业研究争端处理处；农业装备标准处；规划与国际合作处。

（五）农业总局

农业总局下辖8个部分和一个实验室，分别是：行政、计划、会计和国际合作处；水稻作物处；农业土地资源管理处；植物卫生与保护处；农业合作社发展处；工业作物管理处；园艺与作物处；农业工程处；国家农业实验室。

（六）农业产业局

农业产业局下辖5个部门和1个实验室：行政人事处；计划与财务处；农业经济处；农业加工管理处；农业工业发展处；柬埔寨农产品和食品检验实验室。

（七）动物生产和兽医局

动物生产和兽医局下辖5个部门和1个研究所，分别是：行政处；计划处；会计与合作处；动物生产处；技术推广和立法处；国家动物卫生与生产研究所。

（八）林业局

林业局下辖 6 个部门、1 个研究所和 1 个救援中心，分别是：行政计划和财务处；法律和执法处；林业产业与国际合作处；野生动物与生物多样性管理处；林业发展和私人林业处；林业与社区林业管理处；野生动物研究所；野生动物园和野生动物救援中心。

（九）渔业局

渔业局主下辖 7 个部门和 3 个研究所，分别是：行政和法律事务处；财务规划与国际合作处；水产养殖发展处；社区渔业发展处；渔业保护处；渔业事务处；可再生资源技术与质量管理处；海洋水产研究所；淡水渔业研究所；国家水产养殖研究与发展研究所。

（十）橡胶种植和管理总局

橡胶种植和管理总局主要分支机构如下：橡胶产业发展处；橡胶市场与合作处。

五、农林渔业部地方办公室主要职责

柬埔寨农林渔业部各部门地方办公室主要职责如下：负责落实和协调中央机构的各项活动；履行领导交办的其他职责。

六、农林渔业部公共机构主要职责

柬埔寨农林渔业部各部门公共机构主要职责如下：负责落实和协调中央机构的各项活动；社会职责主要依据《公共企业总规》Kram CS / RKM / 0696（1996 年 6 月 17 日颁布）和《公共行政机构章程》Kret NS / RKT/ 1297/91 号决议（1997 年 12 月 31 日）来实施；履行领导交办的其他职责。

第三章　柬埔寨种植业发展经验、挑战、对策及合作建议

一、种植业发展的经验

（一）种植业基本情况

种植业是柬埔寨农业生产中对 GDP 贡献最大的部分，在过去的 10 年中一直占农业 GDP 的 57%，年均增长率达 7.8%，远远高于家畜（3.6%）、渔业（3.7%）和林业（0.7%）（世界银行统计数据）。柬埔寨国土面积为 1 810 万公顷，耕地面积为 560 万公顷，占比 30.9%（世界银行统计数据）。水稻是柬埔寨主要农作物，占总耕地面积 68%，次要作物和工业作物（玉米、木薯、红薯、蔬菜、豆类、芝麻、蔗糖、烟草）种植占 21%，橡胶种植占 7%，长久性作物（腰果、香蕉、油棕、可可、椰子、芒果、咖啡、榴莲、胡椒、柑橘以及其他水果）种植占 4%（农林渔业部 2011—2016 年年报）。柬埔寨一般分为五个主要区域，即金边、中原地区、洞里萨区、海岸区、平原/山区，其中洞里萨区农业耕地面积最大，占比高达 42%；其次是平原地区，占比为 32%；金边地区大部分为工业、商业、服务业、居民区所覆盖，占比约为 1%。

柬埔寨种植生产已转向以谷物（尤其水稻）为主，所需劳动力占农业劳动力比例也由 63% 增加到 81%（世界银行统计数据）。水稻是柬埔寨的主要作物，在农业生产、种植面积以及劳动力就业等方面都居首位，具有突出重要作用。柬埔寨大约有 180 万个水稻生产家庭，平均每户有 5 人。这些农民大多是自给自足的稻农，平均农场面积不到 1 公顷，由于人口压力不断增加，农场规模仍在逐渐减少。这些微小农场平均水稻种植面积约为 1 公顷，每公顷收入仅约 300 美元，很难使家庭保持在贫困线以上，因此很多农村家庭开始从事非农活动，包括季节性劳动力以及向城市中心和邻国转移，劳动力的减少促进了农业机械化的发展。在未来 12 年内，虽然稻谷生产仍以小农为主，但是各种组织机构（包括合同农业和集体结构，包括生产者组织和农民合作社）介入，将获得更多生产和销售优惠政策，从而降低运输成本，提高整体运营效率和生产水平。

木薯是仅次于稻米的柬埔寨第二大作物，总价值约为大米的 30%。2017 年柬埔寨木薯总产量为 1 058万吨，超过了 1 035万吨水稻产量（FAO 统计数据），

已进入多样化市场，在国家农业和经济发展中发挥积极作用。人们普遍认为，木薯生长会摄取过多营养导致土壤养分枯竭，或者在斜坡上生长会造成严重的土壤侵蚀，从而引起土壤严重退化。然而研究表明，木薯从土壤中摄取的营养成分比大多数其他粮食作物更少，适合在土壤肥力低的地区种植。木薯主要由小农户种植，可从其根部提取淀粉，作为食物来弥补大米供给不足，也可以作为动物饲料。木薯必须在收获后立即处理，才能达到长时间储存。木薯分为甜木薯和苦木薯，含有抗营养因子，在食用前必须进行处理。木薯根富含碳水化合物，主要是淀粉，是主要的能量来源。木薯叶比其根蛋白含量高，但缺乏必需氨基酸—蛋氨酸。

玉米是仅次于大米和木薯的柬埔寨第三大作物，分为两类：白玉米多用于人类食用，约占玉米产量的 15%；红/黄玉米通常用作牲畜的饲料。玉米产业在柬埔寨经济发展中具有举足轻重的作用，可用于乙醇、纸张、纺织品、医药和食品等产品的制造，能够提供就业岗位、增加外币收入。

绿豆主要产于亚洲，占全球总量 90% 以上。湿季期间，绿豆在柬埔寨 Kampong Cham，Stung Treng，Mondulkiri 和 Rattanakiri 省沿河岸的低地河岸地以及稻田边缘和高地地区种植为主。

柬埔寨腰果年产量已超 10 万吨，是世界十大腰果生产国之一。Kampong Cham 省腰果种植面积较大，小型农场与较大的种植园混杂在一起，可在腰果树木之间种植其他作物，直到冠层郁闭。一般小型农场种植 1～2 公顷的腰果园，每公顷产量为 1. 3 吨。

胡椒生产历史悠久，可以追溯到几个世纪以前。在 19 世纪 70 年代法国殖民统治下直到 20 世纪初，柬埔寨每年生产胡椒约 8 000吨，积累了丰富的种植经验。柬埔寨内战严重影响了胡椒生产，到 20 世纪 90 年代末几乎完全停止。后来，随着农民开始重新回归土地，黑胡椒的生产也在 21 世纪初开始恢复，胡椒为农民带来的收益远高于其他作物。

香蕉属于芭蕉属芭蕉科植物，原产于亚洲东南部马来群岛的热带和亚热带地区，喜光好温，是典型的热带经济作物。多年来，柬埔寨鲜有台风光顾，农业自然灾害较少，其充足的光热水资源适合于香蕉生长，通过开展品种驯化与科学管理，柬埔寨香蕉可以做到一年两季。由于历史沿革等原因，柬埔寨一直没有大面积种植香蕉，其相关病虫害很少，适合规模化种植生产。

芒果起源于印度，是柬埔寨种植最多的水果，有很多当地的品种如 Keo Romeath，Keo Chin，Phomsen 以及 Kbal Damrey。Irwin 是 Mong Reththy Group 从中国台湾地区进口的新品种，Keo Romeath 现已成为当地最受欢迎的品种。芒果主要生产季节是 4 月至 5 月，Keo Romeath 品种可以在每年淡季 9 月至翌年 2

月种植。

蔬菜在柬埔寨国民经济发展中的贡献约为 1.72 亿美元，每年国内蔬菜需求量约 93 万吨，产量仅有 54 万吨（http://www.sohu.com/a/135819801_744893）。蔬菜在柬埔寨居民生活中起着重要作用，平均每人每周消耗 1 千克蔬菜，由于蔬菜种植在小块土地或农民的后院，其生产全部由小农户完成，因此柬埔寨蔬菜产业发展一直停滞不前，56% 的蔬菜从中国、越南、泰国等邻近国家进口。

（二）代表性产业生产历史

1. 水稻产业

近年来水稻的生产情况见表 3-1。全国水稻的种植面积呈现缓慢上涨的趋势，但在战争期间出现明显的降低，从 1961 年的 2 182 000 公顷，降低至最低的 555 000公顷，再逐渐恢复至 2 981 680公顷，近年来全国水稻种植面积稳定在 300 万公顷左右。水稻的单产也呈现逐渐提高趋势，但是在战争期间出现显著性降低，2018 年，全国的水稻单产为 3 570千克/公顷，达到历史单产的最高点，主要得益于近年来良种、多季生产技术和灌溉系统应用。随着种植面积和单产的提高，水稻的总产量也显著性提高，从 1979 年最低的产量 53 万吨，提高至 2018 年的 1 065万吨，产量提高 20 多倍。

雨季水稻占水稻总产量的 77%，是柬埔寨水稻的主要生产季节，其中最主要的是喜雨低地水稻，集中在洞里萨湖、湄公河以及洞里巴萨克河周围的洪泛平原。水稻种植可分为三类品种：早熟品种，对光周期不敏感，成熟期为 90 天；中熟品种，对光周期不敏感或弱/中度敏感；晚熟品种对光周期不敏感，仅在 11 月中旬后开花。香米通常为中等长度，约占稻米种植面积的 12%，其中最受欢迎的品种是 Phka Rumdoul，各省之间香型品种和非香型品种的比例差异很大。

表 3-1 水稻的生产情况

年份	种植面积（公顷）	产量（百克/公顷）	总产量（吨）
1961	2 182 000	10 921	2 383 000
1962	2 286 000	8 920	2 039 000
1963	2 233 000	11 742	2 622 000
1964	2 377 000	11 611	2 760 000
1965	2 344 000	10 666	2 500 000
1966	2 182 000	10 889	2 376 000
1967	2 020 000	12 163	2 457 000
1968	2 324 000	13 989	3 251 000

（续表）

年份	种植面积（公顷）	产量（百克/公顷）	总产量（吨）
1969	1 944 000	12 876	2 503 000
1970	2 399 000	15 898	3 814 000
1971	1 880 000	14 532	2 732 000
1972	1 399 000	13 774	1 927 000
1973	811 000	12 947	1 050 000
1974	555 000	11 441	635 000
1975	900 000	12 000	1 080 000
1976	1 000 000	11 000	1 100 000
1977	1 000 000	10 000	1 000 000
1978	1 000 000	10 000	1 000 000
1979	774 000	6 951	538 000
1980	1 440 000	11 924	1 717 000
1981	1 317 000	11 314	1 490 000
1982	1 615 000	12 068	1 949 000
1983	1 612 000	12 649	2 039 000
1984	978 000	12 883	1 260 000
1985	1 450 000	12 497	1 812 000
1986	1 520 000	13 770	2 093 000
1987	1 370 000	13 248	1 815 000
1988	1 825 000	13 699	2 500 000
1989	1 861 000	14 358	2 672 000
1990	1 855 000	13 477	2 500 000
1991	1 719 000	13 962	2 400 000
1992	1 685 400	13 178	2 221 000
1993	1 823 625	13 069	2 383 350
1994	1 494 600	14 877	2 223 500
1995	1 924 000	17 920	3 447 800
1996	1 879 000	18 116	3 404 000
1997	1 928 689	17 706	3 414 917
1998	1 962 566	17 884	3 509 871
1999	2 079 442	19 433	4 040 900
2000	1 903 159	21 155	4 026 092
2001	1 980 295	20 699	4 099 016
2002	1 994 645	19 164	3 822 509
2003	2 242 036	21 012	4 710 957
2004	2 109 050	19 773	4 170 284
2005	2 414 500	24 793	5 986 200
2006	2 516 415	24 893	6 264 123
2007	2 566 000	26 216	6 727 000
2008	2 613 363	27 457	7 175 473
2009	2 674 603	28 363	7 585 870
2010	2 776 507	29 697	8 245 320
2011	2 968 529	29 574	8 779 000

（续表）

年份	种植面积（公顷）	产量（百克/公顷）	总产量（吨）
2012	3 007 545	30 892	9 290 940
2013	2 962 949	31 691	9 390 000
2014	2 893 511	32 224	9 324 000
2015	2 788 782	33 473	9 336 000
2016	2 920 981	34 071	9 952 000
2017	2 966 487	34 890	10 348 000
2018	2 981 680	35 709	10 647 212

数据来源：FAO 统计

注：因数值涉及四舍五入情况，因此，表中的统计数据有的会有细小偏差。以下表同

2. 木薯产业

近年来木薯的生产情况见表 3-2。全国木薯的种植面积在 2005 年呈现缓慢上涨的趋势，2005 年后种植面积迅速提高，并在 2011 年出现峰值，为 369 518公顷，随后种植面积略有下降，并逐渐稳定下来，目前稳定在 27 万公顷左右。木薯的单产水平也呈现逐渐螺旋式提高的趋势，并在 2015 年后出现明显的增加，2018 年，木薯的单产为 280 927百克/公顷，达到历史单产的最高点，主要得益于外国先进生产技术的引入。随着种植面积和单产的提高，木薯的总产量也显著提高，从 1979 年最低的产量 1. 32 万吨，提高至 2011 年的 803 万吨，产量提高 600 多倍。

木薯在每个省都有种植，在就业、粮食安全和经济发展等方面发挥了关键作用。木薯原来一直由小农户在自家花园中种植，种植园的平均面积为 2 公顷，从小块土地到 50 多公顷。对于小农户来说，木薯产量平均收入约为每公顷 200 美元。2005 年以来，外国投资者、各类机构（包括生产者组织和农民合作社）和大型加工厂的介入，提高了木薯加工生产和销售规模，降低了运输成本，促进木薯向集约化生产发展。

表 3-2 木薯的生产情况

年份	种植面积（公顷）	产量（百克/公顷）	总产量（吨）
1961	1 192	115 772	13 800
1962	905	146 431	13 252
1963	1 000	134 000	13 400
1964	800	187 500	15 000
1965	1 800	166 667	30 000
1966	1 100	168 182	18 500
1967	2 100	109 524	23 000
1968	3 400	117 941	40 100

（续表）

年份	种植面积（公顷）	产量（百克/公顷）	总产量（吨）
1969	2 800	95 357	26 700
1970	2 800	107 500	30 100
1971	1 400	106 429	14 900
1972	1 900	110 526	21 000
1973	2 500	91 600	22 900
1974	3 000	90 000	27 000
1975	4 000	87 500	35 000
1976	6 000	66 667	40 000
1977	6 000	75 000	45 000
1978	8 000	62 500	50 000
1979	8 000	60 000	48 000
1980	19 000	80 000	152 000
1981	25 000	72 800	182 000
1982	12 000	63 333	76 000
1983	11 000	38 182	42 000
1984	5 000	62 000	31 000
1985	8 000	21 250	17 000
1986	12 000	51 667	62 000
1987	10 000	46 000	46 000
1988	27 000	98 519	266 000
1989	10 000	63 000	63 000
1990	11 000	54 545	60 000
1991	11 000	50 909	56 000
1992	16 000	93 750	150 000
1993	9 800	52 339	51 292
1994	10 000	65 000	65 000
1995	12 410	66 035	81 950
1996	13 000	53 582	69 656
1997	10 060	76 809	77 270
1998	8 208	81 060	66 534
1999	14 003	163 188	228 512
2000	15 380	96 075	147 763
2001	13 590	104 681	142 262
2002	19 284	63 272	122 014
2003	25 039	132 054	330 649
2004	22 507	160 861	362 050
2005	29 975	178 690	535 623
2006	96 324	226 532	2 182 043
2007	108 000	205 093	2 215 000
2008	179 945	204 298	3 676 232
2009	160 326	218 137	3 497 306
2010	202 303	209 953	4 247 419
2011	369 518	217 414	8 033 843

（续表）

年份	种植面积（公顷）	产量（百克/公顷）	总产量（吨）
2012	337 065	225 882	7 613 697
2013	309 621	243 851	7 550 140
2014	302 422	255 687	7 732 560
2015	284 702	268 074	7 632 132
2016	288 323	264 920	7 638 277
2017	280 945	272 923	7 667 657
2018	272 172	280 927	7 646 022

数据来源：FAO 统计

3. 玉米产业

柬埔寨 80%以上的玉米是由自给自足的农民生产，通常在面积不到 1 公顷的小土地上种植。近年来玉米的生产情况见表 3-3。全国玉米的种植面积呈现逐渐上涨后缓慢下降的趋势，1961 年，全国的玉米种植面积为 88 080公顷，由于全球经济危机、战争以及比较效益较低等问题，在 1997 年，全国的种植面积仅为 34 138公顷，随后经济形势逐渐好转，种植面积也逐步扩大，在 2009 年达到 221 287公顷，达到历史峰值，之后逐渐缓慢降低，2018 年，全国的玉米种植面积为 123 439公顷。玉米的单产在 1988 年出现历史最低数值，仅为 8 200百克/公顷，随后逐渐提高，在 2018 年单产达到 48 958百克/公顷，成为历史最高峰值。全国的玉米产量由于战争等原因，在 20 世纪 70 年代和 80 年代出现最低水平，随后便逐渐提高，在 2012 年，玉米产量达到 950 909吨。近 5 年来，产量有所下降。

表 3-3　玉米的生产情况

年份	种植面积（公顷）	产量（百克/公顷）	总产量（吨）
1961	88 080	19 789	174 300
1962	101 069	15 019	151 800
1963	115 000	15 930	183 200
1964	127 000	16 055	203 900
1965	136 500	10 183	139 000
1966	88 900	15 276	135 800
1967	117 000	12 812	149 900
1968	113 100	13 616	154 000
1969	102 200	11 507	117 600
1970	86 200	15 893	137 000
1971	94 200	12 919	121 700
1972	56 200	14 164	79 600
1973	62 600	11 613	72 700
1974	60 000	11 667	70 000

（续表）

年份	种植面积（公顷）	产量（百克/公顷）	总产量（吨）
1975	55 000	11 818	65 000
1976	55 000	13 636	75 000
1977	62 000	12 903	80 000
1978	65 000	12 308	80 000
1979	75 000	9 333	70 000
1980	101 000	10 000	101 000
1981	85 000	10 000	85 000
1982	61 000	8 361	51 000
1983	49 000	8 776	43 000
1984	43 000	11 163	48 000
1985	46 000	9 130	42 000
1986	43 000	11 860	51 000
1987	40 000	9 500	38 000
1988	50 000	8 200	41 000
1989	49 000	11 020	54 000
1990	45 000	19 556	88 000
1991	50 000	12 000	60 000
1992	48 000	12 500	60 000
1993	42 913	10 583	45 414
1994	37 000	12 162	45 000
1995	45 035	12 191	54 900
1996	46 988	13 740	64 563
1997	34 138	12 427	42 423
1998	39 857	12 171	48 510
1999	59 739	15 948	95 274
2000	57 404	27 345	156 972
2001	67 213	27 612	185 589
2002	71 594	20 797	148 897
2003	83 953	37 472	314 591
2004	77 304	33 202	256 665
2005	70 480	35 153	247 760
2006	105 297	35 798	376 938
2007	142 000	36 831	523 000
2008	163 106	37 513	611 865
2009	221 287	41 757	924 026
2010	214 000	36 134	773 269
2011	174 257	41 146	717 000
2012	215 442	44 138	950 909
2013	207 788	44 613	927 000
2014	121 534	45 255	550 000
2015	84 742	47 202	400 000
2016	141 177	46 962	663 000
2017	156 380	47 960	750 000

（续表）

年份	种植面积（公顷）	产量（百克/公顷）	总产量（吨）
2018	123 439	48 958	604 333

数据来源：FAO 统计

4. 绿豆产业

绿豆主要在湿季种植，占生产面积的 75% 左右。从 2000 年开始，总播种面积比 2006 年显著增加了三倍，但随后下降，2016 年报告为 49 404公顷。由于产量翻番，2016 年产量增加了 1.3 吨/公顷，产量达到 64 137吨（Agriculture Sector Master Plan Crops sub-sector）。

5. 腰果产业

腰果主要在 Ratanakkiri、Mondulkiri、Kratie、Tboung Khmum、Kampong Cham、PreahVihear、Tbong Khmum 以及 Kampong Thom 省种植，其中 Kampong Thom，Kampong Cham 和 Ratanakkiri 是腰果种植面积最大的省份，分别占作物总产量的 27%、18%和 17%。2018 年，柬埔寨腰果总种植面积 17 万多公顷，总产量达 14 万吨，其中 10%供应给国内市场，大多出口到越南，经越南再加工出口国外（农林渔业部 2018 年年报）。目前，国内小型腰果加工厂较多，大型腰果加工厂共有 4 家，分别位于 Kampong Thom、Kampong Cham、PreahVihear 和 Tbong Khmum 省。腰果收获季节从 3 月初开始，持续到 5 月底，收益率最高为 3 月中旬到 4 月中旬。

6. 胡椒产业

胡椒在市面上有 4 个主要品种：黑胡椒、白胡椒、青胡椒和红胡椒。所有这些品种都来自同一种植物，只是在果实成熟度和加工技术方面有所不同。胡椒加工时水分重量损失大，100 千克的果实约生产 32 千克黑胡椒或 12 千克白胡椒。近年来胡椒的生产情况见表 3-4。全国胡椒的种植面积在 20 世纪 60 年代和 70 年代维持在 600 公顷左右，在 1977—1979 年下降至 300 公顷左右，并处于小幅波动的状态至今。2018 年，全国胡椒种植面积为 369 公顷。胡椒的生产技术在 20 世纪 80 年代和 90 年代进行大范围的革新，栽培方式改变、生产效率提高，胡椒的单产提高了一倍以上。进入 2000 年以来，胡椒的单产稳定在 6.5 吨/公顷左右。尽管种植面积大幅降低，但是通过先进生产技术的应用，胡椒的总产量呈现上涨趋势。近年来，维持在 2 400 吨左右，基本上满足国内外需求。

表 3-4　胡椒的生产情况

年份	种植面积（公顷）	产量（百克/公顷）	总产量（吨）
1961	600	21 667	1 300
1962	600	23 333	1 400
1963	600	24 167	1 450
1964	650	23 077	1 500
1965	650	23 077	1 500
1966	700	22 857	1 600
1967	860	29 302	2 520
1968	700	25 714	1 800
1969	576	28 993	1 670
1970	576	28 993	1 670
1971	570	29 298	1 670
1972	680	21 618	1 470
1973	570	22 807	1 300
1974	500	24 000	1 200
1975	500	26 000	1 300
1976	500	25 000	1 250
1977	500	22 000	1 100
1978	425	21 176	900
1979	300	23 333	700
1980	320	24 688	790
1981	300	26 000	780
1982	305	26 230	800
1983	310	29 032	900
1984	315	31 746	1 000
1985	320	37 500	1 200
1986	325	41 538	1 350
1987	325	43 077	1 400
1988	325	44 308	1 440
1989	330	45 455	1 500
1990	330	48 485	1 600
1991	329	51 639	1 700
1992	335	53 731	1 800
1993	338	56 195	1 900
1994	340	58 824	2 000
1995	320	62 500	2 000
1996	300	60 000	1 800
1997	300	66 667	2 000
1998	320	65 625	2 100
1999	325	67 692	2 200
2000	325	67 692	2 200
2001	350	65 714	2 300
2002	358	64 981	2 328
2003	370	64 805	2 400

（续表）

年份	种植面积（公顷）	产量（百克/公顷）	总产量（吨）
2004	376	64 456	2 420
2005	400	62 500	2 500
2006	387	64 017	2 476
2007	384	64 271	2 468
2008	382	64 371	2 461
2009	381	64 474	2 454
2010	379	64 585	2 447
2011	377	64 700	2 439
2012	375	64 000	2 400
2013	379	65 150	2 468
2014	380	65 526	2 492
2015	376	65 442	2 462
2016	372	65 586	2 440
2017	370	65 778	2 437
2018	369	65 970	2 433

数据来源：FAO 统计

7. 香蕉产业

表 3-5 显示全国香蕉生产情况。全国香蕉种植面积呈现波动性上涨的趋势，从 1961 年的 1.6 万公顷，逐渐提高至 2018 年的 3.1 万公顷，约提高 93.8%。2019 年，中国向柬埔寨开放香蕉进口市场，越来越多的投资者开始投资香蕉生产，香蕉的种植面积在未来几年将会出现显著性的增长。全国香蕉的单产水平呈现逐渐下降的趋势。2018 年，香蕉单产为 4 630千克/公顷，显著性低于全球的平均单产水平。全国香蕉总产量呈现波动的情况，在 20 世纪 70 年代和 80 年代处于波谷的位置，随后缓慢上升，目前稳定在 14 万吨左右。

柬埔寨香蕉以农户房前屋后种植为主，面积一般不超过 100 亩，多在几亩到十几亩，主要是自家食用或在当地市场出售，超市和商场高档香蕉主要以泰国进口为主，价格明显高于本地香蕉。柬埔寨香蕉种植技术落后且缺乏效率，缺乏灌溉设施。2015 年以后，越来越多的投资者看好香蕉投资机会，引入先进的生产技术和管理经验，显著性提高香蕉生产技术水平和集约化程度。

表 3-5　香蕉的生产情况

年份	种植面积（公顷）	产量（百克/公顷）	总产量（吨）
1961	16 079	80 851	130 000
1962	12 000	83 333	100 000
1963	17 500	85 714	150 000

（续表）

年份	种植面积（公顷）	产量（百克/公顷）	总产量（吨）
1964	18 200	87 912	160 000
1965	19 106	66 471	127 000
1966	20 600	64 563	133 000
1967	20 030	76 385	153 000
1968	26 450	51 493	136 200
1969	23 100	57 987	133 950
1970	23 100	57 965	133 900
1971	15 240	56 490	86 090
1972	15 230	56 467	86 000
1973	15 000	61 333	92 000
1974	15 000	60 000	90 000
1975	14 000	57 143	80 000
1976	15 000	58 667	88 000
1977	16 000	57 500	92 000
1978	14 000	55 714	78 000
1979	10 000	55 000	55 000
1980	12 000	54 167	65 000
1981	13 000	53 846	70 000
1982	14 000	53 571	75 000
1983	15 000	54 667	82 000
1984	16 000	52 500	84 000
1985	18 000	51 111	92 000
1986	19 000	52 632	100 000
1987	19 000	55 789	106 000
1988	19 000	57 895	110 000
1989	20 000	56 000	112 000
1990	21 000	54 762	115 000
1991	22 000	54 545	120 000
1992	22 391	54 486	122 000
1993	22 500	55 556	125 000
1994	23 500	54 894	129 000
1995	24 000	55 000	132 000
1996	30 000	46 667	140 000
1997	31 000	46 774	145 000
1998	31 073	46 987	146 000
1999	32 000	45 938	147 000
2000	30 726	47 517	146 000
2001	34 489	42 332	146 000
2002	34 500	42 319	146 000
2003	33 000	42 424	140 000
2004	32 000	41 875	134 000
2005	29 980	43 029	129 000
2006	30 000	43 333	130 000

（续表）

年份	种植面积（公顷）	产量（百克/公顷）	总产量（吨）
2007	30 000	43 333	130 000
2008	32 000	47 188	151 000
2009	33 000	46 364	153 000
2010	34 726	45 428	157 753
2011	31 968	44 460	142 130
2012	31 075	44 928	139 616
2013	30 792	44 976	138 489
2014	30 664	45 147	138 440
2015	31 728	45 502	144 370
2016	31 317	45 934	143 851
2017	31 251	46 119	144 127
2018	31 185	46 305	144 403

数据来源：FAO 统计

8. 芒果产业

表 3-6 显示全国芒果生产情况。全国芒果种植面积在 20 世纪 70 年代和 80 年代出现明显的下降，并在 20 世纪 90 年代逐渐提高，截至 2018 年，全国芒果种植面积为 5 214公顷。受益于品种引进和栽培技术的提升，全国芒果单产呈现缓慢提高的趋势，1961 年，芒果的单产为 7 241千克/公顷，2018 年芒果的单产提高至 13 392千克/公顷，比 1961 年提高 84.9%。芒果的总产量从 1961 年的 42 000吨，提高至 2018 年的 69 825吨，提高了 66.3%。近年来，芒果深加工的项目越来越多，将会有效带动芒果的生产。

表 3-6 芒果的生产情况

年份	种植面积（公顷）	产量（百克/公顷）	总产量（吨）
1961	5 800	72 414	42 000
1962	5 600	71 429	40 000
1963	6 400	70 313	45 000
1964	6 497	81 992	53 270
1965	7 010	81 990	57 475
1966	7 100	68 169	48 400
1967	7 270	68 913	50 100
1968	6 000	71 667	43 000
1969	4 510	69 534	31 360
1970	4 500	69 667	31 350
1971	4 450	69 730	31 030
1972	3 150	64 921	20 450
1973	3 000	66 667	20 000

（续表）

年份	种植面积（公顷）	产量（百克/公顷）	总产量（吨）
1974	2 900	65 517	19 000
1975	2 800	67 857	19 000
1976	2 500	60 000	15 000
1977	2 000	75 000	15 000
1978	1 700	58 824	10 000
1979	1 200	58 333	7 000
1980	1 300	61 538	8 000
1981	1 300	76 923	10 000
1982	1 500	80 000	12 000
1983	1 600	87 500	14 000
1984	1 600	93 750	15 000
1985	1 700	100 000	17 000
1986	1 800	102 778	18 500
1987	1 800	105 556	19 000
1988	1 800	111 111	20 000
1989	1 850	113 514	21 000
1990	1 900	118 421	22 500
1991	2 000	120 000	24 000
1992	2 064	118 465	24 457
1993	2 100	119 048	25 000
1994	2 100	123 810	26 000
1995	2 100	128 571	27 000
1996	3 000	100 000	30 000
1997	3 200	103 125	33 000
1998	3 300	103 030	34 000
1999	3 400	102 941	35 000
2000	3 500	100 000	35 000
2001	3 500	100 000	35 000
2002	3 494	114 299	39 932
2003	3 500	128 571	45 000
2004	3 600	127 778	46 000
2005	3 700	127 027	47 000
2006	3 700	129 730	48 000
2007	4 000	127 500	51 000
2008	4 200	126 190	53 000
2009	4 300	127 907	55 000
2010	4 429	128 880	57 087
2011	4 545	130 684	59 391
2012	4 504	132 974	59 890
2013	4 581	134 555	61 646
2014	4 714	134 863	63 576
2015	4 974	132 489	65 897
2016	5 005	133 036	66 585

（续表）

年份	种植面积（公顷）	产量（百克/公顷）	总产量（吨）
2017	5 110	133 477	68 205
2018	5 214	133 918	69 825

数据来源：FAO 统计

9. 蔬菜产业

蔬菜品种丰富，但是种植规模小、分布分散，仅能满足全国居民消费的40%，尤其在山区部分，大部分的蔬菜需要进口满足供应。

蔬菜主要包括叶菜类、香辛类、果菜类、根茎类和其他类型蔬菜。叶菜类蔬菜主要包括空心菜、卷心菜、生菜、青蒜、葱、芹菜、水莲花、菠菜、豆瓣菜、甘蓝和苋菜等，其中，空心菜、卷心菜、生菜和青蒜的种植面积在叶菜类蔬菜排名居前；香辛类蔬菜主要包括薄荷、芫荽、罗勒、槟榔叶、香菜、柠檬草、韭菜和西芹等，其中，薄荷、香菜和柠檬草的种植面积在香辛类蔬菜中排名居前；果菜类蔬菜主要包括辣椒、黄瓜、厚皮甜瓜、茄子、葫芦、南瓜、西葫芦、甜椒、番茄、苦瓜、西瓜、扁豆和丝瓜等，其中，辣椒、黄瓜、厚皮甜瓜、茄子、南瓜和西瓜的种植面积在果菜类蔬菜中排名居前；根茎类蔬菜主要包括胡萝卜、防风、白萝卜、芜菁、小葱和白蒜等，其中，防风和白萝卜的种植面积排名居前；其他类型蔬菜主要包括花椰菜、西兰花、水葫芦花、芦笋和芝麻等，其中，花椰菜和芝麻的种植面积排名居前。

表 3-7 显示全国蔬菜生产情况，全国蔬菜种植面积呈现波动性上涨的趋势，1961 年全国蔬菜种植面积为 60 000公顷，2018 年，种植面积达到 105 269公顷，比 1961 年约提高 75%。全国蔬菜的单产基本上稳定在 6 000千克/公顷的水平。由于生产面积的提高，全国的蔬菜总产量呈现缓慢上涨的趋势，1961 年全国蔬菜总产量为 360 000 吨。2018 年，总产量达到 679 522 吨，比 1961 年约提高 88.8%。

蔬菜种植大部分是柬埔寨农民在后院种植或用传统方式在小块土地上种植，缺乏商品化、规模化蔬菜基地。本地种植的水旋花和生菜，可以满足市场需求，番茄、卷心菜、白菜、马铃薯、洋葱、花椰菜等生产无法满足当地需求，因此还需从越南、泰国以及中国等邻国进口。2016 年，柬埔寨蔬菜产量为 542 204吨，仅占国内需求的 56%，从邻国特别是越南和泰国进口大约 425 000吨（农林渔业部 2016 年年报）。

主要种植蔬菜如下：空心菜。在雨季和旱季均可以种植，经济效益好，主要分布在平原区和洞里萨湖区，是餐桌上必备叶菜类蔬菜。

甘蓝。在旱季早期的高地地区或田地，通常需要全面灌溉。当地生产只能供应 80%，其余都从越南和泰国进口。

生菜。主要产自 Battambang、Kampong Thom、Kampong Cham 和 Kandal 省，种植面积约 1 000公顷，占蔬菜总种植面积 1. 8%。

薄荷。柬埔寨气候湿润，适宜于薄荷的生产。生产中，主要采用根茎繁殖的方式，生产速度快，品质稳定，在全国种植广泛。

柠檬草。柠檬草属于香茅属植物，主要分布在平原区和洞里萨湖区，Battambang、Kratie 和 Kampong Speu 等省份种植较多。

番茄。由柬埔寨国家农业发展研究所研发的 Neang Pich 和 Neang Tam 两个番茄品种具有耐热性，产量高达 20～30 吨/公顷，可在全国范围内种植。泰国和台湾地区的番茄品种比较受欢迎，地产番茄只能满足当地 30%需求，其余全部依赖进口。

黄瓜。是柬埔寨广泛种植的作物，可以在湿季期间的高地上生长，也可在旱季早期的稻田或在池塘和湖泊周围生长。由于当地机构没有参与种子的研发和培育，所以种子通常从泰国等其他国家进口。黄瓜农场价格差异较大，地产黄瓜可以满足当地需求，因而无须进口。

南瓜。在柬埔寨有广泛的种植，作为温带作物，通常在雨季种植。南瓜可以作为单一作物种植或与其他作物混种。

蜡葫芦。如果在旱季中生长，则需要灌溉，在湿季可种植在排水良好的壤土和沙质土壤中。该产品本地供应充足，从越南和泰国进口不到 5%。

甘薯。全年都可种植，在旱季早期或 11 月左右种植作物产量最高。

马铃薯。当地市场对马铃薯的需求很高，特别是在餐馆和酒店。由于柬埔寨马铃薯产量非常有限，现在正由皇家农业大学研究团队进行研究，马铃薯的供应几乎完全依赖于其他国家，特别是从越南进口。

花椰菜。当地一般在冬季种植，旱季的早期也是花椰菜种植的最佳时间。

表 3–7　蔬菜的生产情况

年份	种植面积（公顷）	产量（百克/公顷）	总产量（吨）
1961	60 000	60 000	360 000
1962	63 400	59 937	380 000
1963	66 400	59 940	398 000
1964	71 700	59 972	430 000
1965	71 660	60 006	430 000
1966	71 670	59 997	430 000
1967	73 330	60 003	440 000

（续表）

年份	种植面积（公顷）	产量（百克/公顷）	总产量（吨）
1968	74 990	60 008	450 000
1969	76 650	60 013	460 000
1970	78 300	60 026	470 000
1971	78 000	60 256	470 000
1972	76 000	63 158	480 000
1973	74 000	62 162	460 000
1974	75 000	60 000	450 000
1975	74 000	62 162	460 000
1976	74 000	62 162	460 000
1977	73 500	61 224	450 000
1978	64 000	59 375	380 000
1979	70 000	62 143	435 000
1980	55 000	58 182	320 000
1981	58 000	60 345	350 000
1982	64 500	62 016	400 000
1983	66 500	63 158	420 000
1984	69 000	62 319	430 000
1985	92 000	48 913	450 000
1986	92 000	50 000	460 000
1987	85 000	54 824	466 000
1988	85 000	55 294	470 000
1989	81 000	58 025	470 000
1990	84 156	56 443	475 000
1991	72 044	65 238	470 000
1992	74 000	64 541	477 600
1993	73 883	65 441	483 500
1994	72 000	67 708	487 500
1995	70 000	64 286	450 000
1996	68 000	66 912	455 000
1997	69 000	66 667	460 000
1998	70 000	66 429	465 000
1999	75 000	62 667	470 000
2000	74 064	64 163	475 215
2001	76 000	62 237	473 000
2002	74 519	63 742	475 000
2003	75 808	63 670	482 664
2004	76 220	63 649	485 135

（续表）

年份	种植面积（公顷）	产量（百克/公顷）	总产量（吨）
2005	77 000	62 500	481 250
2006	75 749	63 500	481 000
2007	78 000	62 436	487 000
2008	79 134	63 649	503 681
2009	82 335	63 778	525 113
2010	85 162	63 907	544 243
2011	88 188	64 036	564 723
2012	96 000	65 417	628 000
2013	94 453	64 201	606 393
2014	96 007	64 014	614 574
2015	98 066	64 236	629 937
2016	100 814	64 448	649 719
2017	103 043	64 499	664 621
2018	105 269	64 551	679 522

数据来源：FAO 统计

（三）代表性产业产区分布

1. 水稻产业

水稻主要是指脱离和风选后的稻谷产品，常称为糙米，主要用于人类食物。表 3-8 显示主要水稻类型的分布情况。水稻的类型主要分为一般水稻、芳香性水稻和糯性水稻，其中一般水稻的种植面积占全部水稻种植面积的 87.18%，芳香水稻和糯性水稻占比分别为 12.04% 和 0.77%。一般水稻作为主产品种，平均地块面积为 0.72 公顷/块，主要为农户种植，满足家庭需要和内需，芳香水稻的平均地块面积为 0.93 公顷/块，高于一般水稻，主要为农业合作社、农业公司种植，糯性水稻的平均地块面积为 0.37 公顷，主要为农户为满足家庭需求而种植。全国的平均地块面积为 0.72 公顷，Oddar Meanchey 、Pailin 和 Mondul Kiri 的平均地块面积排名居前，分别为 2.26 公顷/块、2.07 公顷/块和 1.95 公顷/块。在品种选择方面，沿海区种植一般水稻的比例达到 98.62%，芳香水稻的比例为 1.02%，而洞里萨湖区种植一般水稻的比例为 82.01%，芳香水稻的比例为 17.61%，是芳香水稻的主要产区；糯性水稻的区域性分布不明显，Ratanak Kiri 、Takeo 和 Stung Treng 种植糯性水稻的比例较大，分别为 3.48%、3.21% 和 2.03%。

表 3-8　主要水稻类型的分布

区域/省	一般水稻				芳香水稻				糯性水稻				合计		
	地块数（块）	面积（公顷）	平均地块面积（公顷）	面积占比（%）	地块数（块）	面积（公顷）	平均地块面积（公顷）	面积占比（%）	地块数（块）	面积（公顷）	平均地块面积（公顷）	面积占比（%）	总地块数	总面积	平均地块面积（公顷）
全国	2 816 780	2 029 418.20	0.72	87.18	301 168	280 359.11	0.93	12.04	49 355	18 028.16	0.37	0.77	3 167 303	2 327 805.47	0.73
平原区	1 339 251	831 746.23	0.62	93.28	95 759	50 479.39	0.53	5.66	30 940	9 406.24	0.30	1.05	1 465 950	891 631.86	0.61
Kampong Cham	166 860	183 397.48	1.10	92.80	24 580	13 472.86	0.55	6.82	1 542	748.47	0.49	0.38	192 982	197 618.81	1.02
Kandal	159 086	92 640.21	0.58	96.17	5 659	3 690.27	0.65	3.83	0	0.00	0.00	0.00	164 745	96 330.48	0.58
Phnom Penh	22 147	13 576.23	0.61	87.22	2 864	1 855.08	0.65	11.92	571	134.12	0.23	0.86	25 582	15 565.43	0.61
Prey Veng	375 556	200 332.78	0.53	92.28	28 747	15 714.60	0.55	7.24	5 113	1 048.37	0.21	0.48	409 416	217 095.75	0.53
Svay Rieng	192 777	124 903.65	0.65	98.25	167	87.08	0.52	0.07	5 046	2 132.16	0.42	1.68	197 990	127 122.89	0.64
Takeo	306 988	137 318.89	0.45	90.05	25 930	10 277.35	0.40	6.74	18 240	4 887.31	0.27	3.21	351 158	152 483.55	0.43
Tboung Khmum	115 837	79 577.00	0.69	93.17	7 812	5 382.16	0.69	6.30	428	455.82	1.07	0.53	124 077	85 414.98	0.69
洞里萨湖区	814 921	898 783.86	1.10	82.01	164 414	192 993.98	1.17	17.61	7 802	4 122.65	0.53	0.38	987 137	1 095 900.49	1.11
Banteay Meanchey	84 691	149 050.29	1.76	73.11	36 168	54 464.67	1.51	26.72	172	355.64	2.07	0.17	121 031	203 870.60	1.68
Battambang	123 899	216 915.93	1.75	84.37	22 631	39 708.19	1.75	15.44	254	472.2	1.86	0.18	146 784	257 096.32	1.75
Kampong Chhnang	182 417	85 309.35	0.47	93.94	11 919	4 708.17	0.40	5.18	2 063	795.95	0.39	0.88	196 399	90 813.47	0.46
Kampong Thom	161 123	129 200.50	0.80	85.13	35 126	21 402.06	0.61	14.10	3 672	1 161.95	0.32	0.77	199 921	151 764.51	0.76
Pursat	74 591	77 610.45	1.04	69.58	26 583	33 483.34	1.26	30.02	651	451.72	0.69	0.40	101 825	111 545.51	1.10

（续表）

区域/省	一般水稻				芳香水稻				糯性水稻				合计		
	地块数（块）	面积（公顷）	平均地块面积（公顷）	面积占比（%）	地块数（块）	面积（公顷）	平均地块面积（公顷）	面积占比（%）	地块数（块）	面积（公顷）	平均地块面积（公顷）	面积占比（%）	总地块数	总面积	平均地块面积（公顷）
Siemreap	153 319	162 748. 55	1. 06	84. 72	27 534	28 599. 16	1. 04	14. 89	933	763. 71	0. 82	0. 40	181 786	192 111. 42	1. 06
Oddar Meanchey	34 117	76 011. 06	2. 23	89. 08	3 591	9 196. 71	2. 56	10. 78	57	121. 47	2. 13	0. 14	37 765	85 329. 24	2. 26
Pailin	764	1 937. 73	2. 54	57. 51	862	1 431. 67	1. 66	42. 49	0	0. 00	0. 00	0. 00	1 626	3 369. 40	2. 07
沿海区	294 108	128 982. 58	0. 44	98. 62	2 094	1 335. 55	0. 64	1. 02	2 731	465. 81	0. 17	0. 36	298 933	130 783. 94	0. 44
Kampot	262 928	108 075. 06	0. 41	99. 29	660	341. 28	0. 52	0. 31	2 592	435. 38	0. 17	0. 40	266 180	108 851. 72	0. 41
Koh Kong	7 900	6 458. 37	0. 82	98. 29	260	106. 94	0. 41	1. 63	51	5. 31	0. 10	0. 08	8 211	6 570. 62	0. 80
Sihanoukville	11 841	9 652. 65	0. 82	91. 38	1 173	887. 04	0. 76	8. 40	86	23. 13	0. 27	0. 22	13 100	10 562. 82	0. 81
Kep	11 439	4 796. 50	0. 42	99. 95	1	0. 30	0. 30	0. 01	2	2. 00	1. 00	0. 04	11 442	4 798. 80	0. 42
山区	368 502	249 482. 53	0. 68	84. 60	46 711	40 932. 34	0. 88	13. 88	8 309	4 489. 26	0. 54	1. 52	423 522	294 904. 13	0. 70
Kampong Speu	272 989	112 385. 88	0. 41	89. 65	27 798	11 266. 41	0. 41	8. 99	5 405	1 714. 92	0. 32	1. 37	306 192	125 367. 21	0. 41
Kratie	34 764	35 930. 49	1. 03	86. 22	6 472	5 713. 08	0. 88	13. 71	111	28. 28	0. 25	0. 07	41 347	41 671. 85	1. 01
Mondul Kiri	5 740	11 202. 43	1. 95	99. 99	0	0. 00	0. 00	0. 00	1	1. 00	1. 00	0. 01	5 741	11 203. 43	1. 95
Preah Vihear	22 964	39 060. 66	1. 70	62. 02	11 311	22 703. 08	2. 01	36. 05	1 177	1 215. 17	1. 03	1. 93	35 452	62 978. 91	1. 78
Ratanak Kiri	17 733	29 236. 81	1. 65	96. 15	158	112. 44	0. 71	0. 37	916	1 057. 99	1. 16	3. 48	18 807	30 407. 24	1. 62
Stung Treng	14 312	21 666. 26	1. 51	93. 09	972	1 137. 34	1. 17	4. 89	699	471. 89	0. 68	2. 03	15 983	23 275. 49	1. 46

数据来源：2013 年柬埔寨农业普查

2. 木薯产业

木薯在湿季和旱季均有栽培，湿季收获约占总产量90%以上。柬埔寨各省都有木薯生产，但主要产地还是在靠近泰国和越南边境的省份。表3-9显示木薯在全国种植分布情况。2013年，全国木薯种植面积为293 874.7公顷，平原区、洞里萨湖区、沿海区和山区种植的面积分别为65 902.4公顷、148 860.3公顷、1 159.5公顷和77 952.6公顷，分别占比22.4%、50.7%、0.4%和26.5%，洞里萨湖区和山区是木薯的主产区，其中Battambang、Tboung Khmum和Kratie的种植面积较大，分别为54 599.7公顷、49 892.9公顷和29 702.8公顷。全国木薯种植的平均地块面积为2.0公顷/块，其中Pailin、Battambang和Pursat平均地块面积排名居前，分别为3.6公顷/块、3.5公顷/块和2.9公顷/块。

表3-9 各省木薯种植面积

省/市/直辖市	地块数量	种植面积（公顷）	平均地块面积（公顷/块）
全国	146 252.0	293 874.7	2.0
平原区	48 113.0	65 902.4	1.4
Kampong Cham	9 424.0	14 898.6	1.6
Kandal	261.0	330.2	1.3
Phnom Penh	250.0	479.1	1.9
Prey Veng	45.0	102.1	2.3
Svay Rieng	285.0	170.8	0.6
Takeo	252.0	28.7	0.1
Tboung Khmum	37 596.0	49 892.9	1.3
洞里萨湖区	56 972.0	148 860.3	2.6
Banteay Meanchey	10 673.0	25 690.5	2.4
Battambang	15 619.0	54 599.7	3.5
Kampong Chhnang	141.0	54.8	0.4
Kampong Thom	13 204.0	22 611.1	1.7
Pursat	566.0	1 640.6	2.9
Siemreap	3 417.0	8 441.0	2.5
Oddar Meanchey	7 511.0	14 586.1	1.9
Pailin	5 841.0	21 266.5	3.6
沿海区	1 028.0	1 159.5	1.1
Kampot	516.0	988.6	1.9

（续表）

省/市/直辖市	地块数量	种植面积（公顷）	平均地块面积（公顷/块）
Koh Kong	272.0	56.8	0.2
Sihanoukville	240.0	114.1	0.5
Kep	0.0	0.0	0.0
山区	40 139.0	77 952.6	1.9
Kampong Speu	155.0	37.1	0.2
Kratie	14 065.0	29 702.8	2.1
Mondul Kiri	4 171.0	7 189.2	1.7
Preah Vihear	3 131.0	6 571.3	2.1
Ratanak Kiri	12 976.0	23 541.1	1.8
Stung Treng	5 641.0	10 911.2	1.9

数据来源：2013 年柬埔寨农业普查

3. 玉米产业

玉米主要分为甜玉米和一般玉米两种类型，甜玉米主要是指用于鲜食的玉米，包括甜玉米、糯玉米和甜糯玉米；一般玉米主要是指用于加工和作为粮食饲料的玉米，包括紫玉米、黄玉米和白玉米等。表 3-10 显示两种类型玉米在全国的分布情况。全国种植玉米共计 126 091公顷，其中甜玉米和一般玉米分别为 911.18 公顷和 125 179.69公顷，分别占比 0.72%和 99.28%，甜玉米的种植比例较低。全国种植玉米的平均地块面积为 1.45 公顷，其中甜玉米的平均地块为 0.57 公顷/块，主要是农户种植，以满足城市居民和农户家庭的需求，一般玉米的平均地块为 1.47 公顷/块，主要是农户种植和农业企业或合作社共同种植，以满足城镇及其农村居民生活和畜禽饲养的需求。在甜玉米类型中，Kandal、Battambang 和 Mondul Kiri 的种植面积排名居前，分别为 394.2 公顷、117.68 公顷和 102.5 公顷，这些省份的生产主要是满足大中型城市的需求，其中 Kandal 的甜玉米种植面积占到全国种植面积的 43.2%，主要用于供应金边城镇居民的消费需求。在一般玉米类型中，Battambang、Pailin 和 Kandal 的种植面积排名居前，其种植面积分别为 59 958.23公顷、21 163.69公顷和 13 916.71公顷，占全国一般玉米种植面积的 47.9%、16.9% 和 11.1%，三个省份一般玉米产量合计占比 75.9%。

表 3-10 各省玉米的种植面积

区域/省	甜玉米				一般玉米				合计		
	地块数（块）	面积（公顷）	平均地块面积（公顷/块）	种植面积占比（%）	地块数（块）	面积（公顷）	平均地块面积（公顷/块）	种植面积占比（%）	地块数（块）	面积（公顷）	平均地块面积（公顷/块）
全国	1 595	911.18	0.57	0.72	85 114	125 179.69	1.47	99.28	86 709	126 091	1.45
平原区	1 129	477.47	0.42	1.68	40 368	27 985.43	0.69	98.32	41 497	28 463	0.69
Kampong Cham	104	16.87	0.16	0.24	9 473	7 148.66	0.75	99.76	9 577	7 166	0.75
Kandal	640	394.20	0.62	2.75	22 575	13 916.71	0.62	97.25	23 215	14 311	0.62
Phnom Penh	0	0.00	0.00	0.00	944	631.55	0.67	100.00	944	632	0.67
Prey Veng	71	25.87	0.36	1.22	2 557	2 097.22	0.82	98.78	2 628	2 123	0.81
Svay Rieng	32	16.03	0.50	100.00	0	0.00	0.00	0.00	32	16	0.50
Takeo	252	18.49	0.07	4.45	1 407	397.12	0.28	95.55	1 659	416	0.25
Tboung Khmum	30	6.01	0.20	0.16	3 412	3 794.17	1.11	99.84	3 442	3 800	1.10
洞里萨湖区	175	211.00	1.21	0.24	36 970	89 498.18	2.42	99.76	37 145	89 709	2.42
Banteay Meanchey	3	8.32	2.77	0.47	576	1 766.77	3.07	99.53	579	1 775	3.07
Battambang	66	117.68	1.78	0.20	25 407	59 958.23	2.36	99.80	25 473	60 076	2.36
Kampong Chhnang	57	45.18	0.79	15.70	363	242.55	0.67	84.30	420	288	0.69
Kampong Thom	0	0.00	0.00	0.00	135	112.23	0.83	100.00	135	112	0.83
Pursat	0	0.00	0.00	0.00	2 667	5 989.65	2.25	100.00	2 667	5 990	2.25
Siemreap	49	39.83	0.81	15.73	447	213.32	0.48	84.27	496	253	0.51

（续表）

区域/省	甜玉米				一般玉米				合计		
	地块数（块）	面积（公顷）	平均地块面积（公顷/块）	种植面积占比（%）	地块数（块）	面积（公顷）	平均地块面积（公顷/块）	种植面积占比（%）	地块数（块）	面积（公顷）	平均地块面积（公顷/块）
Oddar Meanchey	0	0.00	0.00	0.00	66	51.74	0.78	100.00	66	52	0.78
Pailin	0	0.00	0.00	0.00	7 309	21 163.69	2.90	100.00	7 309	21 164	2.90
沿海区	77	29.08	0.38	0.67	4 234	4 298.38	1.02	99.33	4 311	4 327	1.00
Kampot	77	29.08	0.38	0.75	3 722	3 835.98	1.03	99.25	3 799	3 865	1.02
Koh Kong	0	0.00	0.00	0.00	204	180.23	0.88	100.00	204	180	0.88
Sihanoukville	0	0.00	0.00	0.00	218	215.88	0.99	100.00	218	216	0.99
Kep	0	0.00	0.00	0.00	90	66.29	0.74	100.00	90	66	0.74
山区	243	199.63	0.82	2.70	6 951	7 191.86	1.03	97.30	7 194	7 391	1.03
Kampong Speu	24	2.69	0.11	0.58	781	458.86	0.59	99.42	805	462	0.57
Kratie	91	57.89	0.64	1.24	4 129	4 605.07	1.12	98.76	4 220	4 663	1.10
Mondul Kiri	103	102.50	1.00	6.84	1 319	1 395.92	1.06	93.16	1 422	1 498	1.05
Preah Vihear	0	0.00	0.00	0.00	224	169.89	0.76	100.00	224	170	0.76
Ratanak Kiri	0	0.00	0.00	0.00	337	411.99	1.22	100.00	337	412	1.22
Stung Treng	25	36.55	1.46	19.58	161	150.13	0.93	80.42	186	187	1.00

数据来源：2013 年柬埔寨农业普查

4. 腰果产业

表3-11显示各省腰果种植面积分布。2013年，全国腰果种植面积为59 623公顷，种植腰果的平均地块面积为0.019公顷/块，主要是农户种植为主。平原区、洞里萨湖区、沿海区和山区的种植面积分别为12 986公顷、15 065公顷、2 180公顷和29 393公顷，分别占总种植面积的21.78%、25.27%、3.66%和49.30%，山区是腰果的主产区，种植面积将近全国的一半。其中，Ratanak Kiri、Kampong Thom和Kampong Cham种植腰果面积排名居前，分别为17 971公顷、13 742公顷和10 452公顷，合计占全国种植面积的70.7%。

表3-11 各省腰果种植面积

省/市/直辖市	地块数（块）	面积（公顷）	平均地块面积（公顷/块）	种植面积占比（%）
全国	3 128 846	59 623	0.019	100.00
平原区	370 161	12 986	0.035	21.78
Kampong Cham	167 191	10 452	0.063	17.53
Kandal	50	6	0.120	0.01
Phnom Penh	765	122	0.159	0.20
Prey Veng	2 001	37	0.018	0.06
Svay Rieng	136 401	29	0.000	0.05
Takeo	16 404	22	0.001	0.04
Tboung Khmum	47 349	2 317	0.049	3.89
洞里萨湖区	877 163	15 065	0.017	25.27
Banteay Meanchey	176	25	0.142	0.04
Battambang	9 948	87	0.009	0.15
Kampong Chhnang	105 300	51	0.000	0.09
Kampong Thom	601 380	13 742	0.023	23.05
Pursat	12 877	1	0.000	0.00
Siemreap	86 867	382	0.004	0.64
Oddar Meanchey	60 527	777	0.013	1.30
Pailin	88	0	0.000	0.00
沿海区	494 905	2 180	0.004	3.66
Kampot	83 702	439	0.005	0.74
Koh Kong	233 576	1 290	0.006	2.16
Sihanoukville	176 312	447	0.003	0.75
Kep	1 315	5	0.004	0.01
山区	1 386 617	29 393	0.021	49.30
Kampong Speu	4 652	4	0.001	0.01
Kratie	77 094	8 343	0.108	13.99

（续表）

省/市/直辖市	地块数（块）	面积（公顷）	平均地块面积（公顷/块）	种植面积占比（%）
Mondul Kiri	50 634	317	0.006	0.53
Preah Vihear	221 759	473	0.002	0.79
Ratanak Kiri	895 565	17 971	0.020	30.14
Stung Treng	136 913	2 284	0.017	3.83

数据来源：2013 年柬埔寨农业普查

5. 绿豆产业

表 3-12 显示绿豆在各省的种植面积。2013 年，全国绿豆种植面积为 20 621.6公顷，平均地块面积为 0.7 公顷/块，多为农户种植，主要用于食用或生产豆芽。平原区、洞里萨湖区、沿海区和山区的种植面积分别为 6 027.9公顷、9 132.3公顷、2 475.5 公顷和 2 985.9 公顷，分别占总种植面积的 29.23%、44.29%、12.00%和 14.48%，洞里萨湖区种植面积将近占全国种植面积的一半。Battambang、Kandal 和 Kampot 的绿豆种植面积分别为 5 894.0公顷、3 482.5公顷和 2 474.6公顷，分别占全国种植面积的 28.58%、16.89%和 12%，三个省合计种植面积占全国种植面积的 57.47%。

表 3-12　各省绿豆种植面积

省/市/直辖市	地块数量（块）	种植面积（公顷）	平均地块面积（公顷/块）	种植面积占比（%）
全国	29 924.0	20 621.6	0.7	100.00
平原区	11 245.0	6 027.9	0.5	29.23
Kampong Cham	739.0	710.6	1.0	3.45
Kandal	7 980.0	3 482.5	0.4	16.89
Phnom Penh	179.0	149.2	0.8	0.72
Prey Veng	2 157.0	1 525.7	0.7	7.40
Svay Rieng	2.0	11.0	5.5	0.05
Takeo	122.0	19.1	0.2	0.09
Tboung Khmum	66.0	129.9	2.0	0.63
洞里萨湖区	5 398.0	9 132.3	1.7	44.29
Banteay Meanchey	41.0	89.7	2.2	0.43
Battambang	3 387.0	5 894.0	1.7	28.58
Kampong Chhnang	1 355.0	1 576.1	1.2	7.64
Kampong Thom	0.0	0.0	0.0	0.00
Pursat	237.0	309.0	1.3	1.50
Siemreap	354.0	1 232.7	3.5	5.98

（续表）

省/市/直辖市	地块数量（块）	种植面积（公顷）	平均地块面积（公顷/块）	种植面积占比（%）
Oddar Meanchey	18.0	16.9	0.9	0.08
Pailin	6.0	14.0	2.3	0.07
沿海区	7 210.0	2 475.5	0.3	12.00
Kampot	7 209.0	2 474.6	0.3	12.00
Koh Kong	0.0	0.0	0.0	0.00
Sihanoukville	1.0	0.9	0.9	0.00
Kep	0.0	0.0	0.0	0.00
山区	6 071.0	2 985.9	0.5	14.48
Kampong Speu	5 161.0	2 038.0	0.4	9.88
Kratie	231.0	194.6	0.8	0.94
Mondul Kiri	75.0	103.0	1.4	0.50
Preah Vihear	233.0	351.8	1.5	1.71
Ratanak Kiri	3.0	5.5	1.8	0.03
Stung Treng	368.0	292.9	0.8	1.42

数据来源：2013 年柬埔寨农业普查

6. 胡椒产业

表 3-13 显示胡椒在各省的分布情况。2013 年，全国胡椒种植面积 5 650公顷，平均地块面积为 0.09 公顷/块。平原区、洞里萨湖区、沿海区和山区的种植面积分别为 5 242公顷、20 公顷、113 公顷和 277 公顷，分别占总种植面积的 92.78%、0.35%、2.00%和 4.9%，平原区是胡椒的主产区。Tboung Khmum、Kratie 和 Koh Kong 的胡椒种植面积分别为 5 224公顷、229 公顷和 76 公顷，分别占全国种植面积的 92.46%、4.05%和 1.35%，三个省合计种植面积占全国种植面积的 97.86%。Kampot 胡椒种植条件得天独厚，Phnom Voa 山脉山麓土壤中石英含量高，雨季排水效果好，赋予 Kampot 胡椒独特风味。Kampot 胡椒是 2010 年第一个获得世界贸易组织地理标志的柬埔寨产品，由 Kampot 胡椒生产者协会和独立认证机构 Eco-cert 对 Kampot 胡椒种植园进行检验，只有符合受保护地理标志标准，经 Kampot 胡椒生产者协会认可的成员，才能有权使用 “Kampot Pepper” 原产地名称，允许销售 Kampot 胡椒。

表 3-13 各省胡椒种植面积

省/市/直辖市	地块数量（块）	面积（公顷）	平均地块面积（公顷/块）	种植面积占比（%）
全国	61 125	5 650	0.09	100.00

（续表）

省/市/直辖市	地块数量（块）	面积（公顷）	平均地块面积（公顷/块）	种植面积占比（%）
平原区	29 107	5 242	0. 18	92. 78
Kampong Cham	0	17	0. 00	0. 30
Kandal	0	0	0. 00	0. 00
Phnom Penh	0	0	0. 00	0. 00
Prey Veng	0	0	0. 00	0. 00
Svay Rieng	20	0	0. 00	0. 00
Takeo	4 248	0	0. 00	0. 00
Tboung Khmum	24 839	5 224	0. 21	92. 46
洞里萨湖区	3 885	20	0. 01	0. 35
Banteay Meanchey	0	0	0. 00	0. 00
Battambang	3 849	14	0. 00	0. 25
Kampong Chhnang	0	0	0. 00	0. 00
Kampong Thom	36	2	0. 06	0. 04
Pursat	0	0	0. 00	0. 00
Siemreap	0	0	0. 00	0. 00
Oddar Meanchey	0	0	0. 00	0. 00
Pailin	0	4	0. 00	0. 07
沿海区	16 000	113	0. 01	2. 00
Kampot	100	2	0. 02	0. 04
Koh Kong	500	76	0. 15	1. 35
Sihanoukville	15 400	18	0. 00	0. 32
Kep	0	17	0. 00	0. 30
山区	12 133	277	0. 02	4. 90
Kampong Speu	28	0	0. 00	0. 00
Kratie	169	229	1. 36	4. 05
Mondul Kiri	11 806	21	0. 00	0. 37
Preah Vihear	0	0	0. 00	0. 00
Ratanak Kiri	130	26	0. 20	0. 46
Stung Treng	0	1	0. 00	0. 02

数据来源：2013 年柬埔寨农业普查

7. 香蕉产业

表 3-14 显示香蕉在各省的分布情况。2013 年，全国香蕉种植面积 24 024公顷。平原区、洞里萨湖区、沿海区和山区的种植面积分别为 13 455公顷、7 348公顷、1 549公顷和 1 167公顷，分别占总种植面积的 56. 01%、30. 59%、6. 45%和 6. 96%，平原区是香蕉的主产区。Kampong Cham、Takeo 和 Oddar Meanchey

的香蕉种植面积分别为5 054公顷、3 851公顷和2 949公顷，分别占全国种植面积的21.04%、16.03%和12.28%，三个省合计种植面积占全国种植面积的49.35%。

表3-14 各省香蕉种植面积

省/市/直辖市	地块数量（块）	面积（公顷）	平均地块面积（公顷/块）	种植面积占比（%）
全国	10 006 151	24 024	0.00	100.00
平原区	3 951 533	13 455	0.00	56.01
Kampong Cham	749 133	5 054	0.01	21.04
Kandal	471 997	2 348	0.00	9.77
Phnom Penh	155 591	467	0.00	1.94
Prey Veng	44 809	275	0.01	1.14
Svay Rieng	667 114	1 009	0.00	4.20
Takeo	1 615 658	3 851	0.00	16.03
Tboung Khmum	247 231	451	0.00	1.88
洞里萨湖区	4 237 591	7 348	0.00	30.59
Banteay Meanchey	169 693	409	0.00	1.70
Battambang	1 711 949	948	0.00	3.95
Kampong Chhnang	186 823	109	0.00	0.45
Kampong Thom	165 447	2 252	0.01	9.37
Pursat	178 851	295	0.00	1.23
Siemreap	620 800	177	0.00	0.74
Oddar Meanchey	1 179 738	2 949	0.00	12.28
Pailin	24 290	209	0.01	0.87
沿海区	961 012	1 549	0.00	6.45
Kampot	675 225	1 444	0.00	6.01
Koh Kong	103 450	75	0.00	0.31
Sihanoukville	121 938	27	0.00	0.11
Kep	60 399	3	0.00	0.01
山区	856 015	1 672	0.00	6.96
Kampong Speu	267 572	434	0.00	1.81
Kratie	337 158	197	0.00	0.82
Mondul Kiri	78 465	14	0.00	0.06
Preah Vihear	89 731	504	0.01	2.10
Ratanak Kiri	24 217	345	0.01	1.44
Stung Treng	58 872	178	0.00	0.74

数据来源：2013年柬埔寨农业普查

8. 芒果产业

芒果在全国各地均有种植，多为农户种植，比较分散，近年来，有企业或外来投资者开展芒果生产，全国芒果种植面积从2010年的23 980公顷增加到2017年的65 500公顷。表3-15显示芒果在各省的分布情况。2013年，全国芒果种植面积41 612公顷。平原区、洞里萨湖区、沿海区和山区的种植面积分别为13 599公顷、10 595公顷、8 926公顷和8 493公顷，分别占总种植面积的32.68%、25.46%、21.45%和20.41%，平原区是芒果的主产区。Kampot、Kandal和Kampong Speu的芒果种植面积分别为6 315公顷、5 194公顷和4 196公顷，分别占全国种植面积的15.18%、12.48%和10.08%，三个省合计种植面积占全国种植面积的37.74%。

表3-15 各省芒果种植面积

省/市/直辖市	地块数量（块）	面积（公顷）	平均地块面积（公顷/块）	种植面积占比（%）
全国	7 883 771	41 612	0.01	100.00
平原区	3 371 943	13 599	0.00	32.68
Kampong Cham	406 093	2 412	0.01	5.80
Kandal	950 175	5 194	0.01	12.48
Phnom Penh	138 995	1 781	0.01	4.28
Prey Veng	49 180	683	0.01	1.64
Svay Rieng	894 453	1 748	0.00	4.20
Takeo	838 960	936	0.00	2.25
Tboung Khmum	94 087	845	0.01	2.03
洞里萨湖区	1 909 850	10 595	0.01	25.46
Banteay Meanchey	66 881	754	0.01	1.81
Battambang	656 227	2 194	0.00	5.27
Kampong Chhnang	228 712	1 219	0.01	2.93
Kampong Thom	290 665	1 443	0.00	3.47
Pursat	95 500	418	0.00	1.00
Siemreap	244 878	1 101	0.00	2.65
Oddar Meanchey	294 243	2 838	0.01	6.82
Pailin	32 744	628	0.02	1.51
沿海区	1 421 885	8 926	0.01	21.45
Kampot	1 064 138	6 315	0.01	15.18
Koh Kong	79 464	869	0.01	2.09
Sihanoukville	237 564	1 360	0.01	3.27
Kep	40 719	381	0.01	0.92
山区	1 180 093	8 493	0.01	20.41

（续表）

省/市/直辖市	地块数量（块）	面积（公顷）	平均地块面积（公顷/块）	种植面积占比（%）
Kampong Speu	638 507	4 196	0.01	10.08
Kratie	188 770	931	0.00	2.24
Mondul Kiri	29 084	22	0.00	0.05
Preah Vihear	112 556	1 548	0.01	3.72
Ratanak Kiri	112 515	1 568	0.01	3.77
Stung Treng	98 661	227	0.00	0.55

数据来源：2013 年柬埔寨农业普查

9. 蔬菜产业

蔬菜品种、种类繁多，雨季和旱季均可种植，其中雨季产量略高于旱季(57%对 43%)。大多数当地种类的蔬菜在雨季种植，而来自温带/寒冷气候的蔬菜，如卷心菜，花椰菜，番茄，则在旱季的前期种植。蔬菜可以分为叶菜类、香辛类、果菜类、根茎类和其他类蔬菜等。叶菜类蔬菜主要包括空心菜、卷心菜、生菜、芹菜、水莲花、菠菜、甘蓝、苋菜等。表 3-16 显示叶菜类蔬菜在各省的分布情况。空心菜、卷心菜、生菜、青蒜、葱、芹菜、水莲花、菠菜、豆瓣菜、甘蓝、苜蓿、苋菜、马齿苋和其他的种植面积分别为 2 306.52公顷、648.63 公顷、824.84 公顷、1 046.06公顷、3.23 公顷、33.44 公顷、51.97 公顷、331.97 公顷、6.25 公顷、327.35 公顷、6.83 公顷、181.21 公顷、16.7 公顷和 2 821公顷，空心菜、卷心菜、生菜和青蒜的种植面积在叶菜类蔬菜排名居前。

空心菜深受居民喜爱，在各省均有种植，2013 年，空心菜的种植面积为 2 306.52公顷，平均地块面积为 0.26 公顷/块。在各省中，Svay Rieng、Stung Treng 和 Battambang 的空心菜种植面积排名居前，分别为 902.39 公顷、339.88 公顷和 215.16 公顷，分别占全国种植面积的 39.12%、14.74% 和 9.33%，三个省合计种植面积占全国种植面积的 63.19%。

2013 年，卷心菜的种植面积为 648.63 公顷，平均地块面积为 0.33 公顷/块。在各省中，Kampong Cham、Battambang 和 Kandal 的卷心菜种植面积排名居前，分别为 222.96 公顷、222.13 公顷和 86.33 公顷，分别占全国种植面积的 34.37%、34.25% 和 13.31%，三个省合计种植面积占全国种植面积的 81.93%。

2013 年，生菜的种植面积为 824.84 公顷，平均地块面积为 0.42 公顷/块。在各省中，Battambang、Kampong Thom 和 Kampong Cham 的生菜种植面积排名居前，分别为 199.29 公顷、155.22 公顷和 152.96 公顷，分别占全国种植面积的 24.16%、18.82% 和 18.54%，三个省合计种植面积占全国种植面积的 61.52%。

表 3-16　叶菜类蔬菜在各省的分布

区域/省	空心菜				卷心菜				生菜				青蒜			
	地块数（块）	面积（公顷）	平均地块面积（公顷）	种植面积占比（%）	地块数（块）	面积（公顷）	平均地块面积（公顷）	种植面积占比（%）	地块数（块）	面积（公顷）	平均地块面积（公顷）	种植面积占比（%）	地块数（块）	面积（公顷）	平均地块面积（公顷）	种植面积占比（%）
全国	8 760	2 306. 52	0. 26	100. 00	1 971	648. 63	0. 33	100. 00	1 973	824. 84	0. 42	100. 00	2 859	1 046. 06	0. 37	100. 00
平原区	4 860	1 099. 89	0. 23	47. 69	1 094	319. 67	0. 29	49. 28	907	262. 54	0. 29	31. 83	1 426	370. 37	0. 26	35. 41
Kampong Cham	339	39. 88	0. 12	1. 73	668	222. 96	0. 33	34. 37	494	152. 96	0. 31	18. 54	63	5. 67	0. 09	0. 54
Kandal	228	38. 54	0. 17	1. 67	267	86. 33	0. 32	13. 31	61	18. 26	0. 30	2. 21	864	275. 42	0. 32	26. 33
Phnom Penh	328	48. 55	0. 15	2. 10	19	0. 38	0. 02	0. 06	39	4. 27	0. 11	0. 52	32	10. 17	0. 32	0. 97
Prey Veng	1	1. 5	1. 50	0. 07	—	—	—	—	—	—	—	—	133	26. 64	0. 20	2. 55
Svay Rieng	3 270	902. 39	0. 28	39. 12	31	1. 55	0. 05	0. 24	1	0. 15	0. 15	0. 02	187	38. 21	0. 20	3. 65
Takeo	611	61. 82	0. 10	2. 68	109	8. 45	0. 08	1. 30	312	86. 91	0. 28	10. 54	117	11. 24	0. 10	1. 07
Tboung Khmum	83	7. 22	0. 09	0. 31	—	—	—	—	—	—	—	—	30	3. 03	0. 10	0. 29
洞里萨湖区	421	255. 53	0. 61	11. 08	460	253. 25	0. 55	39. 04	762	462. 3	0. 61	56. 05	221	28. 95	0. 13	2. 77
Banteay Meanchey	—	—	—	—	—	—	—	—	234	22. 2	0. 09	2. 69	64	6. 38	0. 10	0. 61
Battambang	106	215. 16	2. 03	9. 33	346	222. 13	0. 64	34. 25	255	199. 29	0. 78	24. 16	—	—	—	—
Kampong Chhnang	70	2. 61	0. 04	0. 11	—	—	—	—	32	47. 41	1. 48	5. 75	1	1. 5	1. 50	0. 14
Kampong Thom	195	30. 83	0. 16	1. 34	52	15. 48	0. 30	2. 39	84	155. 22	1. 85	18. 82	35	3. 79	0. 11	0. 36
Pursat	33	6. 54	0. 20	0. 28	60	14. 94	0. 25	2. 30	97	15. 15	0. 16	1. 84	31	6. 17	0. 20	0. 59

（续表）

区域/省	空心菜				卷心菜				生菜				青蒜			
	地块数（块）	面积（公顷）	平均地块面积（公顷）	种植面积占比（%）	地块数（块）	面积（公顷）	平均地块面积（公顷）	种植面积占比（%）	地块数（块）	面积（公顷）	平均地块面积（公顷）	种植面积占比（%）	地块数（块）	面积（公顷）	平均地块面积（公顷）	种植面积占比（%）
Siemreap	2	0.35	0.18	0.02	2	0.7	0.35	0.11	46	23.02	0.50	2.79	51	6.16	0.12	0.59
Oddar Meanchey	14	—	—	—	—	—	—	—	14	—	—	—	1	—	—	—
Pailin	1	0.14	0.14	0.01	—	—	—	—	—	—	—	—	38	4.95	0.13	0.47
沿海区	941	128.65	0.14	5.58	44	6.59	0.15	1.02	84	1.46	0.02	0.18	60	9.43	0.16	0.90
Kampot	264	11.83	0.04	0.51	44	6.59	0.15	1.02	35	0.35	0.01	0.04	41	8.21	0.20	0.78
Koh Kong	231	10.68	0.05	0.46	—	—	—	—	49	1.1	0.02	0.13	18	0.73	0.04	0.07
Sihanoukville	268	78.93	0.29	3.42	—	—	—	—	—	—	—	—	—	—	—	—
Kep	178	27.04	0.15	1.17	—	—	—	—	—	—	—	—	1	0.50	0.50	0.05
山区	2 538	822.45	0.32	35.66	376	69.12	0.18	10.66	220	98.54	0.45	11.95	1 151	637.31	0.55	60.92
Kampong Speu	1 020	139.45	0.14	6.05	124	5.2	0.04	0.80	79	4.25	0.05	0.52	35	0.04	0.00	0.00
Kratie	692	108.01	0.16	4.68	245	36.14	0.15	5.57	55	12.07	0.22	1.46	584	417.06	0.71	39.87
Mondul Kiri	70	50.87	0.73	2.21	—	—	—	—	—	—	—	—	1	2	2.00	0.19
Preah Vihear	164	183.24	1.12	7.94	2	1.26	0.63	0.19	53	81.91	1.55	9.93	189	188.85	1.00	18.05
Ratanak Kiri	2	1	0.50	0.04	3	26.5	8.83	4.09	—	—	—	—	2	7	3.50	0.67
Stung Treng	590	339.88	0.58	14.74	2	0.02	0.01	0.00	33	0.31	0.01	0.04	340	22.37	0.07	2.14

（续表）

区域/省	葱				芹菜				水莲花				菠菜			
	地块数（块）	面积（公顷）	平均地块面积（公顷）	种植面积占比（%）	地块数（块）	面积（公顷）	平均地块面积（公顷）	种植面积占比（%）	地块数（块）	面积（公顷）	平均地块面积（公顷）	种植面积占比（%）	地块数（块）	面积（公顷）	平均地块面积（公顷）	种植面积占比（%）
全国	45	3. 23	0. 07	100. 00	66	33. 44	0. 51	100. 00	72	51. 97	0. 72	100. 00	866	331. 97	0. 38	100. 00
平原区	—	—	—	—	44	11. 93	0. 27	35. 68	—	—	—	—	803	256. 31	0. 32	77. 21
Kampong Cham	—	—	—	—	23	2. 33	0. 10	6. 97	—	—	—	—	22	3. 28	0. 15	0. 99
Kandal	—	—	—	—	21	9. 60	0. 46	28. 71	—	—	—	—	652	225. 83	0. 35	68. 03
Phnom Penh	—	—	—	—	—	—	—	—	—	—	—	—	81	22. 60	0. 28	6. 81
Prey Veng	—	—	—	—	—	—	—	—	—	—	—	—	—	—	—	—
Svay Rieng	—	—	—	—	—	—	—	—	—	—	—	—	—	—	—	—
Takeo	—	—	—	—	—	—	—	—	—	—	—	—	48	4. 60	0. 10	1. 39
Tboung Khmum	—	—	—	—	—	—	—	—	—	—	—	—	—	—	—	—
洞里萨湖区	2	1. 16	0. 58	35. 91	2	6. 20	3. 10	18. 54	52	51. 56	0. 99	99. 21	14	—	—	—
Banteay Meanchey	1	0. 16	0. 16	4. 95	—	—	—	—	—	—	—	—	—	—	—	—
Battambang	1	1. 00	1. 00	30. 96	2	6. 20	3. 10	18. 54	52	51. 56	0. 99	99. 21	—	—	—	—
Kampong Chhnang	—	—	—	—	—	—	—	—	—	—	—	—	—	—	—	—
Kampong Thom	—	—	—	—	—	—	—	—	—	—	—	—	—	—	—	—
Pursat	—	—	—	—	—	—	—	—	—	—	—	—	—	—	—	—

（续表）

区域/省	葱				芹菜				水莲花				菠菜			
	地块数（块）	面积（公顷）	平均地块面积（公顷）	种植面积占比（%）	地块数（块）	面积（公顷）	平均地块面积（公顷）	种植面积占比（%）	地块数（块）	面积（公顷）	平均地块面积（公顷）	种植面积占比（%）	地块数（块）	面积（公顷）	平均地块面积（公顷）	种植面积占比（%）
Siemreap	—	—	—	—	—	—	—	—	—	—	—	—	—	—	—	—
Oddar Meanchey	—	—	—	—	—	—	—	—	—	—	—	—	14	—	—	—
Pailin	—	—	—	—	—	—	—	—	—	—	—	—	—	—	—	—
沿海区	—	—	—	—	—	—	—	—	21	0.42	0.02	0.81	—	—	—	—
Kampot	—	—	—	—	—	—	—	—	—	—	—	—	—	—	—	—
Koh Kong	—	—	—	—	—	—	—	—	21	0.42	0.02	0.81	—	—	—	—
Sihanoukville	—	—	—	—	—	—	—	—	—	—	—	—	—	—	—	—
Kep	—	—	—	—	—	—	—	—	—	—	—	—	—	—	—	—
山区	43	2.07	0.05	64.09	20	15.31	0.77	45.78	—	—	—	—	49	75.66	1.54	22.79
Kampong Speu	41	2.06	0.05	63.78	—	—	—	—	—	—	—	—	1	0.20	0.20	0.06
Kratie	1	—	—	—	—	—	—	—	—	—	—	—	6	0.45	0.08	0.14
Mondul Kiri	—	—	—	—	—	—	—	—	—	—	—	—	—	—	—	—
Preah Vihear	—	—	—	—	1	0.60	0.60	1.79	—	—	—	—	15	56.27	3.75	16.95
Ratanak Kiri	—	—	—	—	—	—	—	—	—	—	—	—	27	18.75	0.69	5.65
Stung Treng	1	0.01	0.01	0.31	19	14.71	0.77	43.99	—	—	—	—	—	—	—	—

（续表）

区域/省	豆瓣菜				甘蓝				苜蓿				苋菜			
	地块数（块）	面积（公顷）	平均地块面积（公顷）	种植面积占比（%）	地块数（块）	面积（公顷）	平均地块面积（公顷）	种植面积占比（%）	地块数（块）	面积（公顷）	平均地块面积（公顷）	种植面积占比（%）	地块数（块）	面积（公顷）	平均地块面积（公顷）	种植面积占比（%）
全国	21	6. 25	0. 30	100. 00	1 811	327. 35	0. 18	100. 00	20	6. 83	0. 34	100. 00	546	181. 21	0. 33	100. 00
平原区	—	—	—	—	275	61. 83	0. 22	18. 89	20	6. 83	0. 34	100. 00	333	120. 14	0. 36	66. 30
Kampong Cham	—	—	—	—	73	11. 17	0. 15	3. 41	—	—	—	—	—	—	—	—
Kandal	—	—	—	—	60	8. 38	0. 14	2. 56	—	—	—	—	212	112. 27	0. 53	61. 96
Phnom Penh	—	—	—	—	80	26. 99	0. 34	8. 24	—	—	—	—	80	1. 74	0. 02	0. 96
Prey Veng	—	—	—	—	—	—	—	—	20	6. 83	0. 34	100. 00	—	—	—	—
Svay Rieng	—	—	—	—	—	—	—	—	—	—	—	—	—	—	—	—
Takeo	—	—	—	—	62	15. 29	0. 25	4. 67	—	—	—	—	41	6. 12	0. 15	3. 38
Tboung Khmum	—	—	—	—	—	—	—	—	—	—	—	—	—	—	—	—
洞里萨湖区	1	1. 50	1. 50	24. 00	318	104. 83	0. 33	32. 02	—	—	—	—	130	57. 66	0. 44	31. 82
Banteay Meanchey	—	—	—	—	143	53. 44	0. 37	16. 33	—	—	—	—	1	0. 03	0. 03	0. 02
Battambang	—	—	—	—	95	12. 01	0. 13	3. 67	—	—	—	—	26	25. 78	0. 99	14. 23
Kampong Chhnang	1	1. 50	1. 50	24. 00	—	—	—	—	—	—	—	—	—	—	—	—
Kampong Thom	—	—	—	—	—	—	—	—	—	—	—	—	70	30. 52	0. 44	16. 84
Pursat	—	—	—	—	2	0. 25	0. 13	0. 08	—	—	—	—	—	—	—	—

（续表）

区域/省	豆瓣菜				甘蓝				苜蓿				苋菜			
	地块数（块）	面积（公顷）	平均地块面积（公顷）	种植面积占比（%）	地块数（块）	面积（公顷）	平均地块面积（公顷）	种植面积占比（%）	地块数（块）	面积（公顷）	平均地块面积（公顷）	种植面积占比（%）	地块数（块）	面积（公顷）	平均地块面积（公顷）	种植面积占比（%）
Siemreap	—	—	—	—	78	39.13	0.50	11.95	—	—	—	—	32	0.33	0.01	0.18
Oddar Meanchey	—	—	—	—	—	—	—	—	—	—	—	—	1	1.00	1.00	0.55
Pailin	—	—	—	—	—	—	—	—	—	—	—	—	—	—	—	—
沿海区	—	—	—	—	2	0.45	0.23	0.14	—	—	—	—	23	0.91	0.04	0.50
Kampot	—	—	—	—	1	0.15	0.15	0.05	—	—	—	—	—	—	—	—
Koh Kong	—	—	—	—	—	—	—	—	—	—	—	—	23	0.91	0.04	0.50
Sihanoukville	—	—	—	—	1	0.30	0.30	0.09	—	—	—	—	—	—	—	—
Kep	—	—	—	—	—	—	—	—	—	—	—	—	—	—	—	—
山区	20	4.75	0.24	76.00	1 217	160.24	0.13	48.95	—	—	—	—	59	2.50	0.04	1.38
Kampong Speu	—	—	—	—	461	64.32	0.14	19.65	—	—	—	—	—	—	—	—
Kratie	20	4.75	0.24	76.00	67	48.63	0.73	14.86	—	—	—	—	41	2.40	0.06	1.32
Mondul Kiri	—	—	—	—	1	1	1.00	0.31	—	—	—	—	—	—	—	—
Preah Vihear	—	—	—	—	55	30.58	0.56	9.34	—	—	—	—	—	—	—	—
Ratanak Kiri	—	—	—	—	—	—	—	—	—	—	—	—	—	—	—	—
Stung Treng	—	—	—	—	633	15.71	0.02	4.80	—	—	—	—	18	0.10	0.01	0.06

（续表）

区域/省	马齿苋				其他			
	地块数（块）	面积（公顷）	平均地块面积（公顷）	种植面积占比（%）	地块数（块）	面积（公顷）	平均地块面积（公顷）	种植面积占比（%）
全国	63	16.70	0.27	100.00	2 821	767.56	0.27	100.00
平原区	—	—	—	—	1 920	444.78	0.23	57.95
Kampong Cham	—	—	—	—	87	29.67	0.34	3.87
Kandal	—	—	—	—	1 558	403.63	0.26	52.59
Phnom Penh	—	—	—	—	2	0.72	0.36	0.09
Prey Veng	—	—	—	—	—	—	—	—
Svay Rieng	—	—	—	—	227	7.53	0.03	0.98
Takeo	—	—	—	—	46	3.23	0.07	0.42
Tboung Khmum	—	—	—	—	—	—	—	—
洞里萨湖区	62	16.68	0.27	99.88	217	30.99	0.14	4.04
Banteay Meanchey	—	—	—	—	2	0.07	0.04	0.01
Battambang	26	6.19	0.24	37.07	1	2.00	2.00	0.26
Kampong Chhnang	—	—	—	—	83	9.02	0.11	1.18
Kampong Thom	36	10.50	0.29	62.87	—	—	—	—
Pursat	—	—	—	—	129	19.20	0.15	2.50
Siemreap	—	—	—	—	2	0.70	0.35	0.09

（续表）

区域/省	马齿苋				其他			
	地块数（块）	面积（公顷）	平均地块面积（公顷）	种植面积占比（%）	地块数（块）	面积（公顷）	平均地块面积（公顷）	种植面积占比（%）
Oddar Meanchey	—	—	—	—	—	—	—	—
Pailin	—	—	—	—	—	—	—	—
沿海区	1	0.02	0.02	0.12	25	1.20	0.05	0.16
Kampot	—	—	—	—	—	—	—	—
Koh Kong	1	0.02	0.02	0.12	25	1.20	0.05	0.16
Sihanoukville	—	—	—	—	—	—	—	—
Kep	—	—	—	—	—	—	—	—
山区	—	—	—	—	660	290.59	0.44	37.86
Kampong Speu	—	—	—	—	234	50.26	0.21	6.55
Kratie	—	—	—	—	277	226.30	0.82	29.48
Mondul Kiri	—	—	—	—	—	—	—	—
Preah Vihear	—	—	—	—	—	—	—	—
Ratanak Kiri	—	—	—	—	—	—	—	—
Stung Treng	—	—	—	—	149	14.04	0.09	1.83

数据来源：2013 年柬埔寨农业普查

“—”表示未统计或未上报

香辛类蔬菜主要包括香菜、柠檬草、姜、韭菜、西芹等，是日常饮食中的主要香料，在各省均有种植。表 3-17 显示香辛类蔬菜在各省的分布。薄荷、芫荽、罗勒、槟榔叶、香菜、柠檬草、姜、韭菜、西芹和其他的种植面积分别为 1 524.06 公顷、144.6 公顷、42.07 公顷、362.48 公顷、10 291.00公顷、3 628.47公顷、281.4 公顷、187.99 公顷、208.54 公顷和 1 117.83公顷，其中，薄荷、香菜和柠檬草的种植面积在香辛类蔬菜中排名居前。

2013 年，薄荷的种植面积为 824.84 公顷，平均地块面积为 0.42 公顷/块。在各省中，Siemreap、Battambang 和 Kampong Cham 的薄荷种植面积排名居前，分别为 307.47 公顷、234.05 公顷和 152.96 公顷，分别占全国种植面积的 20.17%、15.36%和 12.19%，三个省合计种植面积占全国种植面积的 47.72%，而 Svay Rieng、Kampong Chhnang、Oddar Meanchey、Kampot、Kep 和 Ratanak Kiri 未见薄荷的种植相关数据。

2013 年，香菜种植面积为 10 291.00公顷，平均地块面积为 1.00 公顷/块。在各省中，Prey Veng、Banteay Meanchey 和 Siemreap 的香菜种植排名居前，面积分别为 4 672.5 公顷、3 446.6 公顷和 1 274.1公顷，分别占全国种植面积的 45.4%、33.49%和 12.38%，三个省合计种植面积占全国种植面积的 91.27%，而 Kampong Cham、Phnom Penh、Svay Rieng、Kampong Thom、Pailin、Kampot、Koh Kong、Kep、Kampong Speu、Mondul Kiri 和 Ratanak Kiri 未见香菜种植相关数据。

2013 年，柠檬草种植面积为 3 628.47公顷，平均地块面积为 0.37 公顷/块。在各省中，Battambang、Kratie 和 Kampong Speu 的柠檬草种植面积排名居前，分别为 940.97 公顷、579.73 公顷和 382.57 公顷，分别占全国种植面积的 25.93%、15.98%和 10.45%，三个省合计种植面积占全国种植面积的 52.26%，而 Pursat、Siemreap 和 Kep 未见柠檬草种植相关数据。

果菜类包括辣椒、黄瓜、厚皮甜瓜、茄子等。表 3-18 显示果菜类蔬菜在各省的分布情况。辣椒、黄瓜、厚皮甜瓜、茄子、Common Asiatic Wood、葫芦、南瓜、西葫芦、甜椒、番茄、苦瓜、西瓜、扁豆、秋葵、丝瓜、红瓜、冬瓜和其他在全国的种植面积分别为 4 637.80公顷、6 894.49公顷、1 901.86公顷、2 997.39公顷、177.48 公顷、1 687.38公顷、4 624.92公顷、413.04 公顷、179.97 公顷、1 065.15公顷、429.47 公顷、5 911.80公顷、149.13 公顷、406.24 公顷、32.32 公顷、1 401.12公顷、1 990.15公顷和 140.72 公顷，其中，辣椒、黄瓜、厚皮甜瓜、茄子、南瓜和西瓜的种植面积在果菜类蔬菜中排名居前。

表 3-17 香辛类蔬菜在各省的分布

	薄荷				芫荽				罗勒				槟榔叶			
	地块数（块）	面积（公顷）	平均地块面积（公顷）	种植面积占比（%）	地块数（块）	面积（公顷）	平均地块面积（公顷）	种植面积占比（%）	地块数（块）	面积（公顷）	平均地块面积（公顷）	种植面积占比（%）	地块数（块）	面积（公顷）	平均地块面积（公顷）	种植面积占比（%）
全国	3 029	1 524.06	0.50	100.00	428	144.60	0.34	100.00	144	42.07	0.29	100.00	254	362.48	1.43	100.00
平原区	1 382	459.75	0.33	30.17	344	114.70	0.33	79.32	87	39.07	0.45	92.87	236	336.48	1.43	92.83
Kampong Cham	595	197.41	0.33	12.95	—	—	—	—	87	39.07	0.45	92.87	57	9.66	0.17	2.66
Kandal	248	97.48	0.39	6.40	—	—	—	—	—	—	—	—	152	325.06	2.14	89.68
Phnom Penh	217	5.31	0.02	0.35	—	—	—	—	—	—	—	—	26	0.26	0.01	0.07
Prey Veng	138	137.74	1.00	9.04	—	—	—	—	—	—	—	—	1	1.50	1.50	0.41
Svay Rieng	—	—	—	—	344	114.70	0.33	79.32	—	—	—	—	—	—	—	—
Takeo	134	14.76	0.11	0.97	—	—	—	—	—	—	—	—	—	—	—	—
Tboung Khmum	50	7.03	0.14	0.46	—	—	—	—	—	—	—	—	—	—	—	—
洞里萨湖区	716	783.64	1.09	51.42	61	23.02	0.38	15.92	56	2.51	0.04	5.97	—	—	—	—
Banteay Meanchey	58	5.64	0.10	0.37	—	—	—	—	—	—	—	—	—	—	—	—
Battambang	165	234.05	1.42	15.36	28	14.03	0.50	9.70	—	—	—	—	—	—	—	—
Kampong Chhnang	—	—	—	—	32	7.99	0.25	5.53	—	—	—	—	—	—	—	—
Kampong Thom	72	72.33	1.00	4.75	—	—	—	—	56	2.51	0.04	5.97	—	—	—	—
Pursat	164	164.05	1.00	10.76	1	1	1.00	0.69	—	—	—	—	—	—	—	—
Siemreap	256	307.47	1.20	20.17	—	—	—	—	—	—	—	—	—	—	—	—

（续表）

	薄荷				芫荽				罗勒				槟榔叶			
	地块数（块）	面积（公顷）	平均地块面积（公顷）	种植面积占比（%）	地块数（块）	面积（公顷）	平均地块面积（公顷）	种植面积占比（%）	地块数（块）	面积（公顷）	平均地块面积（公顷）	种植面积占比（%）	地块数（块）	面积（公顷）	平均地块面积（公顷）	种植面积占比（%）
Oddar Meanchey	—	—	—	—	—	—	—	—	—	—	—	—	—	—	—	—
Pailin	1	0.10	0.10	0.01	—	—	—	—	—	—	—	—			0.00	0.00
沿海区	66	13.62	0.21	0.89	23	6.88	0.30	4.76	—	—	—	—	1	0.01	0.01	0.00
Kampot	—	—	—	—	23	6.88	0.30	4.76	—	—	—	—	—	—	—	—
Koh Kong	1	1	1.00	0.07	—	—	—	—	—	—	—	—	1	0.01	0.01	0.00
Sihanoukville	65	12.62	0.19	0.83	—	—	—	—	—	—	—	—	—	—	—	—
Kep	—	—	—	—	—	—	—	—	—	—	—	—	—	—	—	—
山区	866	267.06	0.31	17.52	—	—	—	—	1	0.50	0.50	1.19	19	25.99	1.37	7.17
Kampong Speu	150	5.90	0.04	0.39	—	—	—	—	—	—	—	—	—	—	—	—
Kratie	427	162.60	0.38	10.67	—	—	—	—	—	—	—	—	16	24.59	1.54	6.78
Mondul Kiri	38	19.04	0.50	1.25	—	—	—	—	1	0.50	0.50	1.19	—	—	—	—
Preah Vihear	46	51.74	1.12	3.39	—	—	—	—	—	—	—	—	—	—	—	—
Ratanak Kiri	—	—	—	—	—	—	—	—	—	—	—	—	—	—	—	—
Stung Treng	205	27.78	0.14	1.82	—	—	—	—	—	—	—	—	3	1.40	0.47	0.39

数据来源：FAO 统计

“—”表示未统计或未上报

表 3-17 香辛类蔬菜在各省的分布（续）

	香菜				柠檬草				姜				韭菜				西芹				其他			
	地块数（块）	面积（公顷）	平均地块面积（公顷）	种植面积占比（%）	地块数（块）	面积（公顷）	平均地块面积（公顷）	种植面积占比（%）	地块数（块）	面积（公顷）	平均地块面积（公顷）	种植面积占比（%）	地块数（块）	面积（公顷）	平均地块面积（公顷）	种植面积占比（%）	地块数（块）	面积（公顷）	平均地块面积（公顷）	种植面积占比（%）	地块数（块）	面积（公顷）	平均地块面积（公顷）	种植面积占比（%）
全国	9 908	10 291.00	1.00	100.00	9 905	3 628.47	0.37	100.00	836	281.40	0.34	100.00	309	187.99	0.61	100.00	1 306	208.54	0.16	100.00	1 423	1 117.83	0.79	100.00
平原区	6 986	4 996.30	0.70	48.55	4 195	636.25	0.15	17.53	367	21.37	0.06	7.59	281	83.87	0.30	44.61	1 285	195.10	0.15	93.56	613	100.19	0.16	8.96
Kampong Cham	0	0.00	0.00	0.00	942	257.44	0.27	7.10	—	—	—	—	—	—	—	—	83	10.49	0.13	5.03	119	15.38	0.13	1.38
Kandal	4	0.40	0.10	0.00	159	43.70	0.27	1.20	30	0.91	0.03	0.32	232	77.14	0.33	41.03	1 041	178.31	0.17	85.50	423	80.61	0.19	7.21
Phnom Penh	0	0.00	0.00	0.00	1 013	36.55	0.04	1.01	314	9.05	0.03	3.22	49	6.74	0.14	3.59	59	0.59	0.01	0.28	53	0.56	0.01	0.05
Prey Veng	6 073	4 672.50	0.80	45.40	31	4.64	0.15	0.13	—	—	—	—	—	—	—	—	—	—	—	—	—	—	—	—
Svay Rieng	0	0.00	0.00	0.00	391	57.82	0.15	1.59	22	11.22	0.51	3.99	—	—	—	—	50	2.66	0.05	1.28	—	—	—	—
Takeo	617	92.20	0.10	0.90	1 589	223.32	0.14	6.15	—	—	—	—	—	—	—	—	52	3.05	0.06	1.46	—	—	—	—
Tboung Khmum	292	231.30	0.80	2.25	70	12.78	0.18	0.35	1	0.20	0.20	0.07	—	—	—	—	—	—	—	—	18	3.64	0.20	0.33
洞里萨湖区	2 581	4 986.00	1.90	48.45	948	1 114.43	1.18	30.71	63	40.13	0.64	14.26	26	103.11	3.97	54.85	21	13.44	0.64	6.44	386	889.12	2.30	79.54
Banteay Meanchey	988	3 446.60	3.50	33.49	109	1.23	0.01	0.03	—	—	—	—	—	—	—	—	—	—	—	—	55	0.63	0.01	0.06
Battambang	101	219.60	2.20	2.13	325	940.97	2.90	25.93	27	36.19	1.34	12.86	26	103.11	3.97	54.85	2	12.30	6.15	5.90	296	873.74	2.95	78.16
Kampong Chhnang	34	15.20	0.40	0.15	2	1.59	0.80	0.04	1	1.50	1.50	0.53	—	—	—	—	—	—	—	—	1	1.50	1.50	0.13
Kampong Thom	0	0.00	0.00	0.00	495	168.98	0.34	4.66	35	2.45	0.07	0.87	—	—	—	—	—	—	—	—	33	13.20	0.40	1.18
Pursat	39	28.60	0.70	0.28	—	—	—	—	—	—	—	—	—	—	—	—	—	—	—	—	—	—	—	—
Siemreap	1 417	1 274.10	0.90	12.38	—	—	—	—	—	—	—	—	—	—	—	—	—	—	—	—	1	0.05	0.05	0.00

（续表）

	香菜				柠檬草				姜				韭菜				西芹				其他			
	地块数（块）	面积（公顷）	平均地块面积（公顷）	种植面积占比（%）	地块数（块）	面积（公顷）	平均地块面积（公顷）	种植面积占比（%）	地块数（块）	面积（公顷）	平均地块面积（公顷）	种植面积占比（%）	地块数（块）	面积（公顷）	平均地块面积（公顷）	种植面积占比（%）	地块数（块）	面积（公顷）	平均地块面积（公顷）	种植面积占比（%）	地块数（块）	面积（公顷）	平均地块面积（公顷）	种植面积占比（%）
Oddar Meanchey	2	2.00	1.00	0.02	16	1.63	0.10	0.04	—	—	—	—	—	—	—	—	19	1.14	0.06	0.55	—	—	—	—
Pailin	0	0.00	0.00	0.00	1	0.03	0.03	0.00	—	—	—	—	—	—	—	—	—	—	—	—	—	—	—	—
沿海区	27	28.70	1.10	0.28	1 156	528.55	0.46	14.57	131	127.33	0.97	45.25	—	—	—	—	—	—	—	—	147	63.43	0.43	5.67
Kampot	0	0.00	0.00	0.00	661	202.99	0.31	5.59	—	—	—	—	—	—	—	—	—	—	—	—			0.00	0.00
Koh Kong	0	0.00	0.00	0.00	371	113.83	0.31	3.14	131	127.33	0.97	45.25	—	—	—	—	—	—	—	—	147	63.43	0.43	5.67
Sihanoukville	27	28.70	1.10	0.28	124	211.73	1.71	5.84	—	—	—	—	—	—	—	—	—	—	—	—	—	—	—	—
Kep	0	0.00	0.00	0.00	—	—	—	—	—	—	—	—	—	—	—	—	—	—	—	—	—	—	—	—
山区	314	280.50	0.90	2.73	3 607	1 349.25	0.37	37.19	274	92.57	0.34	32.90	3	1	0.33	0.53	—	—	—	—	277	65.09	0.23	5.82
Kampong Speu	0	0.00	0.00	0.00	708	382.57	0.54	10.54	49	1.98	0.04	0.70			0.00	0.00	—	—	—	—	—	—	—	—
Kratie	285	274.50	1.00	2.67	1 584	579.73	0.37	15.98	208	68.66	0.33	24.40	1	1	1.00	0.53	—	—	—	—	4	1.10	0.28	0.10
Mondul Kiri	0	0.00	0.00	0.00	134	79.99	0.60	2.20			0.00	0.00			0.00	0.00	—	—	—	—	—	—	—	—
Preah Vihear	1	1.50	1.50	0.01	169	179.08	1.06	4.94	11	19.50	1.77	6.93			0.00	0.00	—	—	—	—	51	63.86	1.25	5.71
Ratanak Kiri	0	0.00	0.00	0.00	61	30.11	0.49	0.83	—	—	—	—	—	—	—	—	—	—	—	—			0.00	0.00
Stung Treng	28	4.50	0.20	0.04	951	97.76	0.10	2.69	6	2.43	0.41	0.86	2		0.00	0.00	—	—	—	—	222	0.13	0.00	0.01

数据来源：2013 年柬埔寨农业普查

“—”表示未统计或未上报

2013 年，辣椒种植面积为 4 637. 80公顷，平均地块面积为 0. 46 公顷/块。在各省中，Mondul Kiri、Kampong Cham 和 Battambang 的辣椒种植面积排名居前，分别为 1 000. 9公顷、566. 8 公顷和 1 274. 1 公顷，分别占全国种植面积的 21. 58%、13. 33% 和 12. 22%，三个省合计种植面积占全国种植面积的 47. 13%，而 Prey Veng、Tboung Khmum 和 Pursat 未见辣椒种植相关数据。

2013 年，黄瓜种植面积为 6 894. 49公顷，平均地块面积为 0. 44 公顷/块。在各省中，Svay Rieng、Pursat 和 Mondul Kiri 的黄瓜种植面积排名居前，分别为 2 088. 74公顷、690. 70 公顷和 550. 96 公顷，分别占全国种植面积的 30. 28%、10. 02% 和 7. 99%，三个省合计种植面积占全国种植面积的 48. 29%，各省均有黄瓜种植，分布比较均匀。

2013 年，厚皮甜瓜种植面积为 1 901. 86公顷，平均地块面积为 0. 83 公顷/块。在各省中，Kampong Cham、Kratie 和 Battambang 的厚皮甜瓜种植面积排名居前，分别为 847. 39 公顷、325. 97 公顷和 238. 09 公顷，分别占全国种植面积的 44. 56%、17. 14% 和 12. 52%，三个省合计种植面积占全国种植面积的 74. 22%，而 Phnom Penh、Svay Rieng、Tboung Khmum、Oddar Meanchey、Pailin、Koh Kong、Preah Sihanouk、Kep 和 Ratanak Kiri 均未见厚皮甜瓜种植相关数据，厚皮甜瓜的种植集中度较高。

2013 年，茄子种植面积为 2 997. 39公顷，平均地块面积为 0. 57 公顷/块。在各省中，Mondul Kiri 、Battambang 和 Kandal 的茄子种植面积排名居前，分别为 1 021. 59公顷、646 公顷和 351. 07 公顷，分别占全国种植面积的 34. 08%、21. 55% 和 11. 71%，三个省合计种植面积占全国种植面积的 67. 34%，而 Prey Veng 和 Kep 未见茄子种植相关数据。

2013 年，南瓜种植面积为 4 624. 92公顷，平均地块面积为 0. 67 公顷/块。在各省中，Battambang、Pursat 和 Mondul Kiri 的南瓜种植面积排名居前，分别为 1 026. 23公顷、963. 82 公顷和 949. 27 公顷，分别占全国种植面积的 22. 19%、20. 84% 和 20. 53%，三个省合计种植面积占全国种植面积的 63. 56%，而 Phnom Penh、Oddar Meanchey 和 Ratanak Kiri 未见南瓜种植相关数据。

2013 年，西瓜种植面积为 5 911. 80公顷，平均地块面积为 0. 56 公顷/块。在各省中，Kampong Thom、Kampong Speu 和 Battambang 的西瓜种植面积排名居前，分别为 799. 99 公顷、722. 36 公顷和 672. 45 公顷，分别占全国种植面积的 13. 53%、12. 22% 和 11. 37%，三个省合计种植面积占全国种植面积的 37. 12%，仅 Pailin 未见西瓜种植相关数据。

果菜类蔬菜在各省的分布见表 3-18。

表 3-18　果菜类蔬菜在各省的分布

区域/省/市	辣椒				黄瓜				厚皮甜瓜				茄子				Common Asiatic Wood			
	地块数（块）	面积（公顷）	平均地块面积（公顷）	种植面积占比（%）	地块数（块）	面积（公顷）	平均地块面积（公顷）	种植面积占比（%）	地块数（块）	面积（公顷）	平均地块面积（公顷）	种植面积占比（%）	地块数（块）	面积（公顷）	平均地块面积（公顷）	种植面积占比（%）	地块数（块）	面积（公顷）	平均地块面积（公顷）	种植面积占比（%）
全国	10 064	4 637.80	0.46	100.00	15 839	6 894.49	0.44	100.00	2 278	1 901.86	0.83	100.00	5 272	2 997.39	0.57	100.00	125	177.48	1.42	100.00
平原区	4 504	1 267.61	0.28	27.33	9 242	3 548.70	0.38	51.47	871	970.98	1.11	51.05	1 859	685.55	0.37	22.87	—	—	—	—
Kampong Cham	1 500	618.44	0.41	13.33	366	163.99	0.45	2.38	272	847.39	3.12	44.56	218	103.77	0.48	3.46	—	—	—	—
Kandal	1 829	478.78	0.26	10.32	1 732	526.01	0.30	7.63	288	87.24	0.30	4.59	706	351.07	0.50	11.71	—	—	—	—
Phnom Penh	667	108.08	0.16	2.33	128	10.67	0.08	0.15	—	—	—	—	158	52.15	0.33	1.74	—	—	—	—
Prey Veng	—	—	—	—	109	48.57	0.45	0.70	25	12.65	0.51	0.67	—	—	—	—	—	—	—	—
Svay Rieng	87	2.85	0.03	0.06	3 832	2 088.74	0.55	30.30	—	—	—	—	192	58.95	0.31	1.97	—	—	—	—
Takeo	421	59.46	0.14	1.28	2 925	499.48	0.17	7.24	286	23.69	0.08	1.25	563	105.53	0.19	3.52	—	—	—	—
Tboung Khmum	—	—	—	—	150	211.24	1.41	3.06	—	—	—	—	22	14.09	0.64	0.47	—	—	—	—
洞里萨湖区	2 090	1 178.03	0.56	25.40	2 799	1 440.23	0.51	20.89	496	491.86	0.99	25.86	1 101	795.51	0.72	26.54	56	109.24	1.95	61.55
Banteay Meanchey	347	13.84	0.04	0.30	115	61.96	0.54	0.90	62	2.81	0.05	0.15	298	17.61	0.06	0.59	—	—	—	—
Battambang	680	566.81	0.83	12.22	414	526.22	1.27	7.63	280	238.09	0.85	12.52	506	646.00	1.28	21.55	22	55.56	2.53	31.30
Kampong Chhnang	863	503.82	0.58	10.86	26	9.65	0.37	0.14	21	21.10	1.00	1.11	93	35.57	0.38	1.19	—	—	—	—
Kampong Thom	143	49.80	0.35	1.07	164	41.48	0.25	0.60	1	0.03	0.03	0.00	56	5.74	0.10	0.19	34	53.68	1.58	30.25
Pursat	—	—	—	—	1 757	690.70	0.39	10.02	1	1.00	1.00	0.05	54	74.47	1.38	2.48	—	—	—	—

（续表）

区域/省/市	辣椒				黄瓜				厚皮甜瓜				茄子				Common Asiatic Wood			
	地块数（块）	面积（公顷）	平均地块面积（公顷）	种植面积占比（%）	地块数（块）	面积（公顷）	平均地块面积（公顷）	种植面积占比（%）	地块数（块）	面积（公顷）	平均地块面积（公顷）	种植面积占比（%）	地块数（块）	面积（公顷）	平均地块面积（公顷）	种植面积占比（%）	地块数（块）	面积（公顷）	平均地块面积（公顷）	种植面积占比（%）
Siemreap	35	33.43	0.96	0.72	228	79.62	0.35	1.15	116	228.82	1.97	12.03	58	6.72	0.12	0.22	—	—	—	—
Oddar Meanchey	1	1.50	1.50	0.03	66	1.32	0.02	0.02	15	—	—	—	16	0.70	0.04	0.02	—	—	—	—
Pailin	21	8.84	0.42	0.19	29	29.29	1.01	0.42	—	—	—	—	20	8.70	0.44	0.29	—	—	—	—
沿海区	597	342.48	0.57	7.38	1 908	614.48	0.32	8.91	77	2.90	0.04	0.15	194	84.81	0.44	2.83	—	—	—	—
Kampot	165	16.07	0.10	0.35	1 358	308.43	0.23	4.47	77	2.90	0.04	0.15	47	5.12	0.11	0.17	—	—	—	—
Koh Kong	154	76.91	0.50	1.66	197	129.43	0.66	1.88	—	—	—	—	117	22.82	0.20	0.76	—	—	—	—
Sihanoukville	143	204.68	1.43	4.41	59	41.45	0.70	0.60	—	—	—	—	30	56.88	1.90	1.90	—	—	—	—
Kep	135	44.82	0.33	0.97	294	135.18	0.46	1.96	—	—	—	—	—	—	—	—	—	—	—	—
山区	2 875	1 849.68	0.64	39.88	1 885	1 291.09	0.68	18.73	836	436.13	0.52	22.93	2 119	1 431.52	0.68	47.76	70	68.24	0.97	38.45
Kampong Speu	428	59.70	0.14	1.29	254	64.70	0.25	0.94	129	50.29	0.39	2.64	18	24.59	1.37	0.82	—	—	—	—
Kratie	461	53.79	0.12	1.16	672	276.32	0.41	4.01	552	325.97	0.59	17.14	818	158.51	0.19	5.29	—	—	—	—
Mondul Kiri	746	1 000.92	1.34	21.58	410	550.96	1.34	7.99	45	44.06	0.98	2.32	746	1 021.59	1.37	34.08	22	43.99	2.00	24.79
Preah Vihear	153	180.22	1.18	3.89	65	67.97	1.05	0.99	13	11.57	0.89	0.61	87	119.30	1.37	3.98	1	1	1.00	0.56
Ratanak Kiri	335	445.09	1.33	9.60	237	277.02	1.17	4.02	—	—	—	—	104	55.83	0.54	1.86	47	23.25	0.49	13.10
Stung Treng	752	109.95	0.15	2.37	247	54.11	0.22	0.78	97	4.23	0.04	0.22	346	51.70	0.15	1.72	—	—	—	—

（续表）

区域/省/市	葫芦				南瓜				西葫芦				甜椒、灯笼椒			
	地块数（块）	面积（公顷）	平均地块面积（公顷）	种植面积占比（%）	地块数（块）	面积（公顷）	平均地块面积（公顷）	种植面积占比（%）	地块数（块）	面积（公顷）	平均地块面积（公顷）	种植面积占比（%）	地块数（块）	面积（公顷）	平均地块面积（公顷）	种植面积占比（%）
全国	3 608	1 687. 38	0. 47	100. 00	6 901	4 624. 92	0. 67	100. 00	424	413. 04	0. 97	100. 00	363	179. 97	0. 50	100. 00
平原区	2 648	956. 99	0. 36	56. 71	600	315. 23	0. 53	6. 82	188	67. 39	0. 36	16. 32	282	145. 65	0. 52	80. 93
Kampong Cham	165	61. 82	0. 37	3. 66	57	22. 65	0. 40	0. 49	—	—	—	—	—	—	—	—
Kandal	—	—	—	—	25	7. 25	0. 29	0. 16	126	62. 80	0. 50	15. 20	216	130. 51	0. 60	72. 52
Phnom Penh	—	—	—	—	—	—	—	—	—	—	—	—	66	15. 15	0. 23	8. 42
Prey Veng	55	27. 38	0. 50	1. 62	55	27. 38	0. 50	0. 59	—	—	—	—	—	—	—	—
Svay Rieng	2 401	867. 52	0. 36	51. 41	216	107. 82	0. 50	2. 33	—	—	—	—	—	—	—	—
Takeo	27	0. 27	0. 01	0. 02	195	47. 59	0. 24	1. 03	62	4. 59	0. 07	1. 11	—	—	—	—
Tboung Khmum	—	—	—	—	52	102. 53	1. 97	2. 22	—	—	—	—	—	—	—	—
洞里萨湖区	245	580. 15	2. 37	34. 38	2 564	2 203. 40	0. 86	47. 64	—	—	—	—	—	—	—	—
Banteay Meanchey	—	—	—	—	36	1. 76	0. 05	0. 04	—	—	—	—	—	—	—	—
Battambang	103	534. 90	5. 19	31. 70	858	1 026. 23	1. 20	22. 19	—	—	—	—	—	—	—	—
Kampong Chhnang	1	0. 09	0. 09	0. 01	61	38. 45	0. 63	0. 83	—	—	—	—	—	—	—	—
Kampong Thom	141	45. 16	0. 32	2. 68	67	17. 11	0. 26	0. 37	—	—	—	—	—	—	—	—
Pursat	—	—	—	—	1 368	963. 82	0. 70	20. 84	—	—	—	—	—	—	—	—
Siemreap	—	—	—	—	129	120. 74	0. 94	2. 61	—	—	—	—	—	—	—	—

（续表）

区域/省/市	葫芦				南瓜				西葫芦				甜椒、灯笼椒			
	地块数（块）	面积（公顷）	平均地块面积（公顷）	种植面积占比（%）	地块数（块）	面积（公顷）	平均地块面积（公顷）	种植面积占比（%）	地块数（块）	面积（公顷）	平均地块面积（公顷）	种植面积占比（%）	地块数（块）	面积（公顷）	平均地块面积（公顷）	种植面积占比（%）
Oddar Meanchey	—	—	—	—	15	—	—	—	—	—	—	—	—	—	—	—
Pailin	—	—	—	—	30	35.29	1.18	0.76	—	—	—	—	—	—	—	—
沿海区	66	3.38	0.05	0.20	1 688	801.98	0.48	17.34	—	—	—	—	47	1.18	0.03	0.66
Kampot	—	—	—	—	1 016	381.26	0.38	8.24	—	—	—	—	—	—	—	—
Koh Kong	19	0.58	0.03	0.03	191	156.70	0.82	3.39	—	—	—	—	47	1.18	0.03	0.66
Sihanoukville	47	2.81	0.06	0.17	168	130.34	0.78	2.82	—	—	—	—	—	—	—	—
Kep	—	—	—	—	313	133.69	0.43	2.89	—	—	—	—	—	—	—	—
山区	649	146.86	0.23	8.70	2 048	1 304.31	0.64	28.20	236	345.64	1.46	83.68	34	33.13	0.97	18.41
Kampong Speu	—	—	—	—	426	76.45	0.18	1.65	—	—	—	—	1	0.50	0.50	0.28
Kratie	566	79.51	0.14	4.71	784	146.98	0.19	3.18	—	—	—	—	33	32.63	0.99	18.13
Mondul Kiri	50	60.55	1.21	3.59	741	949.27	1.28	20.53	236	345.64	1.46	83.68	—	—	—	—
Preah Vihear	1	1.50	1.50	0.09	72	124.02	1.72	2.68	—	—	—	—	—	—	—	—
Ratanak Kiri	—	—	—	—	—	—	—	—	—	—	—	—	—	—	—	—
Stung Treng	32	5.31	0.17	0.31	25	7.60	0.30	0.16	—	—	—	—	—	—	—	—

数据来源：2013 年柬埔寨农业普查

“—”表示未统计或未上报

表 3-18　果菜类蔬菜在各省的分布（续）

区域/省/市	西红柿				苦瓜				西瓜				扁豆				秋葵			
	地块数（块）	面积（公顷）	平均地块面积（公顷）	种植面积占比（%）	地块数（块）	面积（公顷）	平均地块面积（公顷）	种植面积占比（%）	地块数（块）	面积（公顷）	平均地块面积（公顷）	种植面积占比（%）	地块数（块）	面积（公顷）	平均地块面积（公顷）	种植面积占比（%）	地块数（块）	面积（公顷）	平均地块面积（公顷）	种植面积占比（%）
全国	1 430	1 065.15	0.74	100.00	910	429.47	0.47	100.00	10 580	5 911.80	0.56	100.00	296	149.13	0.50	100.00	361	406.24	1.13	100.00
平原区	474	285.67	0.60	26.82	552	201.38	0.36	46.89	2 729	1 223.89	0.45	20.70	94	17.86	0.19	11.98	280	324.69	1.16	79.93
Kampong Cham	57	22.65	0.40	2.13	10	1.96	0.20	0.46	160	71.80	0.45	1.21	—	—	—	—	190	307.02	1.62	75.58
Kandal	387	259.78	0.67	24.39	542	199.41	0.37	46.43	241	127.03	0.53	2.15	94	17.86	0.19	11.98	90	17.67	0.20	4.35
Phnom Penh	30	3.24	0.11	0.30	—	—	—	—	79	24.41	0.31	0.41	—	—	—	—	—	—	—	—
Prey Veng	—	—	—	—	—	—	—	—	655	547.78	0.84	9.27	—	—	—	—	—	—	—	—
Svay Rieng	—	—	—	—	—	—	—	—	31	1.24	0.04	0.02	—	—	—	—	—	—	—	—
Takeo	—	—	—	—	—	—	—	—	1 411	343.11	0.24	5.80	—	—	—	—	—	—	—	—
Tboung Khmum	—	—	—	—	—	—	—	—	152	108.52	0.71	1.84	—	—	—	—	—	—	—	—
洞里萨湖区	668	738.58	1.11	69.34	180	94.41	0.52	21.98	3 208	2 576.76	0.80	43.59	52	64.45	1.24	43.22	41	44.00	1.07	10.83
Banteay Meanchey	1	0.48	0.48	0.05	19	27.84	1.47	6.48	50	71.94	1.44	1.22	—	—	—	—	2	13.00	6.50	3.20
Battambang	114	516.52	4.53	48.49	81	48.97	0.60	11.40	668	672.45	1.01	11.37	52	64.45	1.24	43.22	4	19.00	4.75	4.68
Kampong Chhnang	—	—	—	—	—	—	—	—	85	48.87	0.57	0.83	—	—	—	—	2	0.95	0.48	0.23
Kampong Thom	34	16.77	0.49	1.57	—	—	—	—	990	799.99	0.81	13.53	—	—	—	—	—	—	—	—
Pursat	453	204.15	0.45	19.17	79	16.8	0.21	3.91	662	383.09	0.58	6.48	—	—	—	—	33	11.05	0.33	2.72

（续表）

区域/省/市	西红柿				苦瓜				西瓜				扁豆				秋葵			
	地块数（块）	面积（公顷）	平均地块面积（公顷）	种植面积占比（%）	地块数（块）	面积（公顷）	平均地块面积（公顷）	种植面积占比（%）	地块数（块）	面积（公顷）	平均地块面积（公顷）	种植面积占比（%）	地块数（块）	面积（公顷）	平均地块面积（公顷）	种植面积占比（%）	地块数（块）	面积（公顷）	平均地块面积（公顷）	种植面积占比（%）
Siemreap	—	—	—	—	1	0.80	0.80	0.19	702	551.47	0.79	9.33	—	—	—	—	—	—	—	—
Oddar Meanchey	66	0.66	0.01	0.06	—	—	—	—	51	48.96	0.96	0.83	—	—	—	—	—	—	—	—
Pailin	—	—	—	—	—	—	—	—	—	—	—	—	—	—	—	—	—	—	—	—
沿海区	92	22.99	0.25	2.16	63	10.25	0.16	2.39	2 164	1 048.68	0.48	17.74	41	0.82	0.02	0.55	3	10.75	3.58	2.65
Kampot	64	8.79	0.14	0.83	—	—	—	—	1 942	520.85	0.27	8.81	41	0.82	0.02	0.55	1	9.00	9.00	2.22
Koh Kong	—	—	—	—	62	9.45	0.15	2.20	28	16.15	0.58	0.27	—	—	—	—	2	1.75	0.88	0.43
Sihanoukville	—	—	—	—	1	0.80	0.80	0.19	57	437.45	7.67	7.40	—	—	—	—	—	—	—	—
Kep	28	14.20	0.51	1.33	—	—	—	—	137	74.23	0.54	1.26	—	—	—	—	—	—	—	—
山区	195	17.91	0.09	1.68	114	123.43	1.08	28.74	2 482	1 062.46	0.43	17.97	110	66.00	0.60	44.26	37	26.80	0.72	6.60
Kampong Speu	30	15.07	0.50	1.41	—	—	—	—	1 926	722.36	0.38	12.22	—	—	—	—	—	—	—	—
Kratie	162	2.14	0.01	0.20	65	65.26	1.00	15.20	267	141.60	0.53	2.40	42	—	—	—	32	24.52	0.77	6.04
Mondul Kiri	1	0.50	0.50	0.05	2	1.00	0.50	0.23	38	37.99	1.00	0.64	44	66.00	1.50	44.26	—	—	—	—
Preah Vihear	1	0.20	0.20	0.02	28	56.99	2.04	13.27	72	72.91	1.01	1.23	—	—	—	—	—	—	—	—
Ratanak Kiri	—	—	—	—	—	—	—	—	4	9.00	2.25	0.15	—	—	—	—	—	—	—	—
Stung Treng	1	—	—	—	19	0.19	0.01	0.04	175	78.62	0.45	1.33	24	—	—	—	5	2.28	0.46	0.56

（续表）

区域/省/市	丝瓜				红瓜				冬瓜				其他			
	地块数（块）	面积（公顷）	平均地块面积（公顷）	种植面积占比（%）	地块数（块）	面积（公顷）	平均地块面积（公顷）	种植面积占比（%）	地块数（块）	面积（公顷）	平均地块面积（公顷）	种植面积占比（%）	地块数（块）	面积（公顷）	平均地块面积（公顷）	种植面积占比（%）
全国	151	32.32	0.21	100.00	3 654	1 401.12	0.38	100.00	4 525	1 990.15	0.44	100.00	489	140.72	0.29	100.00
平原区	56	16.38	0.29	50.68	1 312	484.67	0.37	34.59	990	295.15	0.30	14.83	358	43.70	0.12	31.05
Kampong Cham	—	—	—	—	26	0.74	0.03	0.05	29	2.86	0.10	0.14	—	—	—	—
Kandal	34	10.26	0.30	31.75	188	119.23	0.63	8.51	326	120.67	0.37	6.06	326	41.16	0.13	29.25
Phnom Penh	—	—	—	—	147	11.63	0.08	0.83	241	49.73	0.21	2.50	32	2.54	0.08	1.81
Prey Veng	—	—	—	—	—	—	—	—	55	27.38	0.50	1.38	—	—	—	—
Svay Rieng	—	—	—	—	922	338.78	0.37	24.18	255	58.32	0.23	2.93	—	—	—	—
Takeo	22	6.13	0.28	18.97	29	14.28	0.49	1.02	83	35.39	0.43	1.78	—	—	—	—
Tboung Khmum	—	—	—	—	—	—	—	—	1	0.80	0.80	0.04	—	—	—	—
洞里萨湖区	24	1.23	0.05	3.81	746	448.22	0.60	31.99	395	634.53	1.61	31.88	61	70.17	1.15	49.86
Banteay Meanchey	—	—	—	—	197	12.69	0.06	0.91	64	4.47	0.07	0.22	—	—	—	—
Battambang	—	—	—	—	320	406.76	1.27	29.03	83	493.84	5.95	24.81	61	70.17	1.15	49.86
Kampong Chhnang	23	0.23	0.01	0.71	1	0.42	0.42	0.03	—	—	—	—	—	—	—	—
Kampong Thom	1	1	1.00	3.09	135	25.28	0.19	1.80	36	3.56	0.10	0.18	—	—	—	—
Pursat	—	—	—	—	—	—	—	—	66	32.77	0.50	1.65	—	—	—	—
Siemreap	—	—	—	—	77	2.57	0.03	0.18	102	70.61	0.69	3.55	—	—	—	—

（续表）

区域/省/市	丝瓜				红瓜				冬瓜				其他			
	地块数（块）	面积（公顷）	平均地块面积（公顷）	种植面积占比（%）	地块数（块）	面积（公顷）	平均地块面积（公顷）	种植面积占比（%）	地块数（块）	面积（公顷）	平均地块面积（公顷）	种植面积占比（%）	地块数（块）	面积（公顷）	平均地块面积（公顷）	种植面积占比（%）
Oddar Meanchey	—	—	—	—	16	0.50	0.03	0.04	15	—	—	—	—	—	—	—
Pailin	—	—	—	—	—	—	—	—	29	29.29	1.01	1.47	—	—	—	—
沿海区	—	—	—	—	215	59.12	0.27	4.22	511	264.80	0.52	13.31	34	0.67	0.02	0.48
Kampot	—	—	—	—	—	—	—	—	23	7.10	0.31	0.36	—	—	—	—
Koh Kong	—	—	—	—	165	39.65	0.24	2.83	115	98.00	0.85	4.92	—	—	—	—
Sihanoukville	—	—	—	—	50	19.48	0.39	1.39	22	11.67	0.53	0.59	—	—	—	—
Kep	—	—	—	—	—	—	—	—	351	148.03	0.42	7.44	34	0.67	0.02	0.48
山区	71	14.70	0.21	45.48	1 382	409.11	0.30	29.20	2 631	795.66	0.30	39.98	37	26.18	0.71	18.60
Kampong Speu	21	14.70	0.70	45.48	148	52.89	0.36	3.77	1 223	288.10	0.24	14.48	17	23.60	1.39	16.77
Kratie	49	—	—	—	855	47.95	0.06	3.42	921	75.35	0.08	3.79	—	—	—	—
Mondul Kiri	—	—	—	—	147	177.98	1.21	12.70	184	220.41	1.20	11.08	1	2.50	2.50	1.78
Preah Vihear	—	—	—	—	92	101.65	1.10	7.25	164	190.02	1.16	9.55	—	—	—	—
Ratanak Kiri	—	—	—	—	82	26.13	0.32	1.86	1	0.20	0.20	0.01	—	—	—	—
Stung Treng	1	—	—	—	58	2.51	0.04	0.18	138	21.58	0.16	1.08	19	0.09	0.00	0.06

数据来源：2013 年柬埔寨农业普查

“—”表示未统计或未上报

根茎类蔬菜主要包括胡萝卜、防风、白萝卜、芜菁等。表 3-19 显示根茎类蔬菜在各省的分布情况。胡萝卜、防风、白萝卜、芜菁、小葱、白蒜、姜和其他种植面积分别为 15.05 公顷、363.11 公顷、383.51 公顷、14.74 公顷、60.1 公顷、0.56 公顷、52.15 公顷和 0.61 公顷。在根茎类蔬菜中，防风和白萝卜的种植面积排名居前。

2013 年，防风种植面积为 363.11 公顷，平均地块面积为 0.37 公顷/块。在各省中，Kampong Cham、Battambang 和 Kampong Speu 的防风种植面积排名居前，分别为 141.78 公顷、107.7 公顷和 47.49 公顷，分别占全国种植面积的 39.05%、29.66%和 13.08%，三个省合计种植面积占全国种植面积的 81.79%，种植的集中度较高。

2013 年，白萝卜种植面积为 383.51 公顷，平均地块面积为 0.47 公顷/块。在各省中，Takeo 和 Kampong Cham 的白萝卜种植面积分别为 379.96 公顷和 3.55 公顷，分别占全国种植面积的 99.07%和 0.93%，其他各省未见白萝卜种植相关数据。

其他类蔬菜是指未包括在叶菜类、香辛类、果菜类和根茎类蔬菜的蔬菜，包括花椰菜、西兰花、水葫芦花等。表 3-20 显示其他类蔬菜在各省的分布情况。花椰菜、西兰花、水葫芦花、芦笋、芝麻和其他的种植面积分别为 174 公顷、6.34 公顷、42.04 公顷、0.48 公顷、9 182.00公顷和 241.69 公顷。在其他类蔬菜中，花椰菜和芝麻的种植面积排名居前。

2013 年，花椰菜种植面积为 174 公顷，平均地块面积为 0.24 公顷/块。在各省中，Kandal、Battambang 和 Phnom Penh 的花椰菜种植面积排名居前，分别为 97.5 公顷、42.10 公顷和 17.59 公顷，分别占全国种植面积的 56.03%、24.20%和 10.11%，三个省合计种植面积占全国种植面积的 90.34%，种植的集中度较高，沿海区个省份均未见种植相关数据。

2013 年，芝麻种植面积为 9 182.00 公顷，平均地块面积为 1.2 公顷/块。在各省中，Battambang、Kampong Chhnang 和 Kratie 的芝麻种植面积分别为 3 778.8 公顷、2 092.7公顷和 1 210.4公顷，分别占全国种植面积的 41.15%、22.79%和 13.18%，三个省合计种植面积占全国种植面积的 77.12%。

表 3-19　根茎类蔬菜在各省的分布

	胡萝卜				防风				白萝卜				芜菁			
	地块数（块）	面积（公顷）	平均地块面积（公顷）	种植面积占比（%）	地块数（块）	面积（公顷）	平均地块面积（公顷）	种植面积占比（%）	地块数（块）	面积（公顷）	平均地块面积（公顷）	种植面积占比（%）	地块数（块）	面积（公顷）	平均地块面积（公顷）	种植面积占比（%）
全国	125	15.05	0.12	100.00	975	363.11	0.37	100.00	815	383.51	0.47	100.00	75	14.74	0.20	100.00
平原区	—	—	—	—	536	164.31	0.31	45.25	815	383.51	0.47	100.00	23	2.28	0.10	15.47
Kampong Cham	—	—	—	—	295	141.78	0.48	39.05	35	3.55	0.10	0.93	21	0.63	0.03	4.27
Kandal	—	—	—	—	90	12.78	0.14	3.52	—	—	—	—	1	1.50	1.50	10.18
Phnom Penh	—	—	—	—	18	0.73	0.04	0.20	—	—	—	—	—	—	—	—
Prey Veng	—	—	—	—	—	—	—	—	—	—	—	—	—	—	—	—
Svay Rieng	—	—	—	—	—	—	—	—	—	—	—	—	1	0.15	0.15	1.02
Takeo	—	—	—	—	133	9.02	0.07	2.48	780	379.96	0.49	99.07	—	—	—	—
Tboung Khmum	—	—	—	—	—	—	—	—	—	—	—	—	—	—	—	—
洞里萨湖区	—	—	—	—	148	130.46	0.88	35.93	—	—	—	—	—	—	—	—
Banteay Meanchey	—	—	—	—	1	0.20	0.20	0.06	—	—	—	—	—	—	—	—
Battambang	—	—	—	—	64	107.70	1.68	29.66	—	—	—	—	—	—	—	—
Kampong Chhnang	—	—	—	—	—	—	—	—	—	—	—	—	—	—	—	—
Kampong Thom	—	—	—	—	21	9.84	0.47	2.71	—	—	—	—	—	—	—	—

（续表）

	胡萝卜				防风				白萝卜				芜菁			
	地块数（块）	面积（公顷）	平均地块面积（公顷）	种植面积占比（%）	地块数（块）	面积（公顷）	平均地块面积（公顷）	种植面积占比（%）	地块数（块）	面积（公顷）	平均地块面积（公顷）	种植面积占比（%）	地块数（块）	面积（公顷）	平均地块面积（公顷）	种植面积占比（%）
Pursat	—	—	—	—	62	12.72	0.21	3.50	—	—	—	—	—	—	—	—
Siemreap	—	—	—	—	—	—	—	—	—	—	—	—	—	—	—	—
Oddar Meanchey	—	—	—	—	—	—	—	—	—	—	—	—	—	—	—	—
Pailin	—	—	—	—	—	—	—	—	—	—	—	—	—	—	—	—
沿海区	50	12.44	0.25	82.66	48	2.15	0.04	0.59	—	—	—	—	50	12.44	0.25	84.40
Kampot	50	12.44	0.25	82.66	47	1.90	0.04	0.52	—	—	—	—	50	12.44	0.25	84.40
Koh Kong	—	—	—	—	—	—	—	—	—	—	—	—	—	—	—	—
Sihanoukville	—	—	—	—	—	—	—	—	—	—	—	—	—	—	—	—
Kep	—	—	—	—	1	0.25	0.25	0.07	—	—	—	—	—	—	—	—
山区	76	2.61	0.03	17.34	243	66.19	0.27	18.23	—	—	—	—	2	0.02	0.01	0.14
Kampong Speu	—	—	—	—	150	47.49	0.32	13.08	—	—	—	—	—	—	—	—
Kratie	76	2.61	0.03	17.34	76	18.69	0.25	5.15	—	—	—	—	2	0.02	0.01	0.14
Mondul Kiri	—	—	—	—	—	—	—	—	—	—	—	—	—	—	—	—
Preah Vihear	—	—	—	—	—	—	—	—	—	—	—	—	—	—	—	—
Ratanak Kiri	—	—	—	—	—	—	—	—	—	—	—	—	—	—	—	—
Stung Treng	—	—	—	—	17	0.02	0.00	0.01	—	—	—	—	—	—	—	—

（续表）

	小葱				白蒜				姜				Other root bulb and tuberous Vegetables			
	地块数（块）	面积（公顷）	平均地块面积（公顷）	种植面积占比（%）	地块数（块）	面积（公顷）	平均地块面积（公顷）	种植面积占比（%）	地块数（块）	面积（公顷）	平均地块面积（公顷）	种植面积占比（%）	地块数（块）	面积（公顷）	平均地块面积（公顷）	种植面积占比（%）
全国	100	60.1	0.60	100.00	81	0.56	0.01	100.00	133	52.15	0.39	100.00	84	0.61	0.01	100.00
平原区	—	—	—	—	27	0.56	0.02	100.00	102	44.13	0.43	84.62	30	0.61	0.02	100.00
Kampong Cham	—	—	—	—	—	—	—	—	—	—	—	—	—	—	—	—
Kandal	—	—	—	—	—	—	—	—	102	44.13	0.43	84.62	30	0.61	0.02	100.00
Phnom Penh	—	—	—	—	1	0.05	0.05	8.93	—	—	—	—	—	—	—	—
Prey Veng	—	—	—	—	—	—	—	—	—	—	—	—	—	—	—	—
Svay Rieng	—	—	—	—	26	0.51	0.02	91.07	—	—	—	—	—	—	—	—
Takeo	—	—	—	—	—	—	—	—	—	—	—	—	—	—	—	—
Tboung Khmum	—	—	—	—	—	—	—	—	—	—	—	—	—	—	—	—
洞里萨湖区	—	—	—	—	—	—	—	—	1	1	1.00	1.92	—	—	—	—
Banteay Meanchey	—	—	—	—	—	—	—	—	1	1	1.00	1.92	—	—	—	—
Battambang	—	—	—	—	—	—	—	—	—	—	—	—	—	—	—	—
Kampong Chhnang	—	—	—	—	—	—	—	—	—	—	—	—	—	—	—	—
Kampong Thom	—	—	—	—	—	—	—	—	—	—	—	—	—	—	—	—
Pursat	—	—	—	—	—	—	—	—	—	—	—	—	—	—	—	—
Siemreap	—	—	—	—	—	—	—	—	—	—	—	—	—	—	—	—

（续表）

	小葱				白蒜				姜				Other root bulb and tuberous Vegetables			
	地块数（块）	面积（公顷）	平均地块面积（公顷）	种植面积占比（%）	地块数（块）	面积（公顷）	平均地块面积（公顷）	种植面积占比（%）	地块数（块）	面积（公顷）	平均地块面积（公顷）	种植面积占比（%）	地块数（块）	面积（公顷）	平均地块面积（公顷）	种植面积占比（%）
Oddar Meanchey	—	—	—	—	—	—	—	—	—	—	—	—	—	—	—	—
Pailin	—	—	—	—	—	—	—	—	—	—	—	—	—	—	—	—
沿海区	—	—	—	—	—	—	—	—	—	—	—	—	—	—	—	—
Kampot	—	—	—	—	—	—	—	—	—	—	—	—	—	—	—	—
Koh Kong	—	—	—	—	—	—	—	—	—	—	—	—	—	—	—	—
Sihanoukville	—	—	—	—	—	—	—	—	—	—	—	—	—	—	—	—
Kep	—	—	—	—	—	—	—	—	—	—	—	—	—	—	—	—
山区	100	60. 10	0. 60	100. 00	54	—	—	—	31	7. 02	0. 23	13. 46	54	—	—	—
Kampong Speu	—	—	—	—	—	—	—	—	—	—	—	—	—	—	—	—
Kratie	—	—	—	—	54		0. 00	0. 00	2	0. 02	0. 01	0. 04	54		0. 00	0. 00
Mondul Kiri	—	—	—	—	—	—	—	—	—	—	—	—	—	—	—	—
Preah Vihear	—	—	—	—	—	—	—	—	5	7. 00	1. 40	13. 42	—	—	—	—
Ratanak Kiri	—	—	—	—	—	—	—	—	—	—	—	—	—	—	—	—
Stung Treng	100	60. 10	0. 60	100. 00	—	—	—	—	24	—	—	—	—	—	—	—

数据来源：2013 年柬埔寨农业普查

“—”表示未统计或未上报

表 3-20　其他类蔬菜在各省的分布

	花椰菜				西兰花				水葫芦花				芦笋				芝麻				其他			
	地块数（块）	面积（公顷）	平均地块面积（公顷）	种植面积占比（%）	地块数（块）	面积（公顷）	平均地块面积（公顷）	种植面积占比（%）	地块数（块）	面积（公顷）	平均地块面积（公顷）	种植面积占比（%）	地块数（块）	面积（公顷）	平均地块面积（公顷）	种植面积占比（%）	地块数（块）	面积（公顷）	平均地块面积（公顷）	种植面积占比（%）	地块数（块）	面积（公顷）	平均地块面积（公顷）	种植面积占比（%）
全国	715	174.00	0.24	100.00	43	6.34	0.15	100.00	158	42.04	0.27	100.00	2	0.48	0.24	100.00	7 840	9 182.00	1.20	100.00	624	241.69	0.39	100.00
平原区	590	115.78	0.20	66.54	43	6.34	0.15	100.00	1	0.05	0.05	0.12	2	0.48	0.24	100.00	1 945	1 081.40	0.60	11.78	485	228.76	0.47	94.65
Kampong Cham	23	0.70	0.03	0.40	—	—	—	—	—	—	—	—	—	—	—	—	354	106.10	0.30	1.16	—	—	—	—
Kandal	478	97.50	0.20	56.03	42	6.31	0.15	99.53	—	—	—	—	1	0.18	0.18	37.50	1 232	601.00	0.50	6.55	354	210.16	0.59	86.95
Phnom Penh	89	17.59	0.20	10.11	—	—	—	—	—	—	—	—	1	0.30	0.30	62.50	95	149.70	1.60	1.63	31	7.77	0.25	3.21
Prey Veng	—	—	—	—	—	—	—	—	—	—	—	—	—	—	—	—	258	215.10	0.80	2.34	—	—	—	—
Svay Rieng	—	—	—	—	1	0.03	0.03	0.47	1	0.05	0.05	0.12	—	—	—	—	0	0.00	0.00	0.00	51	1.01	0.02	0.42
Takeo	—	—	—	—	—	—	—	—	—	—	—	—	—	—	—	—	5	8.90	1.80	0.10	49	9.82	0.20	4.06
Tboung Khmum	—	—	—	—	—	—	—	—	—	—	—	—	—	—	—	—	1	0.50	0.50	0.01	—	—	—	—
洞里萨湖区	122	57.67	0.47	33.14	—	—	—	—	157	41.99	0.27	99.88	—	—	—	—	3 683	5 977.10	1.60	65.10	97	0.97	0.01	0.40
Banteay Meanchey	87	8.66	0.10	4.98	—	—	—	—	—	—	—	—	—	—	—	—	1	7.00	7.00	0.08	—	—	—	—
Battambang	21	42.10	2.00	24.20	—	—	—	—	—	—	—	—	—	—	—	—	1 940	3 778.80	1.90	41.15	—	—	—	—
Kampong Chhnang	—	—	—	—	—	—	—	—	—	—	—	—	—	—	—	—	1 521	2 092.70	1.40	22.79	97	0.97	0.01	0.40
Kampong Thom	—	—	—	—	—	—	—	—	—	—	—	—	—	—	—	—	125	12.50	0.10	0.14	—	—	—	—
Pursat	—	—	—	—	—	—	—	—	—	—	—	—	—	—	—	—	1	71.10	0.80	0.77	—	—	—	—
Siemreap	—	—	—	—	—	—	—	—	157	41.99	0.27	99.88	—	—	—	—	0	0.00	0.00	0.00	—	—	—	—

（续表）

	花椰菜				西兰花				水葫芦花				芦笋				芝麻				其他			
	地块数（块）	面积（公顷）	平均地块面积（公顷）	种植面积占比（%）	地块数（块）	面积（公顷）	平均地块面积（公顷）	种植面积占比（%）	地块数（块）	面积（公顷）	平均地块面积（公顷）	种植面积占比（%）	地块数（块）	面积（公顷）	平均地块面积（公顷）	种植面积占比（%）	地块数（块）	面积（公顷）	平均地块面积（公顷）	种植面积占比（%）	地块数（块）	面积（公顷）	平均地块面积（公顷）	种植面积占比（%）
Oddar Meanchey	14	6.90	0.49	3.98	—	—	—	—	—	—	—	—	—	—	—	—	1	3.00	3.00	0.03	—	—	—	—
Pailin	—	—	—	—	—	—	—	—	—	—	—	—	—	—	—	—	4	12.00	3.00	0.13	—	—	—	—
沿海区	—	—	—	—	—	—	—	—	—	—	—	—	—	—	—	—	24	1.70	0.10	0.02	—	—	—	—
Kampot	—	—	—	—	—	—	—	—	—	—	—	—	—	—	—	—	24	1.70	0.10	0.02	—	—	—	—
Koh Kong	—	—	—	—	—	—	—	—	—	—	—	—	—	—	—	—	0	0.00	0.00	0.00	—	—	—	—
Sihanoukville	—	—	—	—	—	—	—	—	—	—	—	—	—	—	—	—	0	0.00	0.00	0.00	—	—	—	—
Kep	—	—	—	—	—	—	—	—	—	—	—	—	—	—	—	—	0	0.00	0.00	0.00	—	—	—	—
山区	4	1.50	0.38	0.86	—	—	—	—	—	—	—	—	—	—	—	—	2 188	2 121.90	1.00	23.11	43	11.96	0.28	4.95
Kampong Speu	3	0.50	0.17	0.29	—	—	—	—	—	—	—	—	—	—	—	—	47	6.40	0.10	0.07	40	5.70	0.14	2.36
Kratie	1	1	1.00	0.57	—	—	—	—	—	—	—	—	—	—	—	—	1 490	1 210.40	0.80	13.18	—	—	—	—
Mondul Kiri	—	—	—	—	—	—	—	—	—	—	—	—	—	—	—	—	0	0.00	0.00	0.00	—	—	—	—
Preah Vihear	—	—	—	—	—	—	—	—	—	—	—	—	—	—	—	—	57	123.90	2.20	1.35	2	1.26	0.63	0.52
Ratanak Kiri	—	—	—	—	—	—	—	—	—	—	—	—	—	—	—	—	154	344.70	2.20	3.75	—	—	—	—
Stung Treng	—	—	—	—	—	—	—	—	—	—	—	—	—	—	—	—	440	436.50	1.00	4.75	1	5.00	5.00	2.07

数据来源：2013 年柬埔寨农业普查

“—”表示未统计或未上报

表 3-21 各省农业生产设备分布情况

区域/省	合计数量（台）	占合计数量比例（%）	耕地机		圆盘耙地机		中耕机		播种机		收割机		叉车		履带耙地机	
			数量（台）	分布比例（%）	数量（台）	分布比例（%）	数量（台）	分布比例（%）	数量（台）	分布比例（%）	数量（台）	分布比例（%）	数量（台）	分布比例（%）	数量（台）	分布比例（%）
全国	8 822 458	100.00	690 872	100.00	670 826	100.00	509 695	100.00	1 440 840	100.00	1 249 712	100.00	48 826	100.00	230 633	100.00
平原区	4 109 039	46.57	295 546	42.78	287 626	42.88	329 933	64.73	686 480	47.64	503 420	40.28	26 296	53.86	113 068	49.03
Kampong Cham	498 056	5.65	45 345	6.56	47 258	7.04	51 146	10.03	85 325	5.92	67 170	5.37	11 071	22.67	17 184	7.45
Kandal	632 153	7.17	24 062	3.48	20 035	2.99	45 361	8.90	107 710	7.48	58 403	4.67	1 096	2.24	26 568	11.52
Phnom Penh	96 889	1.10	4 941	0.72	4 510	0.67	3 690	0.72	16 071	1.12	11 554	0.92	576	1.18	2 223	0.96
Prey Veng	1 066 895	12.09	58 608	8.48	56 096	8.36	109 149	21.41	161 572	11.21	120 425	9.64	7 713	15.80	25 691	11.14
Svay Rieng	522 784	5.93	58 191	8.42	58 800	8.77	51 281	10.06	92 040	6.39	67 657	5.41	396	0.81	7 448	3.23
Takeo	831 339	9.42	82 637	11.96	71 778	10.70	43 756	8.58	139 969	9.71	111 799	8.95	2 605	5.34	18 088	7.84
Tboung Khmum	460 923	5.22	21 762	3.15	29 149	4.35	25 550	5.01	83 793	5.82	66 412	5.31	2 839	5.81	15 866	6.88
洞里萨湖区	2 935 144	33.27	197 881	28.64	198 392	29.57	119 562	23.46	418 133	29.02	429 252	34.35	19 704	40.36	62 256	26.99
Banteay Meanchey	347 406	3.94	4 737	0.69	10 232	1.53	1 974	0.39	53 604	3.72	46 411	3.71	336	0.69	4 395	1.91
Battambang	545 313	6.18	18 976	2.75	22 136	3.30	18 547	3.64	69 760	4.84	58 301	4.67	7 444	15.25	10 785	4.68
Kampong Chhnang	458 624	5.20	36 515	5.29	35 541	5.30	18 334	3.60	70 664	4.90	67 297	5.39	151	0.31	20 175	8.75
Kampong Thom	490 405	5.56	52 290	7.57	49 737	7.41	22 689	4.45	52 674	3.66	77 382	6.19	1 249	2.56	11 589	5.02
Pursat	366 261	4.15	34 814	5.04	33 399	4.98	6 556	1.29	53 233	3.69	54 990	4.40	4 562	9.34	9 032	3.92
Siemreap	607 697	6.89	45 291	6.56	44 325	6.61	47 973	9.41	101 508	7.05	101 785	8.14	5 408	11.08	4 685	2.03

（续表）

区域/省	合计数量（台）	占合计数量比例（%）	耕地机		圆盘耙地机		中耕机		播种机		收割机		叉车		履带耙地机	
			数量（台）	分布比例（%）	数量（台）	分布比例（%）	数量（台）	分布比例（%）	数量（台）	分布比例（%）	数量（台）	分布比例（%）	数量（台）	分布比例（%）	数量（台）	分布比例（%）
Oddar Meanchey	96 708	1. 10	5 117	0. 74	2 904	0. 43	1 101	0. 22	23 134	1. 61	19 319	1. 55	167	0. 34	1 297	0. 56
Pailin	31 730	0. 36	141	0. 02	118	0. 02	2 388	0. 47	2 556	0. 18	3 767	0. 30	387	0. 79	298	0. 13
沿海区	626 476	7. 10	81 402	11. 78	75 929	11. 32	14 792	2. 90	121 054	8. 40	118 428	9. 48	1 292	2. 65	24 975	10. 83
Kampot	523 357	5. 93	70 615	10. 22	67 902	10. 12	10 035	1. 97	101 200	7. 02	101 091	8. 09	981	2. 01	17 906	7. 76
Koh Kong	25 741	0. 29	4 514	0. 65	2 563	0. 38	1 036	0. 20	6 229	0. 43	5 073	0. 41	2	0. 00	1 026	0. 44
Sihanoukville	48 945	0. 55	3 407	0. 49	2 641	0. 39	2 229	0. 44	8 627	0. 60	7 508	0. 60	265	0. 54	4 309	1. 87
Kep	28 433	0. 32	2 866	0. 41	2 823	0. 42	1 492	0. 29	4 998	0. 35	4 756	0. 38	44	0. 09	1 734	0. 75
山区	1 151 794	13. 06	116 046	16. 80	108 880	16. 23	45 410	8. 91	215 171	14. 93	198 610	15. 89	1 532	3. 14	30 337	13. 15
Kampong Speu	637 629	7. 23	76 035	11. 01	69 185	10. 31	23 702	4. 65	118 647	8. 23	122 074	9. 77	481	0. 99	11 000	4. 77
Kratie	218 606	2. 48	22 530	3. 26	21 869	3. 26	10 088	1. 98	35 667	2. 48	27 254	2. 18	322	0. 66	6 905	2. 99
Mondul Kiri	34 026	0. 39	715	0. 10	1 234	0. 18	4 024	0. 79	7 434	0. 52	4 888	0. 39	173	0. 35	1 823	0. 79
Preah Vihear	124 342	1. 41	8 036	1. 16	8 554	1. 28	1 516	0. 30	24 221	1. 68	22 829	1. 83	388	0. 79	5 450	2. 36
Ratanak Kiri	76 989	0. 87	2 839	0. 41	2 616	0. 39	3 948	0. 77	16 524	1. 15	9 947	0. 80	21	0. 04	4 279	1. 86
Stung Treng	60 202	0. 68	5 891	0. 85	5 422	0. 81	2 132	0. 42	12 678	0. 88	11 618	0. 93	147	0. 30	880	0. 38

数据来源：2013 年柬埔寨农业普查

（续表）

区域/省	碾轧机		喷雾器		收割机		水泵		大型中耕机		脱壳机		拖拉机	
	数量（台）	分布比例（%）	数量（台）	分布比例（%）	数量（台）	分布比例（%）	数量（台）	分布比例（%）	数量（台）	分布比例（%）	数量（台）	分布比例（%）	数量（台）	分布比例（%）
全国	13 211	100.00	489 074	100.00	432 340	100.00	414 624.00	100.00	631 404	100.00	13 864	100.00	113 862	100.00
平原区	7 721	58.44	248 594	50.83	296 562	68.59	293 958.00	70.90	230 120	36.45	10 890	78.55	33 589	29.50
Kampong Cham	192	1.45	31 261	6.39	34 443	7.97	31 234.00	7.53	33 292	5.27	3	0.02	2 510	2.20
Kandal	4 379	33.15	50 883	10.40	41 750	9.66	76 137.00	18.36	37 738	5.98	4 002	28.87	5 279	4.64
Phnom Penh	57	0.43	4 489	0.92	5 823	1.35	10 209.00	2.46	8 980	1.42	851	6.14	678	0.60
Prey Veng	1 219	9.23	69 174	14.14	100 736	23.30	81 237.00	19.59	36 954	5.85	501	3.61	10 172	8.93
Svay Rieng	505	3.82	24 550	5.02	40 878	9.46	13 854.00	3.34	5 738	0.91	132	0.95	4 133	3.63
Takeo	954	7.22	35 271	7.21	58 114	13.44	55 431.00	13.37	51 423	8.14	5 182	37.38	1 436	1.26
Tboung Khmum	415	3.14	32 966	6.74	14 818	3.43	25 856.00	6.24	55 995	8.87	219	1.58	9 381	8.24
洞里萨湖区	4 585	34.71	199 812	40.86	115 046	26.61	78 445.00	18.92	286 600	45.39	1 534	11.06	71 534	62.83
Banteay Meanchey	374	2.83	46 858	9.58	23 474	5.43	4 598.00	1.11	61 932	9.81	23	0.17	22 006	19.33
Battambang	3 046	23.06	73 642	15.06	38 172	8.83	17 792.00	4.29	73 639	11.66	438	3.16	30 725	26.98
Kampong Chhnang	73	0.55	14 994	3.07	7 177	1.66	19 656.00	4.74	29 860	4.73	49	0.35	233	0.20
Kampong Thom	645	4.88	20 780	4.25	20 018	4.63	9 077.00	2.19	34 315	5.43	49	0.35	9 410	8.26
Pursat	98	0.74	19 385	3.96	18 708	4.33	20 350.00	4.91	27 521	4.36	105	0.76	1 748	1.54
Siemreap	141	1.07	14 801	3.03	7 303	1.69	6 744.00	1.63	36 889	5.84	504	3.64	2 052	1.80

（续表）

区域/省	碾轧机		喷雾器		收割机		水泵		大型中耕机		脱壳机		拖拉机	
	数量（台）	分布比例（%）	数量（台）	分布比例（%）	数量（台）	分布比例（%）	数量（台）	分布比例（%）	数量（台）	分布比例（%）	数量（台）	分布比例（%）	数量（台）	分布比例（%）
Oddar Meanchey	204	1.54	2 603	0.53	40	0.01	160	0.04	21 343	3.38	26	0.19	690	0.61
Pailin	4	0.03	6 749	1.38	154	0.04	68	0.02	1 101	0.17	340	2.45	4 670	4.10
沿海区	377	2.85	12 035	2.46	6 405	1.48	12 251	2.95	40 232	6.37	672	4.85	638	0.56
Kampot	358	2.71	6 753	1.38	5 076	1.17	10 783	2.60	33 858	5.36	671	4.84	322	0.28
Koh Kong	17	0.13	1 487	0.30	2	0.00	404	0.10	1 063	0.17	—	0.00	10	0.01
Sihanoukville	2	0.02	3 630	0.74	1 178	0.27	727	0.18	3 592	0.57	1	0.01	190	0.17
Kep	0	0.00	165	0.03	149	0.03	337	0.08	1 719	0.27	—	0.00	116	0.10
山区	527	3.99	28 636	5.86	14 327	3.31	29 967	7.23	74 451	11.79	767	5.53	8 099	7.11
Kampong Speu	150	1.14	2 848	0.58	8 858	2.05	13 534	3.26	36 374	5.76	241	1.74	496	0.44
Kratie	90	0.68	13 796	2.82	4 733	1.09	13 437	3.24	5 539	0.88	55	0.40	3 951	3.47
Mondul Kiri	121	0.92	1 344	0.27	490	0.11	176	0.04	2 609	0.41	0	0.00	20	0.02
Preah Vihear	40	0.30	1 953	0.40	86	0.02	1 674	0.40	19 467	3.08	5	0.04	253	0.22
Ratanak Kiri	85	0.64	7 317	1.50	154	0.04	319	0.08	4 582	0.73	444	3.20	3 239	2.84
Stung Treng	41	0.31	1 378	0.28	6	0.00	827	0.20	5 880	0.93	22	0.16	140	0.12

数据来源：2013 年柬埔寨农业普查

“—”表示未统计或未上报

（续表）

区域/省	脱粒机		传统运输车		碾米机		汽车、摩托车、三轮车和自行车		船		其他	
	数量（台）	分布比例（%）	数量（台）	分布比例（%）	数量（台）	分布比例（%）	数量（台）	分布比例（%）	数量（台）	分布比例（%）	数量（台）	分布比例（%）
全国	538 643	100. 00	292 006	100. 00	266 549	100. 00	687 010	100. 00	30 901	100. 00	57 566	100. 00
平原区	186 898	34. 70	74 910	25. 65	131 266	49. 25	317 586	46. 23	15 813	51. 17	18 763	32. 59
Kampong Cham	19 662	3. 65	6 152	2. 11	525	0. 20	11 760	1. 71	324	1. 05	2 199	3. 82
Kandal	31 569	5. 86	11 408	3. 91	13230	4. 96	62 525	9. 10	3 713	12. 02	6 305	10. 95
Phnom Penh	7 781	1. 44	3 368	1. 15	900	0. 34	9 049	1. 32	32	0. 10	1 107	1. 92
Prey Veng	39 819	7. 39	17 344	5. 94	62 992	23. 63	97 217	14. 15	6 140	19. 87	4 136	7. 18
Svay Rieng	38 203	7. 09	10 917	3. 74	13 697	5. 14	31 405	4. 57	104	0. 34	2 855	4. 96
Takeo	27 331	5. 07	20 751	7. 11	38 248	14. 35	60 291	8. 78	5 148	16. 66	1 127	1. 96
Tboung Khmum	22 533	4. 18	4 970	1. 70	1 674	0. 63	45 339	6. 60	352	1. 14	1 034	1. 80
洞里萨湖区	257 969	47. 89	114 020	39. 05	89 062	33. 41	242 064	35. 23	11 091	35. 89	18 202	31. 62
Banteay Meanchey	24 914	4. 63	520	0. 18	8 671	3. 25	32 018	4. 66	230	0. 74	99	0. 17
Battambang	36 629	6. 80	4 910	1. 68	3 336	1. 25	50 400	7. 34	90	0. 29	6 545	11. 37
Kampong Chhnang	56 995	10. 58	23 660	8. 10	15 341	5. 76	33 856	4. 93	6 320	20. 45	1 733	3. 01
Kampong Thom	37 378	6. 94	35 111	12. 02	11 694	4. 39	35 215	5. 13	2 362	7. 64	6 741	11. 71
Pursat	23 155	4. 30	23 561	8. 07	4 814	1. 81	29 181	4. 25	1 048	3. 39	1	0. 00
Siemreap	73 904	13. 72	26 234	8. 98	42 639	16. 00	43 441	6. 32	1 040	3. 37	1 030	1. 79

（续表）

区域/省	脱粒机		传统运输车		碾米机		汽车、摩托车、三轮车和自行车		船		其他	
	数量（台）	分布比例（%）	数量（台）	分布比例（%）	数量（台）	分布比例（%）	数量（台）	分布比例（%）	数量（台）	分布比例（%）	数量（台）	分布比例（%）
OddarMeanchey	4 509	0.84	23	0.01	2 499	0.94	11 159	1.62	—	—	413	0.72
Pailin	485	0.09	1	0.00	68	0.03	6 794	0.99	1	0.00	1 640	2.85
沿海区	33 430	6.21	29 668	10.16	16 620	6.24	27 795	4.05	527	1.71	7 954	13.82
Kampot	29 996	5.57	27 657	9.47	14 190	5.32	22 281	3.24	95	0.31	1 587	2.76
Koh Kong	194	0.04	126	0.04	123	0.05	255	0.04	20	0.06	1 597	2.77
Sihanoukville	3 220	0.60	847	0.29	2 224	0.83	3 842	0.56	328	1.06	178	0.31
Kep	20	0.00	1 038	0.36	83	0.03	1 417	0.21	84	0.27	4 592	7.98
山区	60 344	11.20	73 407	25.14	29 602	11.11	99 566	14.49	3 471	11.23	12 644	21.96
Kampong Speu	35 154	6.53	50 805	17.40	14 934	5.60	45 596	6.64	82	0.27	7 433	12.91
Kratie	11 632	2.16	18 065	6.19	3 383	1.27	16 160	2.35	1 699	5.50	1 431	2.49
Mondul Kiri	1 355	0.25	739	0.25	1 512	0.57	5 166	0.75	11	0.04	192	0.33
Preah Vihear	7 252	1.35	3 209	1.10	3 942	1.48	15 029	2.19	69	0.22	369	0.64
Ratanak Kiri	1 679	0.31	193	0.07	3 389	1.27	13 269	1.93	351	1.14	1 794	3.12
Stung Treng	3 272	0.61	396	0.14	2 442	0.92	4 346	0.63	1 259	4.07	1 425	2.48

数据来源：2013 年柬埔寨农业普查

“—”表示未统计或未上报

（四）种植业生产设施设备

农业机械化是高效农业生产的保证，近年来，全国大力发展农业机械化，减少人工和大型家畜的使用比例，显著地提高生产效率。表 3-21 显示农业机械化设备在各省的分布情况。2013 年，全国农业生产设备保有量合计 8 822 458台，在平原、洞里萨湖区、沿海区和山区分别保有 4 109 039 台、2 935 144 台、626 476 台和 1 151 794 台，分别占全国数量的比例为 46. 57%、33. 27%、7. 10%和 13. 06%，平原区和洞里萨湖区的农业生产设备保有量较高。在各省中，Prey Veng、Takeo、和 Kandal 的农业生产设备保有量比例较高，分别为 12. 09%、9. 42%和 7. 17%，上述三个省份均属于平原区，平原区的整体机械化水平最高；Mondul Kiri、Kep 和 Koh Kong 的农业生产设备保有量比例较低，分别为 0. 39%、0. 32%和 0. 29%，其中，Mondul Kiri 以林业生产为主，专业的机械化设备较少，Kep 和 Koh Kong 主要是园艺类作物生产，缺乏专业化的机械设备，主要采用人工劳作，因而，整体机械化水平较低。耕地机、圆盘耙地机、中耕机、播种机、收割机、履带耙地机、碾压机和收割机等作为主要农业机械，有效提高了农业的生产效率。其中，耕地机全国保有量合计 690872 台，在平原、洞里萨湖区、沿海区和山区分别保有 295 546台、197 881台、81 402台和 116 046台，分别占全国数量的比例为 42. 78%、28. 64%、11. 78%和 16. 80%，平原区和洞里萨湖区的保有量较高。在各省中，Takeo、Kampong Speu 和 Kampot 的耕地机保有量比例较高，分别为 11. 96%、11. 01%和 10. 22%。

2013 年，收割机全国保有量合计 1 249 712台，在平原、洞里萨湖区、沿海区和山区分别保有 503 420台、429 252台、118 428台和 198 610台，分别占全国数量的比例为 40. 28%、34. 35%、9. 48%和 15. 89%，平原区和洞里萨湖区的保有量较高。在各省中，Kampong Speu、Prey Veng 和 Takeo 的收割机保有量比例较高，分别为 9. 77%、9. 64%和 8. 95%。

2013 年，履带耙地机全国保有量合计 230 633台，在平原、洞里萨湖区、沿海区和山区分别保有 113 068台、62 256台、24 975台和 30 337台，分别占全国数量的比例为 49. 03%、26. 99%、10. 83%和 13. 15%，平原区和洞里萨湖区的保有量较高。在各省中，Kandal、Prey Veng 和 Kampong Chhnang 的履带耙地机保有量比例较高，分别为 11. 52%、11. 14%和 8. 75%。

2013 年，碾轧机全国保有量合计 13 211台，在平原、洞里萨湖区、沿海区和山区分别保有 7 721台、4 585台、377 台和 527 台，分别占全国数量的比例为 58. 44%、34. 71%、2. 85%和 3. 99%，平原区和洞里萨湖区的保有量较高。在各省中，Kandal、Battambang 和 Prey Veng 的碾轧机保有量比例较高，分别为

33.15%、23.06%和9.23%，集中度较高。

2013年，收割机全国保有量合计432 340台，在平原、洞里萨湖区、沿海区和山区分别保有296 562台、115 046台、6 405台和14 327台，分别占全国数量的比例为68.59%、26.61%、1.48%和3.31%，平原区和洞里萨湖区的保有量较高。在各省中，Prey Veng、Takeo和Kandal的收割机保有量比例较高，分别为23.30%、13.44%和9.66%，集中度较高。

2013年，大型中耕机全国保有量合计631 404台，在平原、洞里萨湖区、沿海区和山区分别保有230 120台、286 600台、40 232台和74 451台，分别占全国数量的比例为36.43%、45.39%、6.37%和11.79%，平原区和洞里萨湖区的保有量较高。在各省中，Battambang、Banteay Meanchey和Tboung Khmum的大型中耕机保有量比例较高，分别为11.66%、9.81%和8.87%，是水稻的主产区。

2013年，拖拉机全国保有量合计113 862台，在平原、洞里萨湖区、沿海区和山区分别保有33 589台、71 534台、638台和8 099台，分别占全国数量的比例为29.50%、62.83%、0.56%和7.11%，平原区和洞里萨湖区的保有量较高。在各省中，Battambang、Banteay Meanchey和Prey Veng的拖拉机保有量比例较高，分别为26.98%、19.33%和8.93%，集中度较高。

2013年，脱粒机全国保有量合计538 643台，在平原、洞里萨湖区、沿海区和山区分别保有186 898台、257 969台、33 430台和60 344台，分别占全国数量的比例为34.70%、47.90%、6.21%和11.2%，平原区和洞里萨湖区的保有量较高，并且与水稻的生产面积具有明显的相关系。在各省中，Siemreap、Kampong Chhnang和Prey Veng的脱粒机保有量比例较高，分别为13.72%、10.58%和7.39%。

2013年，碾米机全国保有量合计266 549台，在平原、洞里萨湖区、沿海区和山区分别保有131 266台、89 062台、16 620台和29 602台，分别占全国数量的比例为49.25%、33.41%、6.24%和11.11%，平原区和洞里萨湖区的保有量较高。在各省中，Prey Veng、Siemreap和Takeo的碾米机保有量比例较高，分别为23.63%、16.00%和14.35%。

2013年，汽车、摩托车、三轮车和自行车全国保有量合计687 010辆，在平原、洞里萨湖区、沿海区和山区分别保有317 586辆、242 064辆、27 795辆和99 566辆，分别占全国数量的比例为46.23%、35.23%、4.05%和14.49%，平原区和洞里萨湖区的保有量较高。在各省中，Prey Veng、Kandal和Takeo的汽车、摩托车、三轮车和自行车保有量比例较高，分别为14.15%、9.10%和8.78%，这与农业人口的分布密切相关。

2013 年，船全国保有量合计 30 901艘，在平原、洞里萨湖区、沿海区和山区分别保有 15 813艘、11 091艘、527 艘和 3 471艘，分别占全国数量的比例为 51. 17%、35. 89%、1. 17%和 11. 23%，平原区和洞里萨湖区的保有量较高，以江河湖泊中使用的船只为主，海上船只数量不到 1%。在各省中，Kampong Chhnang、Prey Veng、和 Takeo 的船保有量比例较高，分别为 20. 45%、19. 87%和 16. 66%。

（五）种植业深加工

1. 稻米产业

收集和加工：柬埔寨稻米联合会为私营稻米企业和农民提供了与政府沟通交流的稻米产业平台，稻米出口政策促进了私营部门对碾磨技术投资以及稻米产业发展。柬埔寨碾米能力从 2009 年的 96 吨/小时提高到 2015 年的 829 吨/小时；抛光能力从 2009 年的 72 吨/小时增加到 2015 年的 520 吨/小时，提高了 7 倍多。柬埔寨年稻谷加工能力已达 150 万吨，精米生产达 100 万吨。柬埔寨约 35% 碾米加工是通过与外国投资者合作来实现的，通常是为大米出口业务而设立的，包括中国为扩大稻谷干燥和储存能力进行的大量投资（SNEC/AFD（2016）. Elements for the Formulation of the New Rice Policy. Support to the Commercialization of Cambodian Rice Project，Page 62）。柬埔寨稻米联合会正在起草一项新的大米出口政策，目标是到 2030 年出口量达 170 万吨，扩大面向市场的稻米生产，通过提升稻米质量，来提高产品价格，增强碾米业竞争力，促进出口多样化。

2. 木薯产业

柬埔寨木薯加工产品主要为干薯片和淀粉，其中干薯片占 72%，淀粉占 10%。干薯片加工是将鲜木薯根切成条状或片状，在上市前晒干。淀粉加工需要清洗、切条或切片、磨碎、打浆、分离，最后将其脱水干燥得到淀粉。加工后的干木薯片运送到收集中心或筒仓，这些收集中心或筒仓主要位于靠近泰国边境的 Pailin，Battambang 以及 Banteay Meanchey 省。

（六）种植业代表性产品和技术

柬埔寨在水稻生产，尤其是香味（芳香）品种的种植加工方面，具有比较优势。从非香型品种生产来看，五个省湿季非香型稻谷品种 DRC（国内资源成本，Domestic Resource Cost，简称 DRC）DRC =1 时，利益平衡；DRC>1 时，具有比较劣势；DRC<1 时，具有比较优势）范围从 0. 54 到 0. 86，而香型品种

的 DRC 为0.61。对于旱季稻谷也发现了类似的模式，非香型品种的范围为0.61至0.69，香型品种为0.43。非香型品种的 DRC 要想达到与香型品种相同的水平，至少要增加50%的产量，需要投入大量的额外成本，因此柬埔寨应该更多地投入香米生产（IDRC/World Bank（2018）. Cambodian Agriculture in Transition: Opportunities and Risks）。

（七）种植业贸易情况

1. 代表性企业基本情况

有一些当地公司生产芒果，如 PRL 有限公司；Kirirom 食品生产有限公司；Khmer 芒果公司；Narith 柬埔寨新鲜芒果；Khmer 天然果园；NIJIRINJIN 有限公司；Fruit Nirvana 公司；Path Chamnan 公司；L. K. S 柬埔寨有限公司；Karona 天然水果公司；杨氏集团有限公司和皇家信托贸易有限公司。

还有一些具有向中国出口香蕉资质的企业，如绿洲农业发展（柬埔寨）有限公司、隆美达农业发展（柬埔寨）有限公司、福地农业发展（柬埔寨）有限公司、龙胜华柬农业发展有限公司和金狮农业发展（柬埔寨）有限公司等。

2. 国内贸易情况

柬埔寨年人均大米消费量为143千克，2017年国内大米消费需求达229万吨，2018年为232万吨。此外，大米还可用来酿酒，碎米和米胚可以作动物饲料，还有一部分大米留作种子，2017年这些为81万吨，2018年为82万吨。

柬埔寨玉米大多用于国内消费和饲料生产，剩余部分出口泰国和越南。由于南美玉米价格较低，所以饲料用玉米多从南美进口。为了满足动物饲料市场需要，最近几年柬埔寨陆续建立起一些饲料企业，大型饲料公司多达10家，小型饲料厂上百家。泰国 Betagro 公司在柬建立年产20万吨的饲料公司，中日合资的新希望公司在柬又开设第二家公司。除进口饲料和家庭生产饲料外，柬埔寨生产的饲料每年可达70万吨，主要用米胚、碎米、玉米、木薯、饲料用小麦为原料，成本价格较低。

3. 国际贸易情况

（1）水　稻

2018年，柬埔寨出口大米48.9万吨，出口总额340.8亿美元，其中香米29.4万吨，占总量的62.0%。从2011—2018年，柬埔寨大米出口总量先升后降，整体保持上升态势，出口总额增长了188.24%，见表3-22。

表 3-22　全国大米出口情况（2011—2018 年）

年份	出口量（万吨）	出口量增长率（%）	出口金额（亿美元）	出口金额增长率（%）
2011	29.2	0.63	118.11	0.39
2012	20.5	0.29	100.80	-0.17
2013	37.9	0.84	200.41	0.49
2014	38.8	0.20	208.23	0.03
2015	53.8	0.39	269.80	0.22
2016	54.2	0.06	344.35	0.21
2017	49.2	-0.10	355.80	0.03
2018	48.9	-0.06	340.84	-0.15

数据来源：STATISTA，https://www.statista.com/statistics/255947/top-rice-exporting-countries-world

中国在全球 63 个柬埔寨大米出口国家中居首位，2018 年柬向中国共出口大米 19.98 万吨，占 40.9%；其次是法国 15.31 万吨，占 31.39%，见表 3-23。

表 3-23　全国大米主要出口国及其金额（2018 年）

序号	出口国	出口量（万吨）	出口金额（亿美元）
1	中国	19.98	73.58
2	法国	15.31	52.11
3	德国	2.30	42.24
4	马来西亚	1.05	26.41
5	波兰	0.91	26.23
6	荷兰	0.52	20.15
7	比利时	0.31	22.54
8	捷克	0.30	11.45

数据来源：https://www.tridge.com/intelligences/rice/KH/export

（2）木　薯

木薯主要包括国内用量、正式出口和非正式出口三个部分。2013—2016 年木薯出口量见表 3-24。国内用量约为木薯产量的 5.00%，其他全部用于出口。非正式出口是指非官方的，未经过海关出口检验检疫的出口货物，主要是通过陆运的方式出口至越南或泰国。2013—2016 年木薯非正式出口和正式出口的比例分别为 47.02%和 47.98%。

中国是柬埔寨木薯淀粉主要进口国，2016 年进口量约占柬埔寨出口总量 82%；其次是美国，约占 4.9%；再次是印度，约占 1.7%。2017 年，中国下降 63%，印度增长 28.2%，美国基本保持不变。除木薯淀粉之外，中国还直接从柬埔寨进口干薯片，但比越南和泰国要少，大约一半通过非正式的陆上运输，并在到达中国之前已经加工成淀粉。

表 3-24 全国木薯出口量（2013—2016 年）

年份	产量（万吨）	国内用量（万吨）	国内用量占比（%）	非正式出口量（万吨）	非正式出口量占比（%）	正式出口量（万吨）	正式出口量占比（%）
2013	793.30	39.70	5.00	374.60	47.22	379.10	47.79
2014	1 194.30	59.70	5.00	563.00	47.14	571.70	47.87
2015	1 329.80	66.50	5.00	541.10	40.69	722.20	54.31
2016	1 482.00	74.10	5.00	785.90	53.03	622.00	41.97
平均值	1 199.85	60.00	5.00	566.15	47.02	573.75	47.98

数据来源：Agriculture Sector Master Plan *Crops sub-sector*, *page*80

（3）胡　椒

胡椒和白胡椒在西欧具有最大的市场，每年出口西欧 8 万吨，价值 1.8 亿美元；其次是美国，每年进口 6 万吨，价值 1.14 亿美元。世界上最大胡椒生产和出口国是越南，占世界需求量的 34%，目前柬埔寨生产的大部分胡椒都通过越南出口。

（4）香　蕉

2017 年 7 月下旬，首批重达 100 吨柬埔寨香蕉出口至国外，短短几周内在国际市场已受追捧；8 月 4 日，出口商又将 100 吨香蕉出口至国际市场，成为了柬埔寨第二批出口香蕉货物，从而打开了国际市场。柬埔寨农林渔业部部长永沙坤表示，2018 年柬埔寨香蕉出口至欧盟市场约 1 万吨。

（5）芒　果

柬埔寨芒果通常由个体贸易商非正式地出口到越南和泰国，然后打包出口到中国或其他国家。农林渔业部农业总局的统计数据表明，芒果出口量已从 2015 年的 9 117吨增加到 2016 年的 24 371吨和 2017 年的 52 092吨，对泰国和越南非正式出口每年超过 20 000吨，国内年消费量约为 30 000吨。由于收获后质量不稳定，柬埔寨芒果出口商面临巨大挑战，Mong Reththy 集团向欧盟出口新鲜芒果量较少，由于缺乏蒸汽灭菌设备防止果蝇传播，柬埔寨芒果无法通过韩国的海关。目前投资者在 Kampong Speu 建立了洗涤、加工和包装芒果的加工设施，以增加对中国和日本的出口量。

（八）与中国的贸易情况

2018 年 8 月 2 日，中国驻柬埔寨熊波大使代表中国政府部门与柬埔寨农林渔业部签署《柬埔寨香蕉输华植物检验检疫要求协定书》，促使柬埔寨香蕉进入中国市场。2019 年 5 月，柬埔寨获准直接向中国出口香蕉，柬埔寨香蕉出口量稳步增长。

中国提出“一带一路”倡议后，中柬两国农产品贸易的发展空间和潜力巨大。双方应从以下几个方面来发展农产品贸易，一是注重总量的增加，促进农产品贸易总量的提高；二是发挥资源优势，保证优势农产品的质量，增强优势农产品国际占有率；三是继续走差异化发展道路，增加在互补农产品上技术和资金投入。

（九）种植业管理情况

1. 种植业主管部门

柬埔寨种植业主要由农林渔业部领导管理，省市级农业部门进行协调管理。

2. 种植业监管部门

柬埔寨种植业主要由农林渔业部起草和实施农业发展政策，并对其进行监管。柬埔寨《投资法》对达到一定规模的农业开发项目，如种植 1 000公顷以上的水稻、500 公顷以上的经济作物、50 公顷以上的蔬菜等，均给予支持和优惠待遇。2010 年 8 月，柬埔寨政府颁布《促进稻谷生产和大米出口政策》，力求将柬埔寨打造成国际市场主要大米出口国。

3. 种植业研究部门

柬埔寨国家农业研究体系在提高该国粮食生产力和发展多样化方面起到主导作用，在加强农产品市场化、渔业资源开发多元化、林业资源管理和保护方面具有重要影响。目前，以农林渔业部为领导，由多个研究机构组成的国家农业研究体系承担着艰巨的农业发展任务，其主要农业研究机构包括柬埔寨农业研究和发展研究所、皇家农业大学、波雷列国立农业学院和磅湛国立农业学校等。

二、种植业发展的主要问题

（一）水稻产业发展的主要问题

1. 水稻生产

一是水稻种植创新（例如用水管理，新的水稻品种，合同农业，土地可持续利用，化肥农药对水稻及土地影响）较少，研究和推广投资不足。柬埔寨农民在耕种稻米时，使用了大量化肥农药，以提高稻谷产量，但长期使用大量化肥农药，会导致土壤产生抗药性，只能在短时间内提高稻谷产量，不利于长远发展。

欧美等国家十分注重绿色食品，对于柬埔寨采用大量农药和化肥刚种出来的稻米，欧美国家设置了十分严格的贸易壁垒，不利于柬埔寨大米的出口。二是水资源管理和灌溉效率较低，影响了稻米生产和盈利能力的提高。三是后期生产设施分布不平衡，多数地区对储存能力投入有限，部分地区对干燥设施投入过多，但对碾磨能力投资不足。四是机械化水平整体较低，企业和农民购买或租赁机械设备融资成本高，需要承担相应的设备折旧费用以及维修费用，从而增加了稻米生产成本。

2. 水稻收获和加工

柬埔寨稻米联合会（CRF）为稻米私营企业和农民提供了与政府对话的稻米产业平台，协调解决碾米行业融资约束限制问题、通过额外的融资渠道和改进的供应链管理来改善稻米产业生产。

3. 水稻出口与物流

在建立标准、改善港口和铁路基础设施方面取得了进展，简化了出口程序和降低了物流成本，但落后于竞争对手，需要进一步改善和提高。

4. 水稻市场贸易

柬埔寨在国际市场开拓方面缺乏明确的战略方向，虽然在与进口国建立关系方面取得了一些进展，获取了国际大米市场的更多信息，但缺乏市场情报来源和传播信息的渠道。

（二）木薯产业发展的主要问题

从种植面积来看，木薯仅次于稻米，是第二大作物；但从产量来看，已经远远超过稻米，总价值约为大米的 30%。木薯生长周期从 8 个月到 24 个月不等，其块茎根可以 8 个月收获，并供给超市，但如果用于生产木薯淀粉，则需要 12～15 个月方可收获。木薯种植园平均种植面积为 2 公顷，对于小农户来说，木薯生产收入较低，需要集约化生产才能降低成本，提高收入。

从种植方面来看，潮湿的气候对木薯的生长和采集造成了不利影响。木薯广泛种植于热带及亚热带地区，块根在土壤下发芽生长，土壤潮湿容易使木薯腐烂。部分地区还是人工收获木薯块根，作业人员多、劳动强度大，导致木薯收获时间长、效率低下，从而加速了部分木薯的腐烂，木薯产量减少。

从病虫害问题来看，柬埔寨各农业公司从泰国、越南等周边国家引进木薯品种，带来不同木薯病虫害，最为严重的是木薯水蜡虫，影响了木薯产业的快速发展。柬埔寨班迭棉吉省农业官员表示，该省 2010 年种植 2.5 万公顷木薯，其中 1/3 受到了水蜡虫侵袭，损失惨重。在磅清扬省发现了菟丝子草害，菟丝子寄生于木薯上，吸收木薯养分，致使木薯干枯死亡。此外，柬埔寨木薯还存在褐斑病，尚未大面积爆发，对木薯产量影响较小。

从木薯加工来看，缺乏精深加工企业。柬埔寨的木薯产品主要以鲜薯、干片、淀粉直接出口到越南，部分作为食用淀粉在本国消化，淀粉、变性淀粉等木薯深加工龙头企业匮乏，制约了木薯产业的发展。

（三）玉米产业发展的主要问题

玉米 80% 以上由自给自足的农民种植生产，通常在面积不到 1 公顷的小土地上，通过改良种子和肥料等有限手段，使用传统的耕作方式种植玉米，大部分都自产自销，销售额较小。目前，玉米生产缺乏收集点和储存设施，主要由农村商人和代理商到农场以固定价格购买，有剩余可出售玉米的农民别无选择，只能立即出售。大多数玉米贸易是在没有书面合同的非正式情况下进行的，在农场购买的贸易商通常向在一级和二级市场经营的批发商出售。

（四）胡椒产业发展的主要问题

胡椒作为柬埔寨的标志性产品之一，曾经是创汇的主要农产品。近年来，国际市场略有萎缩，因而稳定已有的市场，并拓展新的市场是胡椒产业的主要目标。目前，胡椒的生产以合作社、协会和外国企业生产为主。外国企业通过投资，生产高品质的产品，严重挤压了以合作社或协会为主的国内生产者国际市场份额，对国内生产者产生极大的影响。国内缺乏产品品质和安全性的检测机构，大部分的出口商需要向外国送样检测，因而，部分外国贸易商，以越南为主，按照较低的价格收购产品，并完成出口贸易手续，从而挤压了以合作社或协会为主的国内生产者国际市场份额。此外，合作社或协会为主的生产团体，融资能力和加工能力有限，均限制国际市场份额的拓展。

（五）腰果产业发展的主要问题

小农缺乏园艺技能，在农作物采收、贮藏加工等方面需要扩展和培训。腰果供应链方面，缺乏有效组织，大部分产品出口到越南，小批量出口到印度。腰果加工能力有限，在 Kampong Cham 省和 Kampong Thom 省只有两个规模加工设施，由于产能有限，只能处理工厂附近 5 个村庄的腰果。

（六）香蕉产业发展的主要问题

柬埔寨电力及交通基础设施落后，难以满足现有香蕉企业生产及产品运输要求。柬埔寨管理部门工作效率有待于提高，香蕉种植园需要面对政府机构、检验部门和环保机构的监管，部分行政审批手续繁冗。香蕉属于劳动密集型产业，在生产过程中，需要雇佣大量的临时劳动力，柬埔寨农村年轻劳动力大部分进城务工，剩余的劳动力平均年龄偏大，数量不足，同时农村高龄劳动力文化水平低，流动性大，劳动力的稳定性差。

（七）芒果产业发展的主要问题

芒果在全国种植广泛，深受当地消费者喜爱，但是一直未形成一个完整的产业。在种植环节中，芒果均以中小农户的自发性种植为主，未形成规模，难以实施标准化管理和病虫害防治；芒果的生产主要依靠雨季的降水，缺乏灌溉系统，在旱季的五个月无法进行生产。在销售环节中，芒果收获后处理技术不成熟，导致芒果均提前采收，严重降低了商品质量，降低产品级别；同时，国内食品安全方面的标准不健全，市场检验不规范，没有平台或机构能够提供质量安全保证。在加工环节，芒果主要是生产芒果干，缺乏满足新兴市场的新型产品。同时，芒果副产物综合利用方面还存在很大的改进空间。

（八）蔬菜产业发展的主要问题

在旱季和雨季期间，充足的雨水和补充灌溉为蔬菜种植提供了有利条件。旱季从 11 月到来年 5 月，雨季从 5 月到 11 月。在 11 月至翌年 2 月的旱季初期，种植条件优越，温度低、土壤湿润、吸水率高、虫害发生率低、蔬菜发病率低，易生长、产量高；在旱季末期，番茄、卷心菜、花椰菜以及大白菜等产量会有所下降，因为这些种类蔬菜需要大量的水和凉爽的空气，旱季后期暴雨的来临和病虫害的增加，制约了这些种类蔬菜的生产。黄瓜、南瓜、水旋花等蔬菜可以在雨季或旱季全年生长，在本地无法供应蔬菜时，可以通过进口蔬菜弥补这些短缺。一般蔬菜的进口比例约为 50%，全年进口量最高的是番茄、卷心菜、白菜、马铃薯和洋葱，主要从越南、泰国以及中国进口。

三、种植业发展的对策建议

（一）水稻产业发展的对策

柬埔寨水稻种植业增长主要是由于柬埔寨大米吸引力增强、银行对稻米产业投资信任度提高以及泰国稻米供应计划增加了泰国投资柬埔寨碾米厂。RGC 目前正在起草一项新的大米出口政策，其目标是到 2030 年出口量达

170 万吨。

柬埔寨水稻产业未来发展，一是要加强与其他国家的产业合作，根据国际稻米分级要求，建立大米质量标准、卫生标准以及卫生检疫认证体系，为外国投资提供优惠，为国外稻米进口企业了解柬埔寨大米出口政策法规以及市场情况提供方便；二是增加国家间大米进出口贸易往来与磋商，降低企业与农户的融资成本，开展大米出口商国际贸易结算及融资业务，对大米交易商和加工企业进行贸易融资支持；三是推出更多融资方式，为大米储存企业和加工企业提供金融支持，鼓励大米储存加工企业进行国际贸易结算；四是以大米加工新项目为重点，促进大米生产和加工贸易发展，鼓励农民和企业投资，让更多农民加入大米生产，提高大米生产能力；五是提高农民整体素质，在全国范围内推广和普及农业新技术和农业机械设备，切实提高柬埔寨农民生产效率；六是加强对粮食生产政策补贴、优良品种补贴，鼓励使用优良品种和机械化农机设备，在国内推广和普及农业机械化设备，实施惠农政策，提高农民种植大米积极性。

（二）木薯产业发展的对策

木薯必须在收获后立即处理，才能达到长时间储存。大型加工厂需要自己的木薯生产基地，通过各种机构（包括生产者组织和农民合作社）增加生产和销售规模，有助于降低运输成本，提高整体生产和营销效率。对于地广人稀、荒地多和土地平缓的地区来说，发展木薯机械化种植具有一定优势。

（三）玉米产业发展的对策

玉米的营销由于缺乏收集点和储存设施，只能由农民单独完成。因此，政府部门应该增加玉米收集点，给农民提供一些有利于玉米储存的方法和设施。

（四）胡椒产业发展的对策

胡椒产业需要国家的支持，需要国家进一步加强胡椒品牌的建设，加强相关合作社和协会的建设，切实加强在该领域的投入；加强食品质量安全保障体系的建设。在种植环节，积极发展绿色环保或有机种植，选择优异种质资源，提高产品的品质和可持续性。在销售环节中，合作社或协会通过多种渠道提高融资能力，支持生产的正常运转，提高组织的影响力和产品品牌的知名度；另一方面，加强与食品质量安全检测机构的合作，做好产品出口的各项保障工作，努力拓展国际市场。在加工环节，除了保证现有产品质量的稳定性，还要进一步开发消费者喜爱的新产品，挖掘市场潜力，实现胡椒产业的可持续健康发展。

（五）腰果产业发展的对策

橡胶行业衰退，导致农民对腰果种植兴趣增加。目前，农民已经开始种植新的腰果品种如M23，这种品种可以生产出更大的果仁，深受国际市场买家青睐。目前，育苗公司正在积极生产新品种良种，出售给种植新腰果品种的农民，提高了本地加工生产者的收入和效益。

（六）香蕉产业发展的对策

利用行业协会制定行业发展规划，建立柬埔寨香蕉协会，因地制宜建立行业发展规划；积极开发国际市场，先聚焦于向中国出口的香蕉市场，逐步建立柬埔寨香蕉品牌，再逐步拓展全球市场；积极开发多元化市场，开发差异性香蕉品种，满足不同消费群体需求，提高市场份额；开展香蕉深加工，开展香蕉深加工，延长产业链，提高产业抗风险能力。

（七）芒果产业发展的对策

芒果产业发展具有很大潜力，通过提高产品附加值，增强该产业的吸引力，从而保障产业的可持续性健康发展。在种植环节，通过融资、合作或租赁等多种形式扩大生产规模，实现标准化的生产和管理，提高单位生产效率，降低产品成本；另一方面，加强芒果灌溉系统建设，尤其是节水灌溉系统的建设，实现芒果树的终年生产，实现差异性的供应。在销售环节，开展产品分级，对市场进行差异化的供应；积极运用采后贮藏技术，延长产品的货架期，提高产品的商品性。在加工环节，开展系列新产品，并加强副产物的综合利用。

（八）蔬菜产业发展的对策

大力发展蔬菜产业，充分满足国内市场需求将是未来十年的主要发展方向。在种植环节，通过引进或筛选等方式优化蔬菜种质资源，培育高产抗病的蔬菜品种，提高蔬菜的产量和品质；加强灌溉系统建设，提高蔬菜灌溉比例，保障蔬菜的终年生产；加强蔬菜标准化生产管理，减少化肥和农药施用，提高产品的品质。在销售环节，加强蔬菜产地预处理，努力实现净菜上市；加强冷链物流的建设，实现蔬菜冷链物流运输，减少运输过程中的损耗；加强采后处理技术应用，降低产品损失率，维持蔬菜的新鲜品质。在加工环节，除了进一步提高现有腌制和脱水蔬菜的生产效率外，进一步拓展蔬菜加工领域，实施蔬菜加工副产物的综合利用，开发利于人体健康的功能性产品；保证蔬菜的生产能力，提高蔬菜综合利用水平。

四、中国与柬埔寨发展种植业的合作建议

（一）合作方向

根据《柬埔寨种植业总体规划 2030》，柬埔寨现在正处于种植业结构性转变阶段，从传统农业向产值更高的现代化农业转变。柬埔寨期望在 2030 年成为全球经济中高质量、安全和有竞争力的作物可靠来源国家，同时确保国内粮食安全，以可持续和适应气候变化方式满足本国公民的粮食和营养安全需要。在《柬埔寨种植业总体规划 2030》中，优先发展作物依次为水稻、玉米、木薯、绿豆、芒果、腰果、胡椒、蔬菜。虽然香蕉不在《柬埔寨种植业总体规划 2030》优先发展作物中，但由于柬埔寨香蕉品质好，气候适宜，相比其他东南亚国家更适合种植香蕉。因此，与柬埔寨种植业发展的合作应当紧紧围绕这九大作物的种植与加工展开。

（二）合作领域

在种植业和农产品加工的专业技术、基础设施建设及农产品贸易等领域开展合作。专业技术领域的合作需要运用国内先进作物种植技术及农产品加工技术，取代目前柬埔寨落后的技术，同时需要帮助柬埔寨培训一批能够充分掌握先进技术的农民以及技术工人。

（三）合作伙伴

主要是小型农场主及中小企业。作为推动经济发展的一部分，中小企业至关重要，该行业在企业总数（88.8% ～ 99.9%）和就业总人数（51.7% ～ 97.2%）方面占据着主导地位（ASEAN SME Policy Index（2014）：The original data is collected from latest country reports where available）。目前土地所有权由小农主导，通过合并、租赁或合作农业，促进中型农场（如 3～10 公顷）兴起和发展，从而为小农提供了商业化和向更高价值产品多样化的机会，使其融入与快速增长的城市和全球市场相连的价值链，提高竞争力、增加附加值、降低风险。

（四）优惠政策与合作潜力

中国与柬埔寨政府共同努力，加强和推进两国农业合作。2000 年 11 月 14 日，中柬两国政府签署《中柬农业合作谅解备忘录》；2002 年 11 月 3 日，中柬两国政府将农业确定为未来两国三大重点合作领域；2014 年 12 月 23 日，中国商

务部审批的对柬埔寨援助项目“中柬农业促进中心”在柬埔寨首都金边成立；2016年3月23日，“澜湄合作”首次领导人会议在中国海南三亚举行，宣告“澜湄组织”正式建立，并确立了“3+5合作框架”，农业成为优先发展方向；2017年9月11日，“澜湄合作”农业联合工作组第一次会议在中国南宁举行，启动《澜湄农业合作计划（2017—2018）》。中国农业部特别申请“澜湄合作专项基金”专项用于推进区域农业领域合作；2018年1月10日，“澜湄合作”第二次领导人会议在柬埔寨首都金边举行，与会领导人共同签署《澜沧江—湄公河合作五年行动计划（2018— 2022）》，宣布将加强农业领域可持续发展合作，推动农产品贸易合作，打造澜湄国家农产品市场。中柬两国政府共同发表的《联合公报》指出，“大力推进农业合作，共同编制柬埔寨现代农业发展规划，建设农业合作示范园和农产品深加工园区，促进柬埔寨农产品加工、仓储和物流业发展，延伸农业产业链”。中国农业部与柬埔寨农林渔业部签署的《关于合作编制柬埔寨现代农业发展规划谅解备忘录》和《中国农科院与柬埔寨农业发展研究院关于水稻研究合作谅解备忘录》为未来双边农产品贸易合作全面发展提供了顶层设计与制度保障。

（五）潜在风险

1. 土地纠纷时有发生

由于战后遗留土地分配和产权问题，柬埔寨中央和地方政府在土地产权管理上时常出现分歧，目前仍有较多土地纠纷。我国部分企业在立项前对开发用地的产权归属掌握不清，造成企业实施项目时障碍重重，部分项目甚至搁浅。

2. 基础设施落后

柬埔寨气候旱雨季分明，水利灌溉设施落后，雨季时因雨量过大而淹没农田，旱季时因远离水源而大片荒芜。据柬埔寨水资源与气象部统计，水利灌溉系统仅能为48%的农民提供充足的农用水。此外，电力成本过高也对投资农产品加工企业造成一定困难。

3. 融资成本较高

因农业投资周期长、风险高，企业融资困难，后续资金投入跟不上，影响项目运作。柬埔寨国内农业贷款成本高，商业银行和小额贷款机构的年利率高达18%。

4. 贸易便利化程度低

柬埔寨交通基础设施落后，公路、铁路、港口、仓储能力较差，运输成本居高不下。公路国道仅相当于我国三级路的水平，乡村公路多为土路，雨季路面泥泞，车辆运输困难，影响了农业进一步发展。

第四章　柬埔寨畜禽养殖业发展经验、挑战、对策及合作建议

一、畜禽养殖业发展经验

（一）畜禽养殖业基本情况

畜禽养殖业在柬埔寨的社会发展中具有双重作用，一方面要满足不断增长的人民对动物产品的需求，另一方面还要完成减少贫困人口和保证粮食安全这一发展目标。近年来，柬埔寨畜禽养殖业所饲养的动物数量逐步增加。2017年，全国饲养的各种动物数量增加到4 283万头（羽）。2017年，柬埔寨总的肉产品市场需求量为327 293吨，国内生产了298 158吨，还存在29 135吨的缺口。

畜禽养殖业的经营主体主要包括家庭养殖和商业养殖。家庭养殖是指以家庭为核心的经营个体，主要目的包括满足家庭需求和市场需求，商业养殖是指以公司、合作社或企业为核心的经营个体，主要目的是满足市场需求。表4-1显示2013—2017年全国家庭饲养畜禽数量。从2013—2017年，家庭饲养的猪从206.8万头增加到233.2万头，鸡的饲养量从2 143万羽增加到2 865万羽，但是牛和水牛的饲养量从404.5万头减少到346万头，减少了14%。

表4-1　全国家庭饲养畜禽数量（2013—2017年）

年份	黄牛（千头）	水牛（千头）	猪（千头）	鸡（千羽）
2013	3 426	619	2 068	21 430
2014	3 053	542	2 361	25 630
2015	2 903	506	2 358	26 689
2016	2 897	523	2 371	28 402
2017	2 951	508	2 332	28 652

数据来源：Annual report for agriculture forestry and fisheries 2017—2018 and direction 2018—2019

表4-2显示2013—2017年全国商业饲养畜禽数量。从2013年到2017年，商业畜禽饲养量从660万头（羽）增加到840万头（羽），增加了27%；黄牛和水牛的数量增加了3倍，从5 000头增加到21 000头；猪的数量从37万头增加到74.3万头；家禽数量增加了140万羽。

表 4-2 全国商业饲养畜禽数量（2013—2017 年）

年份	水牛和奶牛（千头）	猪（千头）	家禽（千羽）
2013	5	370	6 195
2014	6	375	5 954
2015	13	417	7 830
2016	23	599	7 331
2017	21	743	7 593

数据来源：Annual report for agriculture forestry and fisheries 2017—2018 and direction 2018—2019

表 4-3 显示 2013—2017 年全国家庭和商业饲养畜禽总数量。从 2013 年到 2017 年，所有的畜禽饲养量从 340 万头（羽）增加到 4 283万头（羽）。值得注意的是，水牛饲养量逐渐变少，主要原因是农业机械设备的使用。

表 4-3 全国家庭饲养和商业饲养畜禽总数量（2013—2017 年）

年份	黄牛（千头）	水牛（千头）	猪（千头）	家禽（千羽）
2013	3 431	619	2 437	27 473
2014	3 060	542	2 736	31 584
2015	2 917	506	2 776	34 519
2016	2 920	524	2 971	35 734
2017	2 972	509	3 074	36 245

数据来源：Annual report for agriculture forestry and fisheries 2017—2018 and direction 2018—2019

（二）大型家畜生产情况

大型家畜包括牛、水牛、马、猪和羊等，主要用于生产劳作和食用，最初多为家庭饲养和使用，后发展为公司或集团化的饲养。牛和水牛常作为劳作工具，是家庭主要饲养的大型家畜，在养殖业中占有重要的地位。表 4-4 显示大型家畜的生产情况。1961 年全国牛和水牛的存栏量分别为 147 万头和 52 万头，在 20 世纪 70 年代和 80 年代，由于战争的影响，牛和水牛的存栏量降低至历史最低水平，在 1979 年牛和水牛的存栏量分别为 73. 9 万头和 35 万头，随后，牛的饲养数量出现较快上涨，在 2009 年达到 358 万头，随后出现下降；而水牛的存栏量基本上稳定在 70 万头左右，近年来有小幅的降低，2018 年水牛的存栏量为 65. 2 万头。猪的生产也出现较大的波动，1961 年猪的存栏量为 61. 6 万头，在 1979 年其存栏量仅为 13. 2 万头，降至有数据统计以来的最低点。随着战争结束，生产逐渐恢复，猪的存栏量快速上涨，在 2006 年，达到一个相对高位，为 27. 4 万头，随后出现小幅的下降，在 2018 年全国猪的存栏量为 17.6 万头。与上述大型家畜呈现不同特点，马的存栏量呈现缓慢上涨的情况，2018 年全国马的存栏量为 30 619 头。

表 4-4 大型家畜的生产情况

年份	牛的存栏量（头）	水牛的存栏量（头）	马的存栏量（头）	猪的存栏量（头）
1961	1 470 000	520 000	3 888	616 147
1962	1 550 000	550 000	3 375	671 334
1963	1 600 000	580 000	3 686	688 908
1964	1 700 000	300 000	4 855	845 312
1965	1 770 000	300 000	5 426	932 827
1966	1 850 000	470 000	5 707	991 316
1967	2 084 000	784 000	6 155	1 056 960
1968	2 268 000	856 000	6 800	1 077 706
1969	2 399 000	898 000	8 884	1 152 000
1970	2 300 000	910 000	8 600	1 200 000
1971	2 200 000	860 000	9 000	1 150 000
1972	2 100 000	820 000	9 500	1 100 000
1973	2 000 000	770 000	10 000	1 050 000
1974	1 870 000	720 000	10 000	800 000
1975	1 500 000	600 000	10 500	600 000
1976	1 000 000	500 000	11 000	400 000
1977	900 000	400 000	11 500	300 000
1978	850 000	380 000	10 000	200 000
1979	739 000	349 500	8 000	132 300
1980	772 000	375 000	7 500	132 100
1981	917 000	404 000	8 100	223 000
1982	1 143 000	482 000	9 000	723 000
1983	1 271 000	540 000	10 000	824 000
1984	1 436 000	603 000	11 000	1 009 000
1985	1 559 700	613 000	12 000	1 203 000
1986	1 705 000	635 000	13 000	1 161 000
1987	1 852 000	659 000	14 000	1 251 000
1988	1 891 000	709 000	15 000	1 500 000
1989	2 095 000	739 000	16 000	1 737 000
1990	2 181 000	736 000	17 000	1 515 000
1991	2 257 000	755 300	18 000	1 550 000
1992	2 468 000	804 000	19 000	2 043 000
1993	2 542 000	823 700	20 000	2 122 700
1994	2 621 424	809 517	21 000	2 024 442
1995	2 785 700	764 708	21 000	2 043 900
1996	2 761 800	743 928	22 000	2 151 097
1997	2 820 783	766 300	22 000	2 438 313

（续表）

年份	牛的存栏量（头）	水牛的存栏量（头）	马的存栏量（头）	猪的存栏量（头）
1998	2 679 940	693 651	23 000	2 339 168
1999	2 826 378	653 850	25 000	2 189 323
2000	2 992 640	693 631	26 000	1 933 930
2001	2 868 727	626 016	27 000	2 114 524
2002	2 924 457	625 912	27 000	2 105 435
2003	2 985 416	660 493	28 000	2 304 248
2004	3 039 945	650 572	28 000	2 428 566
2005	3 184 146	676 646	28 000	2 688 612
2006	3 344 612	724 378	28 000	2 740 745
2007	3 368 449	772 780	28 000	2 389 389
2008	3 457 787	746 207	28 000	2 215 641
2009	3 579 882	739 646	28 000	2 126 304
2010	3 484 601	702 074	28 000	2 057 431
2011	3 406 972	689 829	28 500	2 099 332
2012	2 914 974	680 000	29 000	2 120 000
2013	2 900 000	676 000	30 000	2 150 000
2014	2 875 000	680 000	30 000	2 180 000
2015	2 875 000	682 000	30 000	2 180 000
2016	2 885 569	680 938	30 023	2 175 057
2017	2 899 347	660 424	30 412	1 955 321
2018	2 855 353	651 945	30 619	1 760 952

数据来源：FAO 统计

（三）小型家禽生产情况

小型家禽包括鸡、鸭、鹅、鹌鹑、火鸡和鸽子等，主要用于产蛋和食用。表 4-5 显示全国小型家禽的生产情况。鸡的生产整体呈现波动性上涨的情况，1961 年，全国鸡存栏量为 2 159千羽，2018 年全国鸡的存栏量为 13 200千羽，累计提高 5. 11 倍，近年来鸡的存栏量稳定在 13 000千羽，基本上满足国内消费需求。鸭的生产呈现波动性上涨的情况，1961 年，全国鸭存栏量为 577 千羽，2018 年全国鸡的存栏量为 8 887千羽，累计提高 14. 4 倍，未来对鸭的需求可能进一步提高。

表 4-5　小型家禽的生产情况

年份	鸡的存栏量（千羽）	鸭的存栏量（千羽）
1961	2 159	577
1962	2 315	667
1963	2 162	765
1964	2 611	885

（续表）

年份	鸡的存栏量（千羽）	鸭的存栏量（千羽）
1965	3 112	887
1966	3 112	996
1967	3 080	1 637
1968	3 568	1 784
1969	3 838	1 919
1970	3 900	1 950
1971	3 950	1 970
1972	4 100	2 000
1973	4 200	1 950
1974	4 150	1 800
1975	4 100	1 700
1976	4 000	1 600
1977	4 300	1 700
1978	4 000	1 400
1979	3 600	1 200
1980	2 442	1 400
1981	2 883	1 620
1982	4 779	1 750
1983	4 595	1 800
1984	5 430	1 900
1985	6 398	2 500
1986	7 347	2 600
1987	7 164	2 800
1988	9 259	3 000
1989	8 717	3 200
1990	8 163	3 300
1991	8 816	3 500
1992	9 901	3 600
1993	10 692	3 800
1994	10 027	4 000
1995	10 067	4 000
1996	11 412	4 200
1997	12 098	4 400
1998	13 117	4 500
1999	13 417	5 000
2000	15 249	5 500
2001	15 248	6 000
2002	16 678	6 300
2003	16 014	7 000

（续表）

年份	鸡的存栏量（千羽）	鸭的存栏量（千羽）
2004	16 034	7 000
2005	15 086	7 500
2006	15 136	7 000
2007	15 825	7 000
2008	16 928	7 000
2009	20 193	7 000
2010	17 448	7 500
2011	16 341	8 000
2012	14 447	8 200
2013	13 000	8 300
2014	13 000	8 300
2015	13 000	8 300
2016	13 189	8 345
2017	13 508	8 795
2018	13 200	8 887

数据来源：FAO 统计

（四）大型家畜分布情况

大型家畜主要包括牛、水牛、马、猪和羊等，表 4-6 显示各省大型家畜的存栏分布情况。2013 年，全国大型家畜总存栏量为 6 033 752头，其生产主体数量为 1 555 479个，其中，牛、水牛、马、猪和羊的存栏量分别为 3 248 420头、519 083头、13 839头、2 220 810头和 31 600头、分别占全部大型家畜存栏量的 53. 84%、8. 6%、0. 23%、36. 81%和 0. 52%，牛和猪是主要饲养的大型家畜。大型家畜的平均生产主体的存栏量为 3. 88 头/个，其中，牛、水牛、马、猪和羊的平均每个生产主体存栏量分别为 3. 42 头、3. 37 头、1. 94 头、4. 95 头和 8. 53 头，马的存栏量和平均生产主体存栏量均是最低的，羊的平均生产主体存栏量最高。

2013 年，全国牛的存栏量为 3 248 420头，其生产主体数量为 949 277个（以家庭为主），平均生产主体的牛存栏量为 3. 42 头/个，牛的存栏量占全部大型家畜存栏量的 53. 84%。平原区、洞里萨湖区、沿海区和山区的总存栏量分别为 1 344 289头、938 427头、267 865头和 697 839头，分别占全国存栏量的 41. 38%、28. 89%、8. 25%和 21. 48%，平原区牛的存栏量比例最高。各省中，Kampong Thom、Kampong Speu 和 Takeo 牛的存栏量较高，分别为 1 325 124头、364 447头和 335 729头，其分别占全国存栏量的 40. 79%、11. 22%和 10. 34%，三个省份合计占全国存栏量的 62. 35%。

表 4-6 各省大型家畜的存栏情况分布

区域/省	牛							水牛							马						
	生产主体数量（个）	总存栏量（头）	雄性存栏量（头）	雌性存栏量（头）	平均生产主体存栏量（头/个）	存栏量占全国存栏量比例（%）	存栏量占全部大型家畜比例（%）	生产主体数量（个）	总存栏量（头）	雄性存栏量（头）	雌性存栏量（头）	平均生产主体存栏量（头/个）	存栏量占全国存栏量比例（%）	存栏量占全部大型家畜比例（%）	生产主体数量（个）	总存栏量（头）	雄性存栏量（头）	雌性存栏量（头）	平均生产主体存栏量（头/个）	存栏量占全国存栏量比例（%）	存栏量占全部大型家畜比例（%）
全国	949 277	3 248 420	1 424 331	1 824 089	3.42	100.00	53.84	153 872	519 083	213 624	305 459	3.37	100.00	8.60	7 132	13 839	6 813	7 026	1.94	100.00	0.23
平原区	439 890	1 344 289	547 697	796 592	3.06	41.38	50.28	71 557	213 188	75 108	138 080	2.98	41.07	7.97	5 430	9 631	4 828	4 803	1.77	69.59	0.36
Kampong Cham	65 608	208 456	97 523	110 933	3.18	6.42	57.44	6 807	20 702	10 149	10 553	3.04	3.99	5.70	2 151	3 087	2 266	821	1.44	22.31	0.85
Kandal	52 828	172 382	56 802	115 580	3.26	5.31	52.41	1 563	4 527	1 287	3 240	2.90	0.87	1.38	878	1 460	314	1 146	1.66	10.55	0.44
Phnom Penh	10 103	43 146	18 717	24 429	4.27	1.33	49.29	56	745	313	432	13.30	0.14	0.85	4	83	38	45	20.75	0.60	0.09
PreyVeng	105 430	310 597	106 582	204 015	2.95	9.56	53.64	16 917	45 067	12 775	32 292	2.66	8.68	7.78	738	1 531	555	976	2.07	11.06	0.26
Svay Rieng	56 794	175 791	66 225	109 566	3.10	5.41	38.64	33 846	105 086	35 411	69 675	3.10	20.24	23.10	261	755	237	518	2.89	5.46	0.17
Takeo	113 218	335 729	156 392	179 337	2.97	10.34	51.53	1 856	6 511	2 718	3 793	3.51	1.25	1.00	739	1 696	953	743	2.29	12.26	0.26
Tboung Khmum	35 909	98 188	45 456	52 732	2.73	3.02	47.01	10 512	30 550	12 455	18 095	2.91	5.89	14.63	659	1 019	465	554	1.55	7.36	0.49
洞里萨湖区	260 028	938 427	420 568	517 859	3.61	28.89	57.41	51 261	180 774	87 549	93 225	3.53	34.83	11.06	834	2 042	844	1 198	2.45	14.76	0.12
Banteay Meanchey	10 702	48 556	13 938	34 618	4.54	1.49	41.96	668	3 736	1 415	2 321	5.59	0.72	3.23	2	11	10	1	5.50	0.08	0.01
Battambang	46 274	167 912	53 358	114 554	3.63	5.17	70.16	1 013	3 487	1 175	2 312	3.44	0.67	1.46	247	870	263	607	3.52	6.29	0.36
Kampong Chhnang	45 170	169 844	81 296	88 548	3.76	5.23	56.89	11 184	42 820	19 607	23 213	3.83	8.25	14.34	136	311	126	185	2.29	2.25	0.10
Kampong Thom	62 215	1 325 124	1 222 358	102 766	21.30	40.79	90.09	14 983	52 368	28 947	23 421	3.50	10.09	3.56	345	514	327	187	1.49	3.71	0.03
Pursat	26 415	86 465	38 929	47 536	3.27	2.66	45.67	18 625	60 551	29 581	30 970	3.25	11.66	31.98	45	152	52	100	3.38	1.10	0.08
Siemreap	60 772	201 076	97 165	103 911	3.31	6.19	58.25	4 441	16 358	6 037	10 321	3.68	3.15	4.74	59	184	66	118	3.12	1.33	0.05

（续表）

区域/省	牛							水牛							马						
	生产主体数量（个）	总存栏量（头）	雄性存栏量（头）	雌性存栏量（头）	平均生产主体存栏量（头/个）	存栏量占全国存栏量比例（%）	存栏量占全部大型家畜比例（%）	生产主体数量（个）	总存栏量（头）	雄性存栏量（头）	雌性存栏量（头）	平均生产主体存栏量（头/个）	存栏量占全国存栏量比例（%）	存栏量占全部大型家畜比例（%）	生产主体数量（个）	总存栏量（头）	雄性存栏量（头）	雌性存栏量（头）	平均生产主体存栏量（头/个）	存栏量占全国存栏量比例（%）	存栏量占全部大型家畜比例（%）
Oddar Meanchey	6 922	32 033	11 682	20 351	4.63	0.99	49.58	347	1 454	787	667	4.19	0.28	2.25	0	0	0	0	0.00	0.00	0.00
Pailin	1 558	7 417	1 842	5 575	4.76	0.23	66.38	0	0	0	0	0.00	0.00	0.00	0	0	0	0	0.00	0.00	0.00
沿海区	88 343	267 865	130 210	137 655	3.03	8.25	53.12	9 099	31 751	13 773	17 978	3.49	6.12	6.30	356	570	282	288	1.60	4.12	0.11
Kampot	79 448	229 818	112 864	116 954	2.89	7.07	58.92	3 980	11 622	5 428	6 194	2.92	2.24	2.98	335	508	262	246	1.52	3.67	0.13
Koh Kong	2 016	11 475	5 455	6 020	5.69	0.35	24.17	2 942	12 748	5 525	7 223	4.33	2.46	26.85	1	1	0	1	1.00	0.01	0.00
Sihanoukville	2 474	12 149	6 152	5 997	4.91	0.37	29.35	1 800	6 196	2 524	3 672	3.44	1.19	14.97	0	0	0	0	0.00	0.00	0.00
Kep	4 405	14 423	5 739	8 684	3.27	0.44	56.86	377	1 185	296	889	3.14	0.23	4.67	20	61	20	41	3.05	0.44	0.24
山区	161 016	697 839	325 856	371 983	4.33	21.48	57.15	21 955	93 370	37 194	56 176	4.25	17.99	7.65	512	1 596	859	737	3.12	11.53	0.13
Kampong Speu	104 081	364 447	176 665	187 782	3.50	11.22	58.04	751	2 412	1 276	1 136	3.21	0.46	0.38	258	797	434	363	3.09	5.76	0.13
Kratie	23 395	106 164	53 720	52 444	4.54	3.27	64.23	6 809	25 160	9 518	15 642	3.70	4.85	15.22	245	773	422	351	3.16	5.59	0.47
Mondul Kiri	3 210	18 115	7 280	10 835	5.64	0.56	39.41	1 232	5 948	2 609	3 339	4.83	1.15	12.94	1	3	0	3	3.00	0.02	0.01
Preah Vihear	19 644	145 357	62 439	82 918	7.40	4.47	69.31	2 499	10 979	3 929	7 050	4.39	2.12	5.23	5	16	0	16	3.20	0.12	0.01
Ratanak Kiri	5 282	29 650	11 400	18 250	5.61	0.91	38.53	2 216	8 343	3 300	5 043	3.76	1.61	10.84	3	7	3	4	2.33	0.05	0.01
Stung Treng	5 404	34 106	14 352	19 754	6.31	1.05	35.84	8 488	40 528	16 562	23 966	4.77	7.81	42.59	0	0	0	0	0.00	0.00	0.00

数据来源：2013 年柬埔寨农业普查

表 4-6　各省大型家畜的存栏情况分布（续）

区域/省	猪							羊							合计		
	生产主体数量（个）	总存栏量（头）	雄性存栏量（头）	雌性存栏量（头）	平均生产主体存栏量（头/个）	存栏量占全国存栏量比例（%）	存栏量占全部大型家畜比例（%）	生产主体数量（个）	总存栏量（头）	雄性存栏量（头）	雌性存栏量（头）	平均生产主体存栏量（头/个）	存栏量占全国存栏量比例（%）	存栏量占全部大型家畜比例（%）	生产主体数量（个）	总存栏量（头）	平均生产主体存栏量（头）
全国	448 624	2 220 810	1 084 086	1 136 724	4.95	100.00	36.81	3 706	31 600	10 389	21 211	8.53	100.00	0.52	1 555 479	6 033 752	3.88
平原区	221 403	1 085 187	506 097	579 090	4.90	48.86	40.59	2 752	21 427	6 499	14 928	7.79	67.81	0.80	735 602	2 673 722	3.63
Kampong Cham	21 347	127 572	65 384	62 188	5.98	5.74	35.15	210	3 095	777	2 318	14.74	9.79	0.85	93 972	362 912	3.86
Kandal	11 967	138 108	65 767	72 341	11.54	6.22	41.99	1 788	12 423	2 811	9 612	6.95	39.31	3.78	68 146	328 900	4.83
Phnom Penh	4 061	42 665	19 145	23 520	10.51	1.92	48.74	83	901	304	597	10.86	2.85	1.03	14 303	87 540	6.12
Prey Veng	62 664	220 496	84 538	135 958	3.52	9.93	38.08	183	1 330	527	803	7.27	4.21	0.23	185 194	579 021	3.13
SvayRieng	44 651	171 474	84 317	87 157	3.84	7.72	37.69	125	1 859	1 269	590	14.87	5.88	0.41	135 416	454 965	3.36
Takeo	60 293	306 986	152 825	154 161	5.09	13.82	47.12	164	589	281	308	3.59	1.86	0.09	175 531	651 511	3.71
Tboung Khmum	16 420	77 886	34 121	43 765	4.74	3.51	37.29	199	1 230	530	700	6.18	3.89	0.59	63 040	208 873	3.31
洞里萨湖区	112 312	508 461	253 979	254 482	4.53	22.90	31.10	563	5 003	2 043	2 960	8.89	15.83	0.31	424 164	1 634 707	3.85
Banteay Meanchey	8 154	63 122	27 147	35 975	7.74	2.84	54.55	36	285	185	100	7.92	0.90	0.25	19 560	115 710	5.92
Battambang	10 203	65 322	29 020	36 302	6.40	2.94	27.29	146	1 732	795	937	11.86	5.48	0.72	57 636	239 323	4.15
Kampong Chhnang	20 340	84 945	42 059	42 886	4.18	3.82	28.45	131	644	321	323	4.92	2.04	0.22	76 825	298 564	3.89
Kampong Thom	23 484	90 637	51 277	39 360	3.86	4.08	6.16	242	2 176	689	1 487	8.99	6.89	0.15	100 924	1 470 819	14.57
Pursat	13 274	42 088	27 075	15 013	3.17	1.90	22.23	4	61	14	47	15.25	0.19	0.03	58 318	189 317	3.25
Siemreap	29 919	127 566	60 797	66 769	4.26	5.74	36.95	1	12	6	6	12.00	0.04	0.00	95 133	345 196	3.63

（续表）

区域/省	猪							羊							合计		
	生产主体数量（个）	总存栏量（头）	雄性存栏量（头）	雌性存栏量（头）	平均生产主体存栏量（头/个）	存栏量占全国存栏量比例（%）	存栏量占全部大型家畜比例（%）	生产主体数量（个）	总存栏量（头）	雄性存栏量（头）	雌性存栏量（头）	平均生产主体存栏量（头/个）	存栏量占全国存栏量比例（%）	存栏量占全部大型家畜比例（%）	生产主体数量（个）	总存栏量（头）	平均生产主体存栏量（头）
Oddar Meanchey	6 423	31 071	15 048	16 023	4.84	1.40	48.09	1	47	12	35	47.00	0.15	0.07	13 693	64 605	4.72
Pailin	515	3 710	1 556	2 154	7.20	0.17	33.21	2	46	21	25	23.00	0.15	0.41	2 075	11 173	5.38
沿海区	47 996	199 992	110 937	89 055	4.17	9.01	39.66	280	4 094	1 475	2 619	14.62	12.96	0.81	145 718	504 272	3.46
Kampot	37 397	144 748	78 811	65 937	3.87	6.52	37.11	173	3 340	1 140	2 200	19.31	10.57	0.86	120 998	390 036	3.22
Koh Kong	4 752	23 237	15 858	7 379	4.89	1.05	48.94	2	19	18	1	9.50	0.06	0.04	9 712	47 480	4.89
Sihanoukville	3 337	22 813	10 670	12 143	6.84	1.03	55.12	25	231	26	205	9.24	0.73	0.56	7 636	41 389	5.42
Kep	2 510	9 194	5 598	3 596	3.66	0.41	36.24	80	504	291	213	6.30	1.59	1.99	7 372	25 367	3.44
山区	66 913	427 170	213 073	214 097	6.38	19.23	34.98	111	1 076	372	704	9.69	3.41	0.09	249 995	1 221 051	4.88
Kampong Speu	25 248	259 563	133 924	125 639	10.28	11.69	41.33	37	737	236	501	19.92	2.33	0.12	130 117	627 956	4.83
Kratie	7 184	33 199	17 433	15 766	4.62	1.49	20.08	0	0	0	0	0.00	0.00	0.00	37 388	165 296	4.42
Mondul Kiri	3 698	21 875	10 207	11 668	5.92	0.99	47.59	3	20	9	11	6.67	0.06	0.04	8 143	45 961	5.64
Preah Vihear	18 284	53 186	23 377	29 809	2.91	2.39	25.36	17	188	54	134	11.06	0.59	0.09	40 444	209 726	5.19
Ratanak Kiri	6 603	38 926	17 872	21 054	5.90	1.75	50.59	2	23	4	19	11.50	0.07	0.03	14 103	76 949	5.46
Stung Treng	5 896	20 421	10 260	10 161	3.46	0.92	21.46	52	108	69	39	2.08	0.34	0.11	19 840	95 163	4.80

数据来源：2013 年柬埔寨农业普查

2013年，全国水牛的存栏量为519 083头，其生产主体数量为153 872个(以家庭为主)，平均生产主体的水牛存栏量为3.37头/个，略高于牛的平均存栏量，水牛的存栏量占全部大型家畜存栏量的8.60%。平原区、洞里萨湖区、沿海区和山区的总存栏量分别为213 188头、180 774头、31 751头和93 370头，分别占全国存栏量的41.07%、34.83%、6.12%和17.99%，平原区水牛的存栏量比例最高。各省中，Svay Rieng、Pursat和Kampong Thom水牛的存栏量较高，分别为105 086头、60 551头和52 368头，其分别占全国存栏量的20.24%、11.66%和10.09%，三个省份合计占全国存栏量的41.99%。

2013年，全国马的存栏量为13 839头，其生产主体数量为7 132个（以家庭为主)，平均生产主体马的存栏量为1.94头/个，马的存栏量占全部大型家畜存栏量的0.23%。平原区、洞里萨湖区、沿海区和山区马的总存栏量分别为9 631头、2 042头、570头和1 596头，分别占全国存栏量的69.59%、14.76%、4.12%和11.53%，平原区马的存栏量比例最高，沿海区的存栏量最低。各省中，Kampong Cham、Takeo和Prey Veng马的存栏量较高，分别为3 087头、1 696头和1 531头，其分别占全国存栏量的22.31%、12.26%和11.06%，三个省份合计占全国存栏量的45.63%。Oddar Meanchey、Pailin、Preah Sihanouk和Stung Treng未见马的饲养。

2013年，全国猪的存栏量为2 220 810头，其生产主体数量为448 624个（以家庭为主)，平均生产主体的猪存栏量为4.95头/个，猪的存栏量占全部大型家畜存栏量的36.81%。平原区、洞里萨湖区、沿海区和山区猪的总存栏量分别为1 085 187头、508 461头、199 992头和427 170头，分别占全国存栏量的48.36%、22.90%、9.01%和19.23%，平原区猪的存栏量比例最高，沿海区的存栏量最低。各省中，Takeo、Kampong Speu和Prey Veng猪的存栏量较高，分别为306 986头、259 563头和220 496头，其分别占全国存栏量的13.82%、11.69%和9.93%，三个省份合计占全国存栏量的35.44%，各省均有饲养，分布比较均衡。

2013年，全国羊的存栏量为31 600头，其生产主体数量为3 706个（以家庭为主)，平均生产主体的羊存栏量为8.53头/个，羊的存栏量占全部大型家畜存栏量的0.52%。平原区、洞里萨湖区、沿海区和山区羊的总存栏量分别为21 427头、5 003头、4 094头和1 076头，分别占全国存栏量的67.81%、15.83%、12.96%和3.41%，平原区羊的存栏量比例最高，山区的存栏量最低。各省中，Kandal、Kampot和Kampong Cham羊的存栏量较高，分别为12 423头、3 340头和3 095头，其分别占全国存栏量的39.31%、10.57%和9.79%，三个省份合计占全国存栏量的59.67%，Kratie未见羊的饲养。

（五）小型家禽分布情况

小型家禽主要包括鸡、鸭、鹅、鹌鹑、火鸡、鸽子和燕子等，其中鸽子和燕子等数量不多，养殖区域集中，统称为其他。表 4-7 显示各省小型家禽存栏分布情况。2013 年，全国大型家畜总存栏量为 56 629 559 羽，其生产主体数量为 1 611 505 个，其中，鸡、鸭、鹅、鹌鹑、火鸡和其他存栏量分别为 45 167 583 羽、11 297 360 羽、75 899 羽、48 296 羽、15 840 羽和 24 581 羽，分别占全部小型家禽存栏量的 79. 76%、19. 95%、0. 13%、0. 09%、0. 03% 和 0. 04%，鸡的存栏量占到接近于 80%，是主要饲养的小型禽类。小型家禽的平均生产主体的存栏量为 35. 14 羽/个，其中，鸡、鸭、鹅、鹌鹑、火鸡和其他的平均生产主体存栏量分别为 33. 28 羽/个、45. 20 羽/个、798. 94 羽/个、77. 03 羽/个、8. 54 羽/个和 14. 69 羽/个，鹅平均生产主体存栏量最高，主要在于 Koh Kong 和 Kampot 省有大型公司从事鹅的生产，而其他大部分的家禽还是农户自家饲养。

2013 年，全国鸡的存栏量为 45 167 583 羽，其生产主体数量为 1 357 333 个（以家庭为主），平均生产主体的存栏量为 33. 28 羽/个，鸡的存栏量占全部小型家禽存栏量的 79. 76%。平原区、洞里萨湖区、沿海区和山区的总存栏量分别为 20 724 045 羽、14 895 849 羽、4 444 991 羽和 5 102 696 羽，分别占全国存栏量的 45. 88%、32. 98%、9. 84% 和 11. 30%，平原区鸡的存栏量比例最高。各省中，Takeo、Prey Veng 和 Kampot 鸡的存栏量较高，分别为 4 875 245 羽、4 097 906 羽和 3 442 825 羽，其分别占全国存栏量的 10. 79%、9. 07% 和 7. 62%，三个省份合计占全国存栏量的 27. 48%，鸡的生产在全国分布广泛，集中度低。

2013 年，全国鸭的存栏量为 11 297 360 羽，其生产主体数量为 249 923 个，平均生产主体的鸭存栏量为 45. 2 羽/个，鸭的存栏量占全部小型家禽存栏量的 19. 95%。平原区、洞里萨湖区、沿海区和山区的总存栏量分别为 7 140 792 羽、3 192 735 羽、678 647 羽和 28 518 羽，分别占全国存栏量的 63. 21%、28. 26%、30. 03% 和 2. 52%，平原区鸭的存栏量比例最高。各省中，Prey Veng、Takeo 和 Kampong Cham 鸭的存栏量较高，分别为 1 904 581 羽、1 827 218 羽和 1 804 861 羽，其分别占全国存栏量的 16. 86%、16. 17% 和 15. 98%，三个省份合计占全国存栏量的 49. 01%，均集中于平原区，公司和合作社养殖的比例较高。

2013 年，全国鹅的存栏量为 75 899 羽，其生产主体数量为 95 个，平均生产主体的鹅存栏量为 789. 94 羽/个，鹅的存栏量占全部小型家禽存栏量的 0. 13%。平原区、洞里萨湖区、沿海区和山区的总存栏量分别为 10 羽、584 羽、75 299 羽和 7 羽，分别占全国存栏量的 0. 01%、0. 77%、99. 21% 和 0. 01%，沿

表 4-7 各省小型家禽存栏分布情况

区域/省	鸡					鸭					鹅				
	养殖主体数量（家）	存栏量（羽）	平均生产主体存栏量（羽）	存栏量占全国存栏量比例（%）	存栏量占全部小型禽类比例（%）	养殖主体数量（家）	存栏量（羽）	平均生产主体存栏量（羽）	存栏量占全国存栏量比例（%）	存栏量占全部小型禽类比例（%）	养殖主体数量（家）	存栏量（羽）	平均生产主体存栏量（羽）	存栏量占全国存栏量比例（%）	存栏量占全部小型禽类比例（%）
全国	1 357 333	45 167 583	33. 28	100. 00	79. 76	249 923	11 297 360	45. 20	100. 00	19. 95	95	75 899	799	100. 00	0. 13
平原区	622 910	20 724 045	33. 27	45. 88	74. 28	137 370	7 140 792	51. 98	63. 21	25. 59	1	10	10	0. 01	0. 00
Kampong Cham	84 972	3 070 979	36. 14	6. 80	62. 92	20 633	1 804 861	87. 47	15. 98	36. 98	0	0	0	0. 00	0. 00
Kandal	45 920	2 238 030	48. 74	4. 95	84. 47	5 527	408 550	73. 92	3. 62	15. 42	0	0	0	0. 00	0. 00
Phnom Penh	21 038	834 950	39. 69	1. 85	85. 82	4 946	124 029	25. 08	1. 10	12. 75	0	0	0	0. 00	0. 00
Prey Veng	156 707	4 097 906	26. 15	9. 07	68. 26	35 622	1 904 581	53. 47	16. 86	31. 72	0	0	0	0. 00	0. 00
Svay Rieng	98 430	2 910 632	29. 57	6. 44	77. 35	19 861	852 144	42. 91	7. 54	22. 65	0	0	0	0. 00	0. 00
Takeo	139 600	4 875 245	34. 92	10. 79	72. 66	37 671	1 827 218	48. 50	16. 17	27. 23	0	0	0	0. 00	0. 00
Tboung Khmum	76 243	2 696 303	35. 36	5. 97	92. 29	13 110	219 409	16. 74	1. 94	7. 51	1	10	10	0. 01	0. 00
洞里萨湖区	426 779	14 895 849	34. 90	32. 98	82. 16	70 599	3 192 735	45. 22	28. 26	17. 61	23	584	26	0. 77	0. 00
Banteay Meanchey	31 979	1 319 802	41. 27	2. 92	87. 86	7 052	179 730	25. 49	1. 59	11. 97	0	0	0	0. 00	0. 00
Battambang	81 827	3 154 476	38. 55	6. 98	83. 82	12 471	586 345	47. 02	5. 19	15. 58	1	2	2	0. 00	0. 00
Kampong Chhnang	63 954	2 078 567	32. 50	4. 60	86. 58	6 963	321 971	46. 24	2. 85	13. 41	0	0	0	0. 00	0. 00
Kampong Thom	88 276	2 731 156	30. 94	6. 05	75. 14	12 782	898 799	70. 32	7. 96	24. 73	1	10	10	0. 01	0. 00
Pursat	55 990	2 109 559	37. 68	4. 67	87. 29	9 272	306 687	33. 08	2. 71	12. 69	0	0	0	0. 00	0. 00
Siemreap	81 974	2 500 735	30. 51	5. 54	75. 22	17 245	814 495	47. 23	7. 21	24. 50	21	572	27	0. 75	0. 02

（续表）

区域/省	鸡					鸭					鹅				
	养殖主体数量（家）	存栏量（羽）	平均生产主体存栏量（羽）	存栏量占全国存栏量比例（%）	存栏量占全部小型禽类比例（%）	养殖主体数量（家）	存栏量（羽）	平均生产主体存栏量（羽）	存栏量占全国存栏量比例（%）	存栏量占全部小型禽类比例（%）	养殖主体数量（家）	存栏量（羽）	平均生产主体存栏量（羽）	存栏量占全国存栏量比例（%）	存栏量占全部小型禽类比例（%）
Oddar Meanchey	17 384	806 694	46.40	1.79	92.36	3 563	66 262	18.60	0.59	7.59	0	0	0	0.00	0.00
Pailin	5 395	194 860	36.12	0.43	91.24	1 251	18 446	14.75	0.16	8.64	0	0	0	0.00	0.00
沿海区	118 498	4 444 991	37.51	9.84	85.35	22 600	678 647	30.03	6.01	13.03	70	75 299	1 076	99.21	1.45
Kampot	91 627	3 442 825	37.57	7.62	85.78	15 457	540 180	34.95	4.78	13.46	7	25 110	3 587	33.08	0.63
Koh Kong	8 308	313 216	37.70	0.69	88.49	1 333	26 628	19.98	0.24	7.52	2	12 000	6 000	15.81	3.39
Sihanoukville	12 475	490 341	39.31	1.09	80.83	3 886	78 311	20.15	0.69	12.91	59	36 719	622	48.38	6.05
Kep	6 088	198 609	32.62	0.44	84.93	1 924	33 528	17.43	0.30	14.34	2	1 470	735	1.94	0.63
山区	189 148	5 102 696	26.98	11.30	94.65	19 353	285 187	14.74	2.52	5.29	1	7	7	0.01	0.00
Kampong Speu	111 099	3 039 735	27.36	6.73	97.11	7 595	90 497	11.92	0.80	2.89	1	7	7	0.01	0.00
Kratie	23 761	693 382	29.18	1.54	92.55	4 233	55 562	13.13	0.49	7.42	0	0	0	0.00	0.00
Mondul Kiri	5 472	167 285	30.57	0.37	89.79	1 288	19 004	14.75	0.17	10.20	0	0	0	0.00	0.00
Preah Vihear	24 134	649 656	26.92	1.44	87.38	3 644	91 275	25.05	0.81	12.28	0	0	0	0.00	0.00
Ratanak Kiri	14 889	294 420	19.77	0.65	97.29	709	8 162	11.51	0.07	2.70	0	0	0	0.00	0.00
Stung Treng	9 793	258 218	26.37	0.57	92.55	1 884	20 687	10.98	0.18	7.41	0	0	0	0.00	0.00

（续表）

区域/省	鹌鹑					火鸡					其他禽类					小型家禽合计		
	养殖主体数量（家）	存栏量（羽）	平均生产主体存栏量（羽）	存栏量占全国存栏量比例（%）	存栏量占全部小型禽类比例（%）	养殖主体数量（家）	存栏量（羽）	平均生产主体存栏量（羽）	存栏量占全国存栏量比例（%）	存栏量占全部小型禽类比例（%）	养殖主体数量（家）	存栏量（羽）	平均生产主体存栏量（羽）	存栏量占全国存栏量比例（%）	存栏量占全部小型禽类比例（%）	生产主体数量（家）	总存栏量（羽）	平均生产主体存栏量（羽）
全国	627	48 296	77.03	100.00	0.09	1 854	15 840	8.54	100.00	0.03	1 673	24 581	14.69	100.00	0.04	1 611 505	56 629 559	35.14
平原区	327	20 586	62.95	42.62	0.07	1 164	7 365	6.33	46.50	0.03	715	8 231	11.51	33.49	0.03	762 487	27 901 029	36.59
Kampong Cham	161	4 571	28.39	9.46	0.09	0	0	0.00	0.00	0.00	24	96	4.00	0.39	0.00	105 790	4 880 507	46.13
Kandal	62	1 586	25.58	3.28	0.06	1	2	2.00	0.01	0.00	191	1 388	7.27	5.65	0.05	51 701	2 649 556	51.25
Phnom Penh	14	13 175	941.07	27.28	1.35	23	371	16.13	2.34	0.04	47	354	7.53	1.44	0.04	26 068	972 879	37.32
Prey Veng	1	4	4.00	0.01	0.00	25	225	9.00	1.42	0.00	122	996	8.16	4.05	0.02	192 477	6 003 712	31.19
SvayRieng	0	0	0.00	0.00	0.00	0	0	0.00	0.00	0.00	0	0	0.00	0.00	0.00	118 291	3 762 776	31.81
Takeo	0	0	0.00	0.00	0.00	1 051	6 139	5.84	38.76	0.09	237	1 300	5.49	5.29	0.02	178 559	6 709 902	37.58
Tboung Khmum	89	1 250	14.04	2.59	0.04	64	628	9.81	3.96	0.02	94	4 097	43.59	16.67	0.14	89 601	2 921 697	32.61
洞里萨湖区	174	23 037	132.40	47.70	0.13	260	5 372	20.66	33.91	0.03	407	12 098	29.72	49.22	0.07	498 242	18 129 675	36.39
Banteay Meanchey	33	824	24.97	1.71	0.05	19	37	1.95	0.23	0.00	55	1 704	30.98	6.93	0.11	39 138	1 502 097	38.38
Battambang	62	17 784	286.84	36.82	0.47	88	2 782	31.61	17.56	0.07	100	1 969	19.69	8.01	0.05	94 549	3 763 358	39.80
Kampong Chhnang	1	3	3.00	0.01	0.00	37	133	3.59	0.84	0.01	5	42	8.40	0.17	0.00	70 960	2 400 716	33.83
Kampong Thom	2	3 060	1 530.00	6.34	0.08	41	888	21.66	5.61	0.02	14	1 051	75.07	4.28	0.03	101 116	3 634 964	35.95
Pursat	32	484	15.13	1.00	0.02	2	17	8.50	0.11	0.00	31	73	2.35	0.30	0.00	65 327	2 416 820	37.00
Siemreap	42	382	9.10	0.79	0.01	71	1 505	21.20	9.50	0.05	192	7 037	36.65	28.63	0.21	99 545	3 324 726	33.40

（续表）

区域/省	鹌鹑					火鸡					其他禽类					小型家禽合计		
	养殖主体数量（家）	存栏量（羽）	平均生产主体存栏量（羽）	存栏量占全国存栏量比例（%）	存栏量占全部小型禽类比例（%）	养殖主体数量（家）	存栏量（羽）	平均生产主体存栏量（羽）	存栏量占全国存栏量比例（%）	存栏量占全部小型禽类比例（%）	养殖主体数量（家）	存栏量（羽）	平均生产主体存栏量（羽）	存栏量占全国存栏量比例（%）	存栏量占全部小型禽类比例（%）	生产主体数量（家）	总存栏量（羽）	平均生产主体存栏量（羽）
Oddar Meanchey	1	450	450	0.93	0.05	2	10	5	0.06	0.00	1	4	4	0.02	0.00	20 951	873 420	41.69
Pailin	1	50	50	0.10	0.02	0	0	0	0.00	0.00	9	218	24	0.89	0.10	6 656	213 574	32.09
沿海区	100	3 749	37	7.76	0.07	384	2 936	8	18.54	0.06	359	2 339	7	9.52	0.04	142 011	5 207 961	36.67
Kampot	98	1 649	17	3.41	0.04	119	1 510	13	9.53	0.04	352	2 252	6	9.16	0.06	107 660	4 013 526	37.28
Koh Kong	2	2 100	1 050	4.35	0.59	0	0	0	0.00	0.00	2	25	13	0.10	0.01	9 647	353 969	36.70
Sihanoukville	0	0	0	0.00	0.00	227	1 202	5	7.59	0.20	3	35	12	0.14	0.01	16 650	606 608	36.43
Kep	0	0	0	0.00	0.00	38	224	6	1.41	0.10	2	27	14	0.11	0.01	8 054	233 858	29.04
山区	26	925	36	1.92	0.02	45	167	4	1.05	0.00	194	1 916	10	7.79	0.04	208 767	5 390 898	25.82
Kampong Speu	0	0	0	0.00	0.00	1	7	7	0.04	0.00	24	57	2	0.23	0.00	118 720	3 130 303	26.37
Kratie	0	0	0	0.00	0.00	23	50	2	0.32	0.01	59	206	3	0.84	0.03	28 076	749 200	26.68
Mondul Kiri	1	2	2	0.00	0.00	2	7	4	0.04	0.00	1	15	15	0.06	0.01	6 764	186 313	27.54
Preah Vihear	24	920	38	1.90	0.12	0	0	0	0.00	0.00	109	1 598	15	6.50	0.21	27 911	743 449	26.64
Ratanak Kiri	1	3	3	0.01	0.00	2	35	18	0.22	0.01	0	0	0	0.00	0.00	15 601	302 620	19.40
Stung Treng	0	0	0	0.00	0.00	17	68	4	0.43	0.02	1	40	40	0.16	0.01	11 695	279 013	23.86

数据来源：2013 年柬埔寨农业普查

海区是鹅的主要生产区域，集中大型的养殖场。各省中，Preah Sihanouk、Kampot 和 Takeo 鹅的存栏量较高，分别为 36 719 羽、25 110 羽和 12 000羽，其分别占全国存栏量的 48. 38%、33. 08%和 15. 81%，三个省份合计占全国存栏量的 97. 27%。

2013 年，全国鹌鹑的存栏量为 48 296羽，其生产主体数量为 627 个，平均生产主体的鹌鹑存栏量为 77. 03 羽/个，鹌鹑的存栏量占全部小型家禽存栏量的 0. 09%。平原区、洞里萨湖区、沿海区和山区的总存栏量分别为 20 586 羽、23 037 羽、3 749 羽和 925 羽，分别占全国存栏量的 42. 62%、47. 70%、7. 76%和 1. 92%，平原区和洞里萨湖区是鹌鹑的主要生产区域。各省中，Battambang、Phnom Penh 和 Kampong Cham 鹌鹑的存栏量较高，分别为 17 784 羽、13 175 羽和 4 571羽，其分别占全国存栏量的 36. 82%、27. 28%和 9. 46%，三个省份合计占全国存栏量的 73. 56%，其中，Battambang、Phnom Penh 和 Kampong Cham 平均生产主体存栏量分别为 286. 84 羽/个、941. 0 羽/个和 28. 39 羽/个，Phnom Penh 的鹌鹑主要是公司的大型养殖，集中度较高。

2013 年，全国火鸡的存栏量为 15 840羽，其生产主体数量为 1 854个，平均生产主体的火鸡存栏量为 8. 54 羽/个，火鸡的存栏量占全部小型家禽存栏量的 0. 03%。平原区、洞里萨湖区、沿海区和山区的总存栏量分别为 7 365 羽、5 372 羽、2 936 羽和 167 羽，分别占全国存栏量的 46. 50%、33. 91%、18. 54%和 1. 05%，平原区和洞里萨湖区是火鸡的主要生产区域。各省中，Takeo、Battambang 和 Takeo 火鸡的存栏量较高，分别为 6 139 羽、2 782 羽和 1 510羽，其分别占全国存栏量的 38. 76%、17. 56%和 9. 53%，三个省份合计占全国存栏量的 65. 85%。

其他禽类包括燕子和鸽子等。2013 年，全国其他禽类的存栏量为 24 581羽，其生产主体数量为 1 673个，平均生产主体的其他禽类存栏量为 14. 69 羽/个，其他禽类的存栏量占全部小型家禽存栏量的 0. 04%。平原区、洞里萨湖区、沿海区和山区的总存栏量分别为 8 231 羽、12 098 羽、2 339 羽和 1 916羽，分别占全国存栏量的 33. 49%、49. 22%、9. 52%和 7. 79%，洞里萨湖区是其他禽类的主要生产区域。各省中，Siemreap、Tboung Khmum 和 Kampot 其他禽类的存栏量较高，分别为 7 037 羽、4 097 羽和 2 252羽，其分别占全国存栏量的 28. 63%、16. 67%和 9. 16%，三个省份合计占全国存栏量的 54. 46%。

（六）大型家畜的主要用途

牛是主要的大型家畜，是每个农业家庭中均需要的家畜，对家庭的经济生活或劳动力补充均具有重要的作用。牛的主要用途包括产奶、肉用、农用、繁种、鲜销和其他，表 4-8 显示各省牛主要用途的分布情况。2013 年，全国牛的存栏量为 3 234 097头，其中产奶、肉用、农用、繁种、鲜销和其他的数量分别为

表 4-8 牛主要用途分布情况

区域/省	合计存栏量（头）	产奶数量（头）	产奶比例（%）	肉用数量（头）	肉用比例（%）	农用数量（头）	农用比例（%）	繁种数量（头）	繁种比例（%）	鲜销数量（头）	鲜销比例（%）	其他数量（头）	其他比例（%）
全国	3 234 097	60 494	1. 87	110 190	3. 41	1 213 862	37. 53	539 354	16. 68	1 302 303	40. 27	7 894	0. 24
平原区	1 338 152	31 702	2. 37	68 716	5. 14	511 385	38. 22	270 063	20. 18	452 128	33. 79	4 158	0. 31
Kampong Cham	206 818	289	0. 14	2 345	1. 13	99 962	48. 33	26 996	13. 05	77 076	37. 27	150	0. 07
Kandal	172 189	1 748	1. 02	3 004	1. 74	44 335	25. 75	50 368	29. 25	72 199	41. 93	535	0. 31
Phnom Penh	43 147	3 579	8. 29	8 601	19. 93	14 423	33. 43	7 292	16. 90	8 723	20. 22	529	1. 23
Prey Veng	310 368	20 703	6. 67	37 112	11. 96	60 346	19. 44	83 192	26. 80	107 184	34. 53	1 831	0. 59
Svay Rieng	172 162	544	0. 32	3 554	2. 06	101 242	58. 81	10 033	5. 83	56 618	32. 89	171	0. 10
Takeo	335 728	4 326	1. 29	13 524	4. 03	153 331	45. 67	73 665	21. 94	89 978	26. 80	904	0. 27
Tboung Khmum	97 740	513	0. 52	576	0. 59	37 746	38. 62	18 517	18. 95	40 350	41. 28	38	0. 04
洞里萨湖区	933 543	13 535	1. 45	18 305	1. 96	316 709	33. 93	136 159	14. 59	446 922	47. 87	1 913	0. 20
Banteay Meanchey	48 459	2 043	4. 22	762	1. 57	1 244	2. 57	10 299	21. 25	33 662	69. 46	449	0. 93
Battambang	167 305	1 699	1. 02	2 864	1. 71	9 889	5. 91	43 064	25. 74	109 734	65. 59	55	0. 03
Kampong Chhnang	167 263	695	0. 42	677	0. 40	45 360	27. 12	13 892	8. 31	106 556	63. 71	83	0. 05
Kampong Thom	224 908	2 194	0. 98	7 177	3. 19	158 141	70. 31	22 252	9. 89	34 969	15. 55	175	0. 08
Pursat	86 355	185	0. 21	781	0. 90	28 043	32. 47	8 697	10. 07	48 621	56. 30	28	0. 03
Siemreap	200 541	4 279	2. 13	2 185	1. 09	73 011	36. 41	31 036	15. 48	88 932	44. 35	1 098	0. 55

（续表）

区域/省	合计存栏量（头）	产奶数量（头）	产奶比例（%）	肉用数量（头）	肉用比例（%）	农用数量（头）	农用比例（%）	繁种数量（头）	繁种比例（%）	鲜销数量（头）	鲜销比例（%）	其他数量（头）	其他比例（%）
OddarMeanchey	31 295	2 428	7.76	3 755	12.00	942	3.01	6 520	20.83	17 637	56.36	13	0.04
Pailin	7 417	12	0.16	104	1.40	79	1.07	399	5.38	6 811	91.83	12	0.16
沿海区	264 998	2 505	0.95	1 080	0.41	129 351	48.81	31 000	11.70	100 808	38.04	254	0.10
Kampot	226 978	1 873	0.83	690	0.30	122 245	53.86	24 562	10.82	77 418	34.11	190	0.08
Koh Kong	11 475	0	0.00	35	0.31	1 895	16.51	1 235	10.76	8 246	71.86	64	0.56
Sihanoukville	12 122	632	5.21	355	2.93	2 711	22.36	2 953	24.36	5 471	45.13	0	0.00
Kep	14 423	0	0.00	0	0.00	2 500	17.33	2 250	15.60	9 673	67.07	0	0.00
山区	697 407	12 750	1.83	22 087	3.17	256 418	36.77	102 132	14.64	302 449	43.37	1 571	0.23
Kampong Speu	364 126	1 145	0.31	1 466	0.40	181 225	49.77	53 833	14.78	125 887	34.57	570	0.16
Kratie	106 164	393	0.37	1 208	1.14	43 199	40.69	7 246	6.83	54 081	50.94	37	0.03
Mondul Kiri	18 090	635	3.51	7 625	42.15	5 044	27.88	2 280	12.60	2 506	13.85	0	0.00
Preah Vihear	145 357	2 917	2.01	8 720	6.00	22 011	15.14	30 621	21.07	80 504	55.38	584	0.40
Ratanak Kiri	29 563	199	0.67	2 535	8.57	3 303	11.17	3 208	10.85	20 102	68.00	216	0.73
Stung Treng	34 107	7 461	21.88	533	1.56	1 636	4.80	4 944	14.50	19 369	56.79	164	0.48

数据来源：2013 年柬埔寨农业普查

60 494头、110 190头、1 213 862头、539 354头、1 302 303头和7 894头，其分别占合计存栏量的1.87%、3.41%、37.53%、16.68%、40.27%和0.24%，因而牛主要用于农用耕作和鲜销食用，大约1/6的牛用于繁种。其中，Kampong Thom、Svay Rieng和Kampot的牛用于农业耕作的比例较高，分别为70.31%、58.81%和53.86%，而Oddar Meanchey、Banteay Meanchey和Pailin的牛用于农业耕作的比例较低，分别为3.01%、2.57%和1.07%；Pailin、Banteay Meanchey和Ratanak Kiri的牛用于鲜销食用的比例较高，分别为91.83%、69.46%和68.00%，而Phnom Penh、Kampong Thom和Mondul Kiri的牛用于鲜销食用的比例较低，分别为20.22%、15.55%和13.85%。这些主要是与各省的农作情况和大型养殖场分布情况有关，Pailin和Banteay Meanchey的养牛的主要用途为鲜销。

水牛的主要用途包括产奶、肉用、农用、繁种、鲜销和其他，表4-9显示各省水牛主要用途的分布情况，Pailin的数据缺失。2013年，全国水牛的存栏量为517123头，其中产奶、肉用、农用、繁种、鲜销和其他的数量分别为11 868头、11 191头、271 967头、48 834头、172 849头和414头，其分别占合计存栏量的2.30%、2.16%、52.59%、9.41%、33.34%和0.08%，因而水牛主要用于农用耕作和鲜销食用，大约1/10的水牛用于繁种。其中，Kampong Speu、Preah Sihanouk和Svay Rieng的水牛用于农业耕作的比例较高，分别为75.33%、73.58%和73.57%，而Oddar Meanchey、Phnom Penh和Banteay Meanchey的水牛用于农业耕作的比例较低，分别为11.14%、7.25%和1.80%；Kep、Phnom Penh和Banteay Meanchey的水牛用于鲜销食用的比例较高，分别为85.91%、80.81%和71.13%，而Kampot、Mondul Kiri和Preah Sihanouk的水牛用于鲜销食用的比例较低，分别为17.13%、16.52%和11.77%。

马的主要用途包括肉用、农用、繁种、鲜销和其他，表4-10显示各省马主要用途的分布情况。2013年，全国马的存栏量为13 812匹，其中肉用、农用、繁种、鲜销和其他的数量分别为120匹、8 099匹、1 514匹、3 854匹和225匹，其分别占合计存栏量的0.87%、58.64%、10.96%、27.9%和1.63%，因而马主要用于农用耕作和鲜销食用，大约1/10的马用于繁种。其中，Pursat、Svay Rieng和Kampong Thom的马用于农业耕作的比例较高，分别为90.79%、89.27%和81.13%，而Battambang、Ratanak Kiri和Phnom Penh的马用于农业耕作的比例较低，分别为17.36%、14.29%和2.24%；Kep、Preah Vihear和Kampot的马用于鲜销食用的比例较高，分别为100%、100%和53.85%，而Pursat、Kandal和Kampong Thom的马用于鲜销食用的比例较低，分别为9.21%、8.76%和0.58%。在平原区和洞里萨湖区，马主要用于农业耕作，而在山区则主要用于鲜销使用。Oddar Meanchey、Pailin、Preah Sihanouk和Stung Treng未见马的统计数据。

表 4-9　水牛主要用途分布情况

区域/省	合计存栏量（头）	产奶数量（头）	产奶比例（%）	肉用数量（头）	肉用比例（%）	农用数量（头）	农用比例（%）	繁种数量（头）	繁种比例（%）	鲜销数量（头）	鲜销比例（%）	其他数量（头）	其他比例（%）
全国	517 123	11 868	2. 30	11 191	2. 16	271 967	52. 59	48 834	9. 44	172 849	33. 43	414	0. 08
平原区	211 374	4 155	1. 97	6 141	2. 91	123 089	58. 23	23 562	11. 15	54 349	25. 71	78	0. 04
Kampong Cham	20 491	137	0. 67	960	4. 68	10 906	53. 22	3 272	15. 97	5 216	25. 46	0	0. 00
Kandal	4 447	0	0. 00	73	1. 64	1 675	37. 67	1 686	37. 91	1 013	22. 78	0	0. 00
Phnom Penh	745	18	2. 42	71	9. 53	54	7. 25	0	0. 00	602	80. 81	0	0. 00
Prey Veng	44 893	3 524	7. 85	4 431	9. 87	14 591	32. 50	9 685	21. 57	12 643	28. 16	19	0. 04
Svay Rieng	104 646	358	0. 34	290	0. 28	76 993	73. 57	3 225	3. 08	23 754	22. 70	26	0. 02
Takeo	6 511	0	0. 00	56	0. 86	3 754	57. 66	1 022	15. 70	1 679	25. 79	0	0. 00
Tboung Khmum	30 041	118	0. 39	260	0. 87	15 116	50. 32	5 072	16. 88	9 442	31. 43	33	0. 11
洞里萨湖区	180 654	2 354	1. 30	1 819	1. 01	95 909	53. 09	10 638	5. 89	69 631	38. 54	303	0. 17
Banteay Meanchey	3 720	234	6. 29	0	0. 00	67	1. 80	773	20. 78	2 646	71. 13	0	0. 00
Battambang	3 487	271	7. 77	0	0. 00	422	12. 10	1 296	37. 17	1 492	42. 79	6	0. 17
Kampong Chhnang	42 724	407	0. 95	0	0. 00	18 177	42. 55	1 558	3. 65	22 402	52. 43	180	0. 42
Kampong Thom	52 363	545	1. 04	1 408	2. 69	37 194	71. 03	2 254	4. 30	10 935	20. 88	27	0. 05
Pursat	60 548	222	0. 37	116	0. 19	36 270	59. 90	1 863	3. 08	22 050	36. 42	27	0. 04
Siemreap	16 358	675	4. 13	184	1. 12	3 617	22. 11	2 177	13. 31	9 642	58. 94	63	0. 39

（续表）

区域/省	合计存栏量（头）	产奶数量（头）	产奶比例（%）	肉用数量（头）	肉用比例（%）	农用数量（头）	农用比例（%）	繁种数量（头）	繁种比例（%）	鲜销数量（头）	鲜销比例（%）	其他数量（头）	其他比例（%）
Oddar Meanchey	1 454	0	0.00	111	7.63	162	11.14	717	49.31	464	31.91	0	0.00
Pailin	0	0	0.00	0	0.00	0	0.00	0	0.00	0	0.00	0	0.00
沿海区	31 689	285	0.90	475	1.50	17 439	55.03	3 052	9.63	10 425	32.90	13	0.04
Kampot	11 622	269	2.31	290	2.50	8 363	71.96	709	6.10	1 991	17.13	0	0.00
Koh Kong	12 739	0	0.00	12	0.09	4 389	34.45	1 632	12.81	6 693	52.54	13	0.10
Sihanoukville	6 143	16	0.26	173	2.82	4 520	73.58	711	11.57	723	11.77	0	0.00
Kep	1 185	0	0.00	0	0.00	167	14.09	0	0.00	1 018	85.91	0	0.00
山区	93 009	5 073	5.45	2 756	2.96	35 532	38.20	11 183	12.02	38 445	41.33	20	0.02
Kampong Speu	2 412	0	0.00	0	0.00	1 817	75.33	51	2.11	544	22.55	0	0.00
Kratie	25 157	6	0.02	53	0.21	9 268	36.84	1 065	4.23	14 765	58.69	0	0.00
Mondul Kiri	5 764	105	1.82	1 121	19.45	1 804	31.30	1 782	30.92	952	16.52	0	0.00
Preah Vihear	10 980	49	0.45	394	3.59	1 886	17.18	3 497	31.85	5 154	46.94	0	0.00
Ratanak Kiri	8 343	6	0.07	241	2.89	3 349	40.14	1 692	20.28	3 040	36.44	15	0.18
Stung Treng	40 353	4 907	12.16	947	2.35	17 408	43.14	3 096	7.67	13 990	34.67	5	0.01

数据来源：2013 年柬埔寨农业普查

表 4-10　马主要用途分布情况

区域/省	合计数量（匹）	肉用数量（匹）	肉用比例（%）	农用数量（匹）	农用比例（%）	繁种数量（匹）	繁种比例（%）	鲜销数量（匹）	鲜销比例（%）	其他数量（匹）	其他比例（%）
全国	13 812	120	0. 87	8 099	58. 64	1 514	10. 96	3 854	27. 90	225	1. 63
平原区	9 608	47	0. 49	6 392	66. 53	1 313	13. 67	1 796	18. 69	60	0. 62
Kampong Cham	3 066	0	0. 00	2 447	79. 81	122	3. 98	437	14. 25	60	1. 96
Kandal	1 461	0	0. 00	929	63. 59	404	27. 65	128	8. 76	0	0. 00
Phnom Penh	83	0	0. 00	2	2. 41	65	78. 31	16	19. 28	0	0. 00
Prey Veng	1 530	24	1. 57	788	51. 50	288	18. 82	430	28. 10	0	0. 00
Svay Rieng	755	0	0. 00	674	89. 27	0	0. 00	81	10. 73	0	0. 00
Takeo	1 696	0	0. 00	1 012	59. 67	356	20. 99	328	19. 34	0	0. 00
Tboung Khmum	1 017	23	2. 26	540	53. 10	78	7. 67	376	36. 97	0	0. 00
洞里萨湖区	2 036	73	3. 59	956	46. 95	187	9. 18	726	35. 66	94	4. 62
Banteay Meanchey	11	0	0. 00	2	18. 18	0	0. 00	0	0. 00	9	81. 82
Battambang	864	1	0. 12	150	17. 36	159	18. 40	469	54. 28	85	9. 84
Kampong Chhnang	311	0	0. 00	169	54. 34	0	0. 00	142	45. 66	0	0. 00
Kampong Thom	514	72	14. 01	417	81. 13	22	4. 28	3	0. 58	0	0. 00
Pursat	152	0	0. 00	138	90. 79	0	0. 00	14	9. 21	0	0. 00
Siemreap	184	0	0. 00	80	43. 48	6	3. 26	98	53. 26	0	0. 00

（续表）

区域/省	合计数量（匹）	肉用数量（匹）	肉用比例（%）	农用数量（匹）	农用比例（%）	繁种数量（匹）	繁种比例（%）	鲜销数量（匹）	鲜销比例（%）	其他数量（匹）	其他比例（%）
Oddar Meanchey	0	0	0.00	0	0.00	0	0.00	0	0.00	0	0.00
Pailin	0	0	0.00	0	0.00	0	0.00	0	0.00	0	0.00
沿海区	569	0	0.00	166	29.17	1	0.18	334	58.70	68	11.95
Kampot	507	0	0.00	166	32.74	0	0.00	273	53.85	68	13.41
Koh Kong	1	0	0.00	0	0.00	1	100.00	0	0.00	0	0.00
Sihanoukville	0	0	0.00	0	0.00	0	0.00	0	0.00	0	0.00
Kep	61	0	0.00	0	0.00	0	0.00	61	100.00	0	0.00
山区	1 596	0	0.00	583	36.53	14	0.88	996	62.41	3	0.19
Kampong Speu	797	0	0.00	229	28.73	3	0.38	562	70.51	3	0.38
Kratie	773	0	0.00	353	45.67	5	0.65	415	53.69	0	0.00
Mondul Kiri	3	0	0.00	0	0.00	3	100.00	0	0.00	0	0.00
Preah Vihear	16	0	0.00	0	0.00	0	0.00	16	100.00	0	0.00
Ratanak Kiri	7	0	0.00	1	14.29	3	42.86	3	42.86	0	0.00
Stung Treng	0	0	0.00	0	0.00	0	0.00	0	0.00	0	0.00

数据来源：2013 年柬埔寨农业普查

猪的主要用途包括肉用、繁种、鲜销和其他，表 4-11 显示各省猪主要用途的分布情况。2013 年，全国猪的存栏量为 445 213头，其中肉用、繁种、鲜销和其他的数量分别为 44 306头、58 380头、321 451头和 21 076头，其分别占合计存栏量的 9. 95%、13. 11%、72. 20% 和 4. 73%，因而猪主要用于鲜销食用，大约 1/7 的猪用于繁种。其中，Koh Kong、Pursat 和 Kep 的猪用于鲜销食用的比例较高，分别为 91. 56%、87. 86% 和 87. 33% 和 71. 13%，而 Prey Veng、Preah Sihanouk 和 Mondul Kiri 的猪用于鲜销食用的比例较低，分别为 47. 97%、46. 37%和 30. 29%，猪的鲜销食用分布与人口密度有一定联系。

羊的主要用途包括肉用、繁种、鲜销和其他，表 4-12 显示各省羊主要用途的分布情况。2013 年，全国羊的存栏量为 3 593只，其中肉用、繁种、鲜销和其他的数量分别为 191 只、1 059只、2 232只和 111 只，其分别占合计存栏量的 5. 32%、29. 47%、62. 12%和 3. 09%，因而羊主要用于鲜销食用，大约 1/3 的羊用于繁种。其中，Svay Rieng、Kampong Speu 和 Preah Vihear 的羊用于鲜销食用的比例均达到 100%，主要从事羊的生产。而 Kandal 羊用于繁种的比例达到 44. 85%，是主要的羊仔生产省份。Pursat、Siemreap、Oddar Meanchey、Pailin、Koh Kong、Kratie、Mondul Kiri 和 Ratanak Kiri 的羊的生产数量均小于 10 只，生产规模小。

（七）小型家禽的主要用途

鸡的主要用途包括肉用、蛋用、繁种、鲜销、其他和未报告，表 4-13 显示各省鸡主要用途的分布情况。2013 年，全国鸡的存栏量为 45 126 317只，其中肉用、蛋用、繁种、鲜销、其他和未报告的数量分别为 14 071 564只、1 458 052只、2 466 918只、26 826 364只、229 822只和 73 597只，其分别占合计存栏量的 31. 18%、3. 23%、5. 27%、59. 49%、0. 51% 和 0. 16%，因而鸡主要用于肉用和鲜销食用，大约 1/20 的鸡用于繁种，其他用途和未报告的数量占比均低于 1%。在各省中，Kratie、Ratanak Kiri 和 Mondul Kiri 的鸡用于肉用的比例较高，分别为 94. 47%、84. 30%和 82. 35%，主要是大型企业的饲养，集中饲养，集中处理，而 Kampong Chhnang、Kampong Cham 和 Kep 的鸡用于肉用的比例较低，分别为 13. 46%、11. 40%和 4. 05%；Kampong Chhnang、Pursat 和 Takeo 的鸡用于鲜销食用的比例较高，分别为 84. 13%、76. 66%和 75. 59%，而 Kratie、Ratanak Kiri 和 Mondul Kiri 的鸡用于鲜销食用的比例较低，分别为 4. 29%、4. 27%和 2. 84%，该地区的鸡主要为肉用。值得注意的是全国蛋用的鸡占比仅为 3. 23%，Banteay Meanchey 和 Preah Sihanouk 的蛋用比例显著高于其他地区，分别达到 26. 25%和 26. 11%，是鸡蛋的主要产区。

表 4-11　猪主要用途分布情况

区域/省	合计数量（头）	肉用数量（头）	肉用比例（%）	繁种数量（头）	繁种比例（%）	鲜销数量（头）	鲜销比例（%）	其他数量（头）	其他比例（%）
全国	445 213	44 306	9. 95	58 380	13. 11	321 451	72. 20	21 076	4. 73
平原区	219 636	26 041	11. 86	29 152	13. 27	151 429	68. 95	13 014	5. 93
Kampong Cham	21 101	655	3. 10	2 071	9. 81	17 131	81. 19	1 244	5. 90
Kandal	11 753	1 774	15. 09	1 727	14. 69	8 035	68. 37	217	1. 85
Phnom Penh	4 060	521	12. 83	635	15. 64	2 617	64. 46	287	7. 07
Prey Veng	62 404	14 998	24. 03	11 406	18. 28	29 937	47. 97	6 063	9. 72
Svay Rieng	43 764	3 306	7. 55	3 438	7. 86	36 285	82. 91	735	1. 68
Takeo	60 222	4 289	7. 12	8 654	14. 37	43 679	72. 53	3 600	5. 98
Tboung Khmum	16 332	498	3. 05	1 221	7. 48	13 745	84. 16	868	5. 31
洞里萨湖区	111 314	8 458	7. 60	16 231	14. 58	81 547	73. 26	5 078	4. 56
Banteay Meanchey	7 804	926	11. 87	1 315	16. 85	5 105	65. 42	458	5. 87
Battambang	10 069	426	4. 23	1 209	12. 01	7 888	78. 34	546	5. 42
Kampong Chhnang	20 089	552	2. 75	2 923	14. 55	14 959	74. 46	1 655	8. 24
Kampong Thom	23 482	2 059	8. 77	3 069	13. 07	17 850	76. 02	504	2. 15
Pursat	13 118	373	2. 84	904	6. 89	11 525	87. 86	316	2. 41
Siemreap	29 895	2 815	9. 42	6 362	21. 28	19 381	64. 83	1 337	4. 47

（续表）

区域/省	合计数量（头）	肉用数量（头）	肉用比例（%）	繁种数量（头）	繁种比例（%）	鲜销数量（头）	鲜销比例（%）	其他数量（头）	其他比例（%）
Oddar Meanchey	6 342	1 286	20. 28	429	6. 76	4 407	69. 49	220	3. 47
Pailin	515	21	4. 08	20	3. 88	432	83. 88	42	8. 16
沿海区	47 395	2 843	6. 00	3 915	8. 26	39 132	82. 57	1 505	3. 18
Kampot	36 953	2 048	5. 54	2 654	7. 18	31 115	84. 20	1 136	3. 07
Koh Kong	4 751	118	2. 48	79	1. 66	4 350	91. 56	204	4. 29
Sihanoukville	3 181	601	18. 89	961	30. 21	1 475	46. 37	144	4. 53
Kep	2 510	76	3. 03	221	8. 80	2 192	87. 33	21	0. 84
山区	66 868	6 964	10. 41	9 082	13. 58	49 343	73. 79	1 479	2. 21
Kampong Speu	25 211	1 558	6. 18	2 231	8. 85	20 729	82. 22	693	2. 75
Kratie	7 184	567	7. 89	792	11. 02	5 755	80. 11	70	0. 97
Mondul Kiri	3 698	1 409	38. 10	948	25. 64	1 120	30. 29	221	5. 98
Preah Vihear	18 282	1 570	8. 59	2 929	16. 02	13 425	73. 43	358	1. 96
Ratanak Kiri	6 599	802	12. 15	1 124	17. 03	4 671	70. 78	2	0. 03
Stung Treng	5 894	1 058	17. 95	1 058	17. 95	3 643	61. 81	135	2. 29

数据来源：2013 年柬埔寨农业普查

表 4-12　羊主要用途分布情况

区域/省	合计数量（头）	肉用数量（头）	肉用比例（%）	繁种数量（头）	繁种比例（%）	鲜销数量（头）	鲜销比例（%）	其他数量（头）	其他比例（%）
全国	3 593	191	5.32	1 059	29.47	2 232	62.12	111	3.09
平原区	2 688	79	2.94	985	36.64	1 544	57.44	80	2.98
Kampong Cham	210	0	0.00	34	16.19	176	83.81	0	0.00
Kandal	1 788	3	0.17	802	44.85	930	52.01	53	2.96
Phnom Penh	83	28	33.73	0	0.00	29	34.94	26	31.33
Prey Veng	183	22	12.02	33	18.03	128	69.95	0	0.00
Svay Rieng	125	0	0.00	0	0.00	125	100.00	0	0.00
Takeo	164	26	15.85	80	48.78	57	34.76	1	0.61
Tboung Khmum	135	0	0.00	36	26.67	99	73.33	0	0.00
洞里萨湖区	560	85	15.18	70	12.50	374	66.79	31	5.54
Banteay Meanchey	36	2	5.56	2	5.56	32	88.89	0	0.00
Battambang	144	2	1.39	32	22.22	80	55.56	30	20.83
Kampong Chhnang	131	0	0.00	1	0.76	130	99.24	0	0.00
Kampong Thom	242	81	33.47	35	14.46	126	52.07	0	0.00
Pursat	3	0	0.00	0	0.00	3	100.00	0	0.00
Siemreap	1	0	0.00	0	0.00	1	100.00	0	0.00

（续表）

区域/省	合计数量（头）	肉用数量（头）	肉用比例（%）	繁种数量（头）	繁种比例（%）	鲜销数量（头）	鲜销比例（%）	其他数量（头）	其他比例（%）
Oddar Meanchey	1	0	0.00	0	0.00	1	100.00	0	0.00
Pailin	2	0	0.00	0	0.00	1	50.00	1	50.00
沿海区	234	23	9.83	3	1.28	208	88.89	0	0.00
Kampot	127	0	0.00	1	0.79	126	99.21	0	0.00
Koh Kong	2	0	0.00	1	50.00	1	50.00	0	0.00
Sihanoukville	25	23	92.00	0	0.00	2	8.00	0	0.00
Kep	80	0	0.00	1	1.25	79	98.75	0	0.00
山区	111	5	4.50	1	0.90	105	94.59	0	0.00
Kampong Speu	37	0	0.00	0	0.00	37	100.00	0	0.00
Kratie	0	0	0.00	0	0.00	0	0.00	0	0.00
Mondul Kiri	3	1	33.33	1	33.33	1	33.33	0	0.00
Preah Vihear	17	0	0.00	0	0.00	17	100.00	0	0.00
Ratanak Kiri	2	1	50.00	0	0.00	1	50.00	0	0.00
Stung Treng	52	3	5.77	0	0.00	49	94.23	0	0.00

数据来源：2013 年柬埔寨农业普查

表 4-13　鸡主要用途分布情况

区域/省	被调查者数量（个）	禽类存栏量（羽）	平均被调查者存栏量（羽）	肉用数量（羽）	肉用比例（%）	蛋用数量（羽）	蛋用比例（%）	繁种数量（羽）	繁种比例（%）	鲜销数量（羽）	鲜销比例（%）	其他数量（羽）	其他比例（%）	未报告数量（羽）	未报告比例（%）
全国	1 357 333	45 126 317	33. 25	14 071 564	31. 18	1 458 052	3. 23	2 466 918	5. 47	26 826 364	59. 45	229 822	0. 51	73 597	0. 16
平原区	622 910	20 709 856	33. 25	6 558 747	31. 67	692 793	3. 35	1 235 605	5. 97	12 108 628	58. 47	76 633	0. 37	37 450	0. 18
Kampong Cham	84 972	3 064 719	36. 07	349 372	11. 40	114 716	3. 74	379 223	12. 37	2 207 164	72. 02	13 334	0. 44	910	0. 03
Kandal	45 920	2 236 643	48. 71	611 395	27. 34	121 295	5. 42	127 223	5. 69	1 369 794	61. 24	6 936	0. 31	0	0. 00
Phnom Penh	21 038	834 498	39. 67	383 992	46. 01	76 202	9. 13	20 015	2. 40	344 680	41. 30	4 437	0. 53	5 172	0. 62
Prey Veng	156 707	4 096 024	26. 14	2 141 174	52. 27	283 516	6. 92	351 356	8. 58	1 275 069	31. 13	20 714	0. 51	24 195	0. 59
Svay Rieng	98 430	2 910 347	29. 57	1 180 390	40. 56	2 191	0. 08	34 688	1. 19	1 683 787	57. 86	7 131	0. 25	2 160	0. 07
Takeo	139 600	4 873 341	34. 91	918 915	18. 86	83 023	1. 70	162 861	3. 34	3 683 919	75. 59	20 833	0. 43	3 790	0. 08
Tboung Khmum	76 243	2 694 284	35. 34	973 509	36. 13	11 850	0. 44	160 239	5. 95	1 544 215	57. 31	3 248	0. 12	1 223	0. 05
洞里萨湖区	426 779	14 882 558	34. 87	4 158 228	27. 94	549 930	3. 70	704 041	4. 73	9 388 245	63. 08	61 974	0. 42	20 140	0. 14
Banteay Meanchey	31 979	1 318 040	41. 22	384 815	29. 20	345 962	26. 25	26 404	2. 00	550 889	41. 80	9 907	0. 75	63	0. 00
Battambang	81 827	3 151 516	38. 51	845 801	26. 84	40 384	1. 28	182 887	5. 80	2 072 592	65. 76	5 165	0. 16	4 687	0. 15
Kampong Chhnang	63 954	2 078 441	32. 50	279 806	13. 46	13 224	0. 64	22 491	1. 08	1 748 586	84. 13	14 334	0. 69	0	0. 00
Kampong Thom	88 276	2 729 844	30. 92	734 840	26. 92	81 745	2. 99	336 437	12. 32	1 571 140	57. 55	3 670	0. 13	2 012	0. 07
Pursat	55 990	2 105 643	37. 61	449 751	21. 36	26 112	1. 24	1 984	0. 09	1 614 217	76. 66	13 579	0. 64	0	0. 00
Siemreap	81 974	2 499 777	30. 49	871 832	34. 88	37 219	1. 49	112 948	4. 52	1 457 078	58. 29	10 113	0. 40	10 587	0. 42

（续表）

区域/省	被调查者数量（个）	禽类存栏量（羽）	平均被调查者存栏量（羽）	肉用数量（羽）	肉用比例（%）	蛋用数量（羽）	蛋用比例（%）	繁种数量（羽）	繁种比例（%）	鲜销数量（羽）	鲜销比例（%）	其他数量（羽）	其他比例（%）	未报告数量（羽）	未报告比例（%）
Oddar Meanchey	17 384	804 476	46. 28	447 384	55. 61	3 748	0. 47	20 890	2. 60	327 381	40. 69	2 815	0. 35	2 258	0. 28
Pailin	5 395	194 821	36. 11	143 999	73. 91	1 536	0. 79	0	0. 00	46 362	23. 80	2 391	1. 23	533	0. 27
沿海区	118 498	4 441 602	37. 48	1 244 242	28. 01	145 529	3. 28	223 480	5. 03	2 737 567	61. 63	80 947	1. 82	9 837	0. 22
Kampot	91 627	3 441 673	37. 56	1 045 655	30. 38	17 029	0. 49	135 030	3. 92	2 215 074	64. 36	20 768	0. 60	8 117	0. 24
Koh Kong	8 308	312 186	37. 58	63 110	20. 22	765	0. 25	15 185	4. 86	232 288	74. 41	838	0. 27	0	0. 00
Sihanoukville	12 475	489 134	39. 21	127 443	26. 05	127 735	26. 11	53 801	11. 00	178 628	36. 52	1 527	0. 31	0	0. 00
Kep	6 088	198 609	32. 62	8 034	4. 05	0	0. 00	19 464	9. 80	111 577	56. 18	57 814	29. 11	1 720	0. 87
山区	189 148	5 092 308	26. 92	2 110 349	41. 44	69 800	1. 37	303 793	5. 97	2 591 925	50. 90	10 272	0. 20	6 169	0. 12
Kampong Speu	111 099	3 035 542	27. 32	786 644	25. 91	38 161	1. 26	168 508	5. 55	2 034 121	67. 01	6 269	0. 21	1 839	0. 06
Kratie	23 761	693 347	29. 18	655 012	94. 47	16	0. 00	8 553	1. 23	29 766	4. 29	0	0. 00	0	0. 00
Mondul Kiri	5 472	164 784	30. 11	135 700	82. 35	7 703	4. 67	16 602	10. 08	4 681	2. 84	0	0. 00	98	0. 06
Preah Vihear	24 134	647 526	26. 83	167 759	25. 91	19 269	2. 98	66 132	10. 21	392 507	60. 62	1 819	0. 28	40	0. 01
Ratanak Kiri	14 889	293 520	19. 71	247 448	84. 30	4 194	1. 43	26 120	8. 90	12 529	4. 27	1 961	0. 67	1 268	0. 43
Stung Treng	9 793	257 589	26. 30	117 786	45. 73	457	0. 18	17 878	6. 94	118 321	45. 93	223	0. 09	2 924	1. 14

数据来源：2013 年柬埔寨农业普查

鸭的主要用途包括肉用、蛋用、繁种、鲜销、其他和未报告，表 4-14 显示各省鸭主要用途的分布情况。2013 年，全国鸭的存栏量为 10 644 862只，其中肉用、蛋用、繁种、鲜销、其他和未报告的数量分别为 1 946 142只、5 339 764只、181 528只、3 098 871 只、35 562 只和 42 995 只，其分别占合计存栏量的 18.28%、50.16%、1.71%、29.11%、0.33%和 0.40%，大约 1/50 的鸭用于繁种，其他用途和未报告的数量占比均低于 1%，因而，鸭主要用于蛋用和鲜销食用。在各省中，Kampong Cham、Pursat 和 Takeo 的鸭用于蛋用的比例较高，分别为 80.31%、73.01%和 71.62%，而 Pailin、Svay Rieng 和 Ratanak Kiri 的鸭用于蛋用的比例较低，分别为 1.78%、1.59% 和 0.31%；Preah Vihear、Kep 和 Battambang 的鸭用于鲜销食用的比例较高，分别为 87.24%、63.92% 和 59.78%，而 Pailin、Mondul Kiri 和 Kratie 的鸭用于鲜销食用的比例较低，分别为 8.63%、5.78%和 2.38%，该地区的鸭主要为蛋用。

火鸡的主要用途包括肉用、蛋用、繁种、鲜销、其他和未报告，表 4-15 显示各省火鸡主要用途的分布情况。2013 年，全国火鸡的存栏量为 15 840羽，其中肉用、蛋用、繁种、鲜销、其他和未报告的数量分别为 5 779 羽、1 045 羽、2 590 羽、6 397 羽、7 羽和 22 羽，其分别占合计存栏量的 36.48%、6.60%、16.35%、40.39%、0.04%和 0.14%，大约 1/6 的火鸡用于繁种，其他用途和未报告的数量占比均低于 1%，因而，火鸡主要用于肉用和鲜销食用。在各省中，Phnom Penh、Ratanak Kiri 和 Stung Treng 的火鸡用于肉用的比例较高，均为 100%；Prey Veng、Banteay Meanchey 和 Pursat 的火鸡用于鲜销食用的比例较高，均为 100%；Kampong Cham、Svay Rieng、Pailin、Koh Kong 和 Preah Vihear 未见火鸡养殖的数据。

（八）畜产品加工储藏

柬埔寨目前还没有大型的自动化屠宰场，都是在地面直接屠宰，卫生条件较差。由于电力缺口较大，也没有成规模的冷藏存储和物流做后盾，选择当天屠宰的鲜肉是目前当地人唯一的选择。

（九）畜禽养殖业市场情况

根据 FAO 关于动物和肉类产品消费报告，柬埔寨平均每人每年消费 17.59 千克肉，包括 5 千克黄牛和水牛肉，9.29 千克猪肉，3.3 千克禽肉和其他肉类。2017 年，为了满足 1 690万人的需要，柬埔寨需要 327 293吨肉，其中还不包括 560 万游客的消费量。本国能生产 298 158吨肉类，占消费量的 91%，包括 81 962吨牛肉（68 万头黄牛和水牛），165 399吨猪肉（331 万头猪）和 51 378吨禽肉(4 240万只家禽)。为了填补这一空缺，柬埔寨进口了 461 635只活猪和 3 719 614只活禽，另外还有 856 吨肉类（包括猪肉、鸡肉、鸭肉、鹌鹑和牛肉）。

表 4-14　鸭主要用途分布情况

区域/省	被调查者数量（个）	禽类数量（羽）	平均被调查者存栏量（羽）	肉用数量（羽）	肉用比例（%）	蛋用数量（羽）	蛋用比例（%）	繁种数量（羽）	繁种比例（%）	鲜销数量（羽）	鲜销比例（%）	其他数量（羽）	其他比例（%）	未报告数量（羽）	未报告比例（%）
全国	249 923	10 644 862	42. 59	1 946 142	18. 28	5 339 764	50. 16	181 528	1. 71	3 098 871	29. 11	35 562	0. 33	42 995	0. 40
平原区	137 370	6 492 173	47. 26	1 176 633	18. 12	3 808 901	58. 67	80 477	1. 24	1 405 970	21. 66	9 223	0. 14	10 969	0. 17
Kampong Cham	20 633	1 729 564	83. 83	37 794	2. 19	1 388 996	80. 31	8 956	0. 52	291 979	16. 88	1 000	0. 06	839	0. 05
Kandal	5 527	408 473	73. 91	24 846	6. 08	277 052	67. 83	5 987	1. 47	98 856	24. 20	1 732	0. 42	0	0. 00
Phnom Penh	4 946	124 003	25. 07	71 158	57. 38	16 930	13. 65	2 636	2. 13	32 410	26. 14	829	0. 67	40	0. 03
Prey Veng	35 622	1 904 557	53. 47	722 941	37. 96	785 317	41. 23	25 438	1. 34	361 655	18. 99	1 440	0. 08	7 766	0. 41
Svay Rieng	19 861	283 644	14. 28	144 143	50. 82	4 507	1. 59	2 480	0. 87	131 329	46. 30	1 121	0. 40	64	0. 02
Takeo	37 671	1 823 271	48. 40	119 483	6. 55	1 305 814	71. 62	12 570	0. 69	381 013	20. 90	2 610	0. 14	1 781	0. 10
Tboung Khmum	13 110	218 661	16. 68	56 268	25. 73	30 285	13. 85	22 410	10. 25	108 728	49. 72	491	0. 22	479	0. 22
洞里萨湖区	70 599	3 190 322	45. 19	488 588	15. 31	1 269 983	39. 81	77 161	2. 42	1 346 488	42. 21	3 024	0. 09	5 078	0. 16
Banteay Meanchey	7 052	179 457	25. 45	73 605	41. 02	20 324	11. 33	4 449	2. 48	80 135	44. 65	907	0. 51	37	0. 02
Battambang	12 471	585 732	46. 97	48 892	8. 35	137 425	23. 46	47 824	8. 16	350 178	59. 78	203	0. 03	1 210	0. 21
Kampong Chhnang	6 963	321 970	46. 24	3 401	1. 06	191 115	59. 36	236	0. 07	127 075	39. 47	143	0. 04	0	0. 00
Kampong Thom	12 782	897 670	70. 23	240 242	26. 76	384 236	42. 80	18 325	2. 04	252 736	28. 15	197	0. 02	1 934	0. 22
Pursat	9 272	306 687	33. 08	20 604	6. 72	223 909	73. 01	59	0. 02	61 958	20. 20	157	0. 05	0	0. 00
Siemreap	17 245	814 098	47. 21	47 132	5. 79	297 307	36. 52	5 996	0. 74	461 113	56. 64	735	0. 09	1 815	0. 22

（续表）

区域/省	被调查者数量（个）	禽类数量（羽）	平均被调查者存栏量（羽）	肉用数量（羽）	肉用比例（%）	蛋用数量（羽）	蛋用比例（%）	繁种数量（羽）	繁种比例（%）	鲜销数量（羽）	鲜销比例（%）	其他数量（羽）	其他比例（%）	未报告数量（羽）	未报告比例（%）
Oddar Meanchey	3 563	66 262	18. 60	38 185	57. 63	15 339	23. 15	272	0. 41	11 702	17. 66	682	1. 03	82	0. 12
Pailin	1 251	18 446	14. 75	16 527	89. 60	328	1. 78	0	0. 00	1 591	8. 63	0	0. 00	0	0. 00
沿海区	22 600	678 288	30. 01	174 236	25. 69	225 211	33. 20	11 818	1. 74	218 434	32. 20	22 519	3. 32	26 070	3. 84
Kampot	15 457	539 823	34. 92	145 696	26. 99	185 152	34. 30	4 697	0. 87	164 362	30. 45	14 076	2. 61	25 840	4. 79
Koh Kong	1 333	26 627	19. 98	8 701	32. 68	3 251	12. 21	1 858	6. 98	12 643	47. 48	5	0. 02	169	0. 63
Sihanoukville	3 886	78 310	20. 15	18 708	23. 89	32 993	42. 13	4 555	5. 82	19 997	25. 54	2 057	2. 63	0	0. 00
Kep	1 924	33 528	17. 43	1 131	3. 37	3 815	11. 38	708	2. 11	21 432	63. 92	6 381	19. 03	61	0. 18
山区	19 353	284 081	14. 68	106 685	37. 55	35 669	12. 56	12 074	4. 25	127 979	45. 05	796	0. 28	878	0. 31
Kampong Speu	7 595	90 125	11. 87	28 921	32. 09	15 384	17. 07	4 355	4. 83	41 097	45. 60	368	0. 41	0	0. 00
Kratie	4 233	55 562	13. 13	43 434	78. 17	9 257	16. 66	1 547	2. 78	1 324	2. 38	0	0. 00	0	0. 00
Mondul Kiri	1 288	18 972	14. 73	13 744	72. 44	3 038	16. 01	769	4. 05	1 097	5. 78	324	1. 71	0	0. 00
Preah Vihear	3 644	91 103	25. 00	3 640	4. 00	7 463	8. 19	421	0. 46	79 480	87. 24	43	0. 05	56	0. 06
Ratanak Kiri	709	8 157	11. 50	5 907	72. 42	25	0. 31	801	9. 82	1 419	17. 40	5	0. 06	0	0. 00
Stung Treng	1 884	20 162	10. 70	11 039	54. 75	502	2. 49	4 181	20. 74	3 562	17. 67	56	0. 28	822	4. 08

数据来源：2013 年柬埔寨农业普查

表 4-15　火鸡主要用途分布情况

区域/省	被调查者数量（个）	禽类数量（羽）	平均被调查者存栏量（羽）	肉用数量（羽）	肉用比例（%）	蛋用数量（羽）	蛋用比例（%）	繁种数量（羽）	繁种比例（%）	鲜销数量（羽）	鲜销比例（%）	其他数量（羽）	其他比例（%）	未报告数量（羽）	未报告比例（%）
全国	1 854	15 840	8. 54	5 779	36. 48	1 045	6. 60	2 590	16. 35	6 397	40. 39	7	0. 04	22	0. 14
平原区	1 164	7 365	6. 33	3 450	46. 84	635	8. 62	933	12. 67	2 327	31. 60	0	0. 00	20	0. 27
Kampong Cham	0	0	0. 00	0	0. 00	0	0. 00	0	0. 00	0	0. 00	0	0. 00	0	0. 00
Kandal	1	2	2. 00	0	0. 00	0	0. 00	2	100. 00	0	0. 00	0	0. 00	0	0. 00
Phnom Penh	23	371	16. 13	371	100. 00	0	0. 00	0	0. 00	0	0. 00	0	0. 00	0	0. 00
Prey Veng	25	225	9. 00	0	0. 00	0	0. 00	0	0. 00	225	100. 00	0	0. 00	0	0. 00
Svay Rieng	0	0	0. 00	0	0. 00	0	0. 00	0	0. 00	0	0. 00	0	0. 00	0	0. 00
Takeo	1 051	6 139	5. 84	3 079	50. 15	635	10. 34	343	5. 59	2 062	33. 59	0	0. 00	20	0. 33
Tboung Khmum	64	628	9. 81	0	0. 00	0	0. 00	588	93. 63	40	6. 37	0	0. 00	0	0. 00
洞里萨湖区	260	5 372	20. 66	1 066	19. 84	0	0. 00	695	12. 94	3 607	67. 14	2	0. 04	2	0. 04
Banteay Meanchey	19	37	1. 95	0	0. 00	0	0. 00	0	0. 00	37	100. 00	0	0. 00	0	0. 00
Battambang	88	2 782	31. 61	2	0. 07	0	0. 00	169	6. 07	2611	93. 85	0	0. 00	0	0. 00
Kampong Chhnang	37	133	3. 59	0	0. 00	0	0. 00	106	79. 70	25	18. 80	2	1. 50	0	0. 00
Kampong Thom	41	888	21. 66	0	0. 00	0	0. 00	76	8. 56	812	91. 44	0	0. 00	0	0. 00
Pursat	2	17	8. 50	0	0. 00	0	0. 00	0	0. 00	17	100. 00	0	0. 00	0	0. 00
Siemreap	71	1 505	21. 20	1 056	70. 17	0	0. 00	344	22. 86	105	6. 98	0	0. 00	0	0. 00

（续表）

区域/省	被调查者数量（个）	禽类数量（羽）	平均被调查者存栏量（羽）	肉用数量（羽）	肉用比例（%）	蛋用数量（羽）	蛋用比例（%）	繁种数量（羽）	繁种比例（%）	鲜销数量（羽）	鲜销比例（%）	其他数量（羽）	其他比例（%）	未报告数量（羽）	未报告比例（%）
Oddar Meanchey	2	10	5.00	8	80.00	0	0.00	0	0.00	0	0.00	0	0.00	2	20.00
Pailin	0	0	0.00	0	0.00	0	0.00	0	0.00	0	0.00	0	0.00	0	0.00
沿海区	384	2 935	7.64	1 158	39.45	410	13.97	905	30.83	462	15.74	0	0.00	0	0.00
Kampot	119	1 509	12.68	1 035	68.59	21	1.39	4	0.27	449	29.75	0	0.00	0	0.00
Koh Kong	0	0	0.00	0	0.00	0	0.00	0	0.00	0	0.00	0	0.00	0	0.00
Sihanoukville	227	1 202	5.30	123	10.23	389	32.36	677	56.32	13	1.08	0	0.00	0	0.00
Kep	38	224	5.89	0	0.00	0	0.00	224	100.00	0	0.00	0	0.00	0	0.00
山区	45	167	3.71	105	62.87	0	0.00	57	34.13	0	0.00	5	2.99	0	0.00
Kampong Speu	1	7	7.00	0	0.00	0	0.00	7	100.00	0	0.00	0	0.00	0	0.00
Kratie	23	50	2.17	0	0.00	0	0.00	50	100.00	0	0.00	0	0.00	0	0.00
Mondul Kiri	2	7	3.50	2	28.57	0	0.00	0	0.00	0	0.00	5	71.43	0	0.00
Preah Vihear	0	0	0.00	0	0.00	0	0.00	0	0.00	0	0.00	0	0.00	0	0.00
Ratanak Kiri	2	35	17.50	35	100.00	0	0.00	0	0.00	0	0.00	0	0.00	0	0.00
Stung Treng	17	68	4.00	68	100.00	0	0.00	0	0.00	0	0.00	0	0.00	0	0.00

数据来源：2013 年柬埔寨农业普查

（十）畜禽养殖业的监管与研究

1. 畜禽养殖业管理部门及主要职责

为了实现促进畜禽养殖业发展的目标，在两年的时间里，农林渔业部取得了许多重要的成果，《动物发展战略计划框架 2016—2025》已经经过批准并于 2016 年 4 月 1 日开始实施。农林渔业部负责实施该计划，通过有效开发人力资源来改善动物卫生和生产，传播、制定相关政策并加强执法，发展公众和私人企业。根据农林渔业部的要求，柬埔寨政府将动物卫生和生产局升级为动物卫生和生产总局。这是在农林渔业部管辖下有关动物卫生和生产管理结构的重大改革。

动物卫生和生产总局主管动物卫生和生产业务。动物卫生和生产总局由三层机构构成，国家动物卫生和生产总局，这是最高的机构，各省动物卫生与生产局分支和地区兽医局。《动物卫生和生产法》规定了动物卫生和生产总局的主要任务：制定和实施有关政策来支持动物卫生和生产的可持续发展。动物卫生和生产总局还负责起草相关法律文件，制定与动物卫生和生产有关的各项国家标准。除此之外，动物卫生和生产总局还负责组织实施受卫生控制的设备注册与许可，开展与动物卫生和生产有关的执法活动，负责监测与人类健康（人畜共患疾病）、动物卫生、动物生产有关的风险。此外，动物卫生和生产总局还负责采取措施控制风险，包括阻止和控制疾病，还作为应对疾病暴发而采取紧急应对措施的牵头机构。

为加强动物卫生和生产监管，农林渔业部向所有相关从业者提出按照动物卫生和生产法开展生产经营活动的要求；并于 2017 年 4 月 25 日发布了从国外进口活体动物、动物肉和动物产品的要求，并要求所有从业者即刻实施。

根据世界动物卫生组织关于动物和动物产品卫生控制的要求，动物卫生和生产总局成立了工作组，致力于风险预防，特别是在预防和风险识别方面开展工作。

屠宰行业存在垄断、批发商和零售商确定价格以及大企业的垄断、主管部门薄弱的执法力度等问题，导致每个阶段的附加价格上涨，最终引发食品价格上涨，影响了民生。农林渔业部依据现有的技术和法律标准，印发了关于加强畜禽养殖业管理措施的通知，并发布了旨在根据技术要求和现存法律更有效地加强畜禽养殖业监管的函。

根据相关法律要求，动物饲料、原材料和添加剂的注册程序和标准要求也已经开始实施。农林渔业部在 2018 年 1 月 16 日发布了法令，对相关问题进行了规范。该法令旨在确定动物饲料、饲料原料及添加剂注册的程序和标准要求，以确保这些产品在获得柬埔寨进出口、交易、生产、混合及使用授权前，其质量、效能及安全符合标准要求。在该项法令要求下，任何在柬埔寨从事进口、出口、交易、生产或混合动物饲料、饲料原料和添加剂的个人或实体必须向农林渔业部的动物卫生和生产总局提交这些产品的注册申请。在获得农林渔业部的授权后，动物卫生和生产总局将颁发动物饲料、饲料原料和添加剂的注册证书，有效期为五年。注册证书持有人必须在证书到期日前三个月内申请重新注册其产品。基于本法令，如果发现这些产品对生命、卫生、牲畜和环境产生危险，动物卫生和生产总局可中断或终止该注册，交易、生产、混合并使用该证书也是无效的。在此情况下，任何受到上述中断或终止要求的个人或实体有义务根据《动物卫生和生产法》回收其动物饲料，饲料原料和添加剂并加以处理或销毁。该法令也列明猪、鸡、鸭和牛的复方饲料标准，以及动物饲料成分和禁用添加剂的标准。任何违反本法令所规定的标准程序和适用标准的行为都将受到处罚（http://www.chinago-abroad. com/zh/article/cambodia-legal-alert-maff-issues-prakas-no-51）。

2. 畜禽养殖业科研单位及其研究

从事畜禽养殖业相关研究的国家级研究机构有皇家农业大学和湄公河畜牧研究中心，还有大量从事品种选育和疾病防控的私营企业。

皇家农业大学下设动物卫生与生产学院，2012 年，更名为动物科学和兽医学院，该学院的主要研究目标为：第一，培育能够适应热带气候、抗病并能快速生长的新型家畜；第二，建立起动物遗传多样性的基因库；第三，研发新型饲料，调查动物饲料中非常规饲料资源的利用情况，包括收获、采后贮藏、加工以及贮藏方法；第四，研究动物营养，改善饲料和饲料管理，以实现最大的增长和收益（http://www. rua. edu. kh/index. php/view_ facaultys/308587888/203954551976）。

湄公河畜牧研究中心从 2005 年以来，与澳大利亚悉尼大学兽医科学学院紧密合作，开展改善大型反刍动物的健康方面的研究。在过去两年里，湄公河畜牧研究中心主要进行了以下几项任务：第一，在柬埔寨实施基于村庄的生物安全措施来应对牲畜疾病风险。该项目在 2018 年进入了最后阶段。整合了整个研究项目的几个方面，包括生物安全、牧草养殖培训，以及牲畜和牧草对民生的影响。第二，举办畜禽养殖业生产研讨班。研讨班主要在金边和 Tamao 繁殖站举行，涉及理论和实践活动。学员参与了针对提高柬埔寨牛繁殖力的相关教程。在实践阶段学习如何对牛进行体格检查和直肠触诊对母牛进行妊娠诊断（https://mekonglivestock. wordpress. com/updates-on-current-research/）。

（十一）发展实例

外商直接投资饲料加工也是逐步填补养殖业空白的一个趋势。目前已建成年产能力 10 万吨以上的饲料厂有中国新希望集团、泰国正大集团、韩国 SCF 等。

首都金边周围比较大的专业生猪厂集中在 4 号公路附近，其中有某华侨自己的占地面积 30 公顷的养殖场和韩国人的两家分别占地面积 5 公顷和 30 公顷的种猪场。该华侨采用的是农牧渔混合经营的农场。该场采用简易式猪舍，简单搭建一个铁皮屋，铁栏杆圈住活猪，挖空部分地板，架设高床，牵引水管，即可饲养。当地气候几乎都属于夏季气候，因此无须防寒设备。该场饲养了 800 头母猪，每年大约上市 16 000 头毛猪，产仔率高。

韩国人所开设的养猪场年均出栏 10 000 头左右。为他们提供饲料的是韩国 SCF 饲料厂。这两家养殖场可以供应当地村民猪仔。由于当地农民缺乏科学的饲养技术，难以应付猪仔在 9～12 周的环状病毒发病期，一般购买的猪仔都是从 60 千克开始，而不是正常的 18～20 千克保育结束期的猪仔。饲养 60 千克以上的猪，利润有限，所以农民的饲养积极性不大。

家禽的饲养基本以正大集团饲料公司的经营模式，采取良种投放到定点乡村的农户，全程提供饲料喂养并加以收购的方式进行。

二、畜禽养殖业存在的主要问题

近年来在政府的扶持下，无论是工业化养殖还是家庭式养殖均有了长足的进步，但畜禽养殖业整体发展依旧比较缓慢，主要表现有三点：一是各种畜禽存栏数增幅不大；二是畜禽养殖业在国民经济各部门中的比重低；三是作为一种产业，柬埔寨畜禽养殖业至今尚未形成气候，仅仅作为农民的一种家庭副业而存在，整体来讲分散、规模小、抗风险能力差。

柬埔寨畜禽业当前还不能满足人们对肉食，尤其是猪肉和鸡肉的需求。贷款的高额利息、传染病和缺乏技术等结构性难题限制了畜禽养殖业的发展。生产规模小和糟糕的物流业使得这一问题进一步加剧。畜禽养殖业主要存在的问题有以下几个方面。

（一）畜禽种质资源不足

增强家畜的生育能力可以通过提高牲畜的遗传能力以提高其疾病耐受性来实现，因此对当地品种进行改造和引进新品种就变得比较重要。但是柬埔寨畜禽养殖业由于缺乏足够的种畜供应，使这一问题变得难以解决。

（二）畜禽饲料缺乏

稻谷秸秆和其他作物的剩余物，如种子和茎是最主要的畜禽饲料。但是这些当地的饲料资源不能完全满足畜禽生长所需的全部营养。柬埔寨的商业饲料市场主要由国外的投资商所主导，并从邻近国家进口。为了填补需求的空白，柬埔寨逐步扩大了饲料进口。因此，不断提高柬埔寨的畜禽饲料生产水平成为当前一个急需解决的问题。

（三）动物疾病控制和疫苗制造水平有待提高

动物的生产率受传染病的影响非常大。不合理的用药、缺乏兽医专业医疗服务知识和参差不齐的疫苗接种服务都会造成动物的死亡。私营企业和养殖户由于缺乏药物、疫苗、关于药物和动物饲料使用的技术知识而受到困扰。整体上来说，柬埔寨畜禽养殖业依然高度依赖国外进口的药物和疫苗。

（四）公众的健康意识和食品安全水平急需提高

2007 年，关于屠宰场所管理、肉类卫生和动物产品管控的第 108 号法案为屠宰场所管理，动物、肉类和肉制品卫生监管提供了法律框架。然而，大部分畜禽依然是在没有经过检验的市场或者家庭屠宰。首先，被病原菌感染的肉制品不仅会对柬埔寨人的身体健康造成威胁，还会对潜在的国际商业合作者造成伤害。其次，动物及动物制品中存在药物残留的问题，最后，使用禁用类药物，在动物生长过程中使用生长促进剂。这一系列的问题需要政府进一步加强动物疫病控制和兽医服务，进一步提高大众的食品健康意识，高标准建设食品安全标准。

（五）应对市场能力亟待提高

在柬埔寨，逐渐增加的肉类产品需求逐步超过了肉产品供应。随着人群数量的逐渐增长，柬埔寨的消费方式逐渐由初级产品转变为富有价值的加工食品，尤其是在城市地区。这些需求为畜禽养殖业的增长创造了一个机会，同时也向小养殖生产者提出了挑战。消费者对食品安全的担忧威胁到小规模畜禽生产者的生存能力和盈利能力。小养殖经营者因为无法满足市场对质量、安全、统一性和标准化的要求而错过不断扩大的畜禽产品市场。小生产者同样因无法获得充分的技术、投入和服务而无法与商业化的养殖体系竞争。在柬埔寨，无论是大规模养殖户还是小生产者，都需要了解并分析影响畜禽业的市场力量所带来的机会和挑战。

（六）动物卫生和生产领域人力资源短缺

柬埔寨动物卫生和生产总局主管动物卫生与生产业务，由三层机构构成，国家动物卫生和生产总局，各省动物卫生和生产局分支及地区兽医局。随着社会的发展，人们对于畜禽产品的需求量越来越大，对品质的要求也越来越高。这就需要进一步提升动物卫生和生产总局及相关机构从业者的业务水平和整体素质。采取有针对性的政策措施，加强从业人员的培训，使他们更多地参与决策，提高应对新风险的能力。

（七）缺乏完整的畜禽屠宰及冷链体系

截至 2018 年，柬埔寨还没有大型的自动化屠宰场，很多畜禽产品都是由当地农户自行屠宰后运输到市场进行销售。首先，这种生产方式的卫生状况较差，安全难以保证。其次，由于缺乏电力供应，本地基本没有规模化的冷藏库，所以选择当天屠宰的鲜肉成了目前当地人唯一的选择。最后，柬埔寨目前的物流体系不发达，缺少低温储运设备，因此肉制品难以长途运输。这不但限制了肉类产品的销售范围，也为偏远地区群众的日常生活造成了不便。

（八）东盟经济一体化挑战

2015 年 1 月，柬埔寨公共事务部调查的大多数私营部门承认，他们非常了解东盟经济共同体（AEC）及其对畜禽养殖业的影响。但是柬埔寨私营部门的经济共同体准备工作进展缓慢，公众意识很低。如果柬埔寨要最大限度地利用 AEC 一体化的好处，就必须解决这个问题。此外，柬埔寨在动物识别、生物安全和动物卫生方面与其他国家和地区的合作还不是很紧密，合理使用兽用生物制品的措施也比较缺乏。同时，一些世界各地都广泛实施并且比较有效的追踪机制和生产措施尚未普及。此外，有关屠宰场和动物屠宰的相关法律法规也需要完善并贯彻实施。

三、畜禽养殖业发展对策

柬埔寨气候条件好，具有发展畜禽养殖的天然有利条件，畜禽养殖业将成为农业领域下一步的重点开发方向。

（一）畜禽养殖业发展前景和任务

大力发展可持续的畜禽养殖业，保证人民的食品安全，有助于社会经济的发展。研究和推广新技术，制定新的政策，进行有效的人力资源开发，加强执法，促进良好的动物卫生和生产做法，促进公私部门和国际合作。

（二）畜禽养殖业发展的策略

1. 加强动物生产服务

具体措施：在各个生产水平的养殖户中间推广良好的畜禽种质资源；及时更新畜禽养殖业生产方面的数据；通过培训来提高动物生产和养殖过程中新技术的应用。

预期结果：生产者能显著提高他们的畜禽生产量；养殖户增加收入；小规模生产者能够掌握新的生产和养殖技术。

2. 加快畜禽饲料加工业发展

具体措施：积极引进国外先进的饲料生产线；加强人才培养，学习国外先进的饲料生产技术。

预期结果：引进并推广生产出的畜禽饲料；充分提高各个层级的生产者的畜禽科学养殖意识。

3. 加强动物卫生与防疫

具体措施：进行疾病监控、实地调研、实验室诊断和人畜共患疾病的防治。建立动物卫生信息系统；加强农场、屠宰场所、加工设施、实验室、私人研究机构和学术机构、兽药及疫苗、兽医服务和饲料销售点的监管；加强肉制品质量控制，包括药物残留和微生物污染监测；鼓励本地的兽药和疫苗生产。

预期结果：减少动物疫病和人畜共患病的发生；动物产品得到有效管理，符合食品安全标准；私营部门和社区都使用当地生产的兽药和疫苗。

4. 加强畜禽肉制品相关法律和宣传

具体措施：制定完备的动物卫生和生产法规、政策及技术标准；向兽医服务者发放许可证，资助兽医机构；向农场、屠宰场所、加工设施、实验室、私人研究机构和学术机构、兽药及疫苗、兽医服务和饲料销售点发放许可。

预期结果：制定关于动物卫生和生产方面的执法政策并付诸实施；提高兽医职业标准和动物卫生服务标准。

5. 加强公私合作

具体措施：支持私营企业在动物卫生和生产领域的举措；促进私营部门、民间组织和社区的协商与合作；加强政府与企业间的信息共享与合作。

预期结果：开发出有关畜禽养殖业发展的网络和通信系统；政府和私企以及各类民间组织之间加强市场信息沟通和交流；关于动物卫生方面的问题和动物生产方面的技术在公共和私营企业之间实现共享。

6. 加强人力资源开发

具体措施：提高在动物卫生与生产方面各个层级的从业人员能力；支持在兽医医学和动物科学方面的教育；为有发展潜力的动物卫生和生产总局的员工提供在国内大学和国际大学进修的机会。

预期结果：显著提高动物卫生和生产总局、动物卫生和生产办公室及地区兽医工作者的责任感；提高动物卫生和生产总局、动物卫生和生产办公室及地区兽医从业者的工作能力。

7. 建立畜禽肉制品储存及冷链体系

具体措施：针对不同的畜禽产区，建立起大型的低温冷藏库；鼓励政府和私人资本参与到低温物流行业建设中；建立区域及全国畜禽生产和屠宰信息库。

预期结果：建立并有效运转畜禽生产、屠宰方面的数据信息系统；建立起适合储存大宗肉类产品的低温库；建立起能够有效运转的低温运输物流体系。

8. 加强国内与国际合作

具体措施：组织和参加国家、东盟和国际三个层次关于动物卫生和生产方面的论坛；在国家、东盟和国际三个层次上创造经济和技术合作机遇，加强与双边和多边组织在动物卫生和生产等方面的合作。

预期结果：在国家、东盟和国际三个层次上分享动物卫生和生产发展中遇到的问题及解决方法；加强与邻国在动物卫生和风险控制方面的合作。

四、与中国开展畜禽养殖业合作的建议

由于畜禽养殖业项目投资周期长，容易受病害和环境的影响，见效缓慢，如积极推动在该领域的合作，建立起长期有效的运行机制，相信柬埔寨的畜牧产业一定能迈出坚实的一步。为进一步推动中柬畜禽养殖业合作，提出如下合作建议。

（一）以援助带动投资

柬埔寨政府财政困难，畜禽养殖业投入有限。在双方合作项目上，柬埔寨无

力承担基础设施建设的投入。因此，建议国内有关部门给予中国企业一定的资金扶持，可以考虑以无息贷款的方式解决项目前期启动资金，待企业形成自我发展后再转换为低息贷款，在项目真正形成自我发展进入稳步成熟期后，国家逐步收回借贷，由企业自主经营，自负盈亏。同时也建议，考虑将畜禽养殖业基础建设项目纳入优惠出口买方信贷支持的范围。

（二）引进中国先进技术和管理方式

由于柬埔寨畜禽养殖业至今尚未形成规模，仅作为农民的一种家庭副业而存在，整体来讲规模小、抗风险能力差、创造的产值较低。如果要改变其原传统的养殖和经营模式，必须在柬埔寨开展畜禽业养殖技能宣传、培训和指导，并相应地建立示范基地，让柬埔寨广大农民接受先进的理念、管理方式和技术。

（三）引导企业对畜禽养殖业多元化投资

柬埔寨优越的自然条件为农业种植提供了良好的基础，种植业又为畜禽养殖业提供了质优价廉的原材料。但是由于柬埔寨加工能力有限，生产出的大部分畜禽产品未经加工而直接上市。为扩大中柬农产品贸易，中国政府给予柬埔寨 418 种产品（主要是农产品）进口零关税优惠待遇，同时也鼓励国内有实力的企业投资柬埔寨农副产品加工合作。目前，柬埔寨还没有规模化的禽畜产品加工厂，许多产品如牛奶、冷鲜肉得不到开发或者深加工而降低了价值。在稳步推进农作物种植、加工等方面合作的同时，建议中国企业积极探索在畜牧养殖业和畜禽产品加工等方面合作的可能性，推动中柬合作向多元化的方向发展。

（四）树立风险意识

畜禽业投资多、周期长，铺的摊子大，所以相关企业在柬埔寨投资，应该在项目开展前期做好市场调研，明确土地产权的归属，慎重选择投资伙伴，避免陷入贸易纠纷。项目开始后要逐步推进，分阶段实施合作计划。另外，企业应谨慎订立合同，严格遵照合同办事，确保依法经营，切实保证自身的合法权益。

第五章　柬埔寨渔业发展经验、挑战、对策及合作建议

一、渔业发展的经验

（一）渔业基本情况

农业在柬埔寨经济中居主导地位，占全国 GDP 的 23.5%，其中渔业占农业生产总值的 25%，在农业生产中起着重要作用。柬埔寨有三个省靠海，海岸线长达 460 千米，渔业养殖和捕捞条件很好，湄公河、洞里萨河和洞里萨湖是最重要的天然淡水鱼场，主要为杂食性如鳢属和鱼芒鲇属等品种鱼类。柬埔寨内陆渔业一般分为三类：大型、中型和小型。大型渔业在内陆渔业中占有绝对的优势；中型渔业由于使用的渔具较为原始简陋，大多数鱼在捕捞期间就受伤或死去，鱼货质量无法与大型渔业相比，大多销往市场或附近的加工厂；小型渔业主要是家庭作业方式，一般是由 1～2 人操作，除在开阔水体作业外，渔民还在泛滥平原的稻田里捕鱼（http://fish.dmcbd.com/201304/09/63.html）。柬埔寨是世界上人均内陆渔业捕捞量和人均淡水鱼消费量较高国家，渔业从业者 65 万多，年人均鱼类消费量达 52.4 千克，远远超出 19.7 千克的世界平均消费水平（FAO，2016）。

渔业不仅是柬埔寨居民主要食物来源，也是渔民家庭主要经济来源。据柬埔寨农林渔业部报告，2018 年全国鱼类产量 91 万吨，同比增长 6.3%，其中淡水鱼类产量为 53.5 万吨、海水鱼类产量为 12.1 万吨，而水产养殖产量为 25.4 万吨，同比增长了 22.5%。渔业产出占柬埔寨农业产出 1/4，占全国 GDP 比重达 8%～12%，可提供直接和间接就业岗位 140 万个。2018 年，该部成立的渔业社区共有 516 个，其中 27 个社区正在转变成生态旅游社区，努力实施“无非法捕鱼社区”。在这些渔业社区里，有 475 个淡水渔业社区和 41 个海水渔业社区，渔业社区成员达 33.2 万人，全国渔业保护区共有 665 个，鱼塘达 884 个。全国实施渔业改革，在原有渔业保护区和 496 个渔业社区基础上，新建 148 个新的渔业保护区；建立 134 个 8 米高的杆和 59 个 12 米高的杆来划定渔业保护区的边界；建造了 17 个监管漂浮房，8 个岸上监管处和 2 个大型监管漂浮房（由渡船制成）；实施沿海地区 4 050公顷海域珊瑚礁和海草的保护；种植 2 270公顷沼泽森林和红树林；在 Kratie 和 Stung Treng 省湄公河上游地区筹建 97 个大型水库；向

天然湖泊投放500万鱼种和淡水巨型虾苗；保护濒危物种，如红树林龟或河口龟，海龟，亚洲巨型软壳龟，暹罗鳄，湄公河海豚，海洋海豚和海马等，使其数量增加10%至15%；在濒危野生动植物种国际贸易公约秘书处注册16个鳄鱼养殖场（农林渔业部统计数据，2018年）。

到2018年，捕捞方面，渔船完成量2 590吨，相当于行动计划的11.58%，比去年同期减少2 355吨。捕鱼区家庭捕鱼量为197 680吨，相当于行动计划34.5万吨的53.30%，与去年同期相比增加了5 030吨。野外地区家庭捕鱼量76 100吨，相当于行动计划14.5万吨的52.48%，比去年同期增加500吨。水产养殖方面，鱼虾数量203 448吨，相当于计划25万吨的81.38%，比去年同期增加35 985吨。鳄鱼数量为251 700头，相当于行动计划300 000头的83.90%，而比同期增加了13 400头。鱼露的产量为4 590万升，相当于计划的6 000万升的76.5%，比去年同期增加了1 000万升。其中池塘养殖主要为白鲢、鳙、草鱼、鲤、罗非鱼、鲃、鲈鱼类、印尼须鱼巴等品种，并得到了渔业部门的技术支持和培训。2017年Kampong Speu社区池塘达到173个，有效提高了养鱼场的产量。

柬埔寨渔业资源丰富，但是由于生产力落后，缺乏相应的技术、设备、加工、运输等环节，因此渔业仍有很大发展潜力和发展空间。柬埔寨政府授予农村合作社直接参与渔业生产计划和管理的权利，并且扩大以农村合作社为单位的捕鱼区，以此充分调动渔民积极性，保证直接参与效率，控制不符合实际计划的情况发生。同时，政府把一部分合同期届满的捕鱼区改造成鱼类保护和繁殖生养区，增加除了金线鱼、金枪鱼、鲐鱼之外其他鱼种资源，保护珍稀濒危鱼种，制定合理开发计划，加大监管惩戒力度，共打击了约3200起非法捕渔案件，同比减少了721起案件，推动了柬埔寨渔业的可持续性发展。

（二）渔业主要从业者

为保证渔业资源的可持续性发展，使从事家庭渔业生产的农户受益，农林渔业部门建立了516个渔业社区，其中475个成员是来自非沿海的渔业社区，41个是来自沿海的渔业社区。渔业社区的总成员有332 168人（其中35%为女性），相当于147 518个家庭。在这些社区渔业中，408个渔业社区正式在农林渔业部注册。目前，还有3个渔业社区准备了注册所需的法律文件，30个渔业社区国家正在审批。对于现有社区渔业委员会中任期到期的委员，选举新的社区渔业委员会委员已在2017年进行，有47个社区渔业被选定在各省选举更新委员会成员。表5-1显示从事捕鱼活动的家庭分布情况。全国从事渔业活动的家庭数量占全国家庭数量的39.33%，其中金边、平原区、洞里萨湖区、沿海区和山区的从事渔业活动的家庭数量占全国家庭数量的比例分别为0.08%、42.51%、

43.57%、46.89%和48.36%，除金边外，各个区域的比例相近。金边、平原区、洞里萨湖区、沿海区和山区从事渔业活动家庭在全国从事渔业活动家庭占比分别为0.22%、42.01%、33.06%、8.36%和16.35%，平原区从事渔业活动的家庭比例最高，从事渔业活动的家庭数量也最多，达到568千户。

表5-1 从事捕鱼活动的家庭分布（2017年）

区域	从事渔业活动家庭（千户）	从事渔业活动家庭在全国从事渔业活动家庭占比（%）	区域家庭总数（千户）	从事渔业活动家庭在区域家庭占比（%）
全国	1 352	100.00	3 438	39.33
金边	3	0.22	377	0.80
平原区	568	42.01	1 336	42.51
洞里萨湖区	447	33.06	1 026	43.57
沿海区	113	8.36	241	46.89
山区	221	16.35	457	48.36

数据来源：柬埔寨国家统计局，柬埔寨2017年社会经济调查

除了建立渔业社区外，社区网络也已建立，实际上，Stung Treng，Tbong Khmum和Kampong Cham省的社区和省级渔业社区网络已成为加强管控社区渔业活动的机制。

由于柬埔寨野生鱼类资源丰富，鱼类养殖业没有受到足够重视。柬埔寨是亚洲网箱和围养的发源地，起始于公元10世纪，由于湄公河的特定水文周期，天然的水库、大湖、内陆鱼类产量总是具有很强的季节性，特别是大规格杂食性鱼类如鳢属（Channa）和鲑鲶属（Pangasia）种类，大湖中的渔民在竹棚中或浮式网箱中暂养，用饲料投喂，后来开始放养小的鱼类进入网箱，进行育肥养殖，在淡季出售，逐步发展成专业化网箱和栏网养。20世纪50年代之前，柬埔寨水产养殖没有专门报道，1959年Bardach提出柬埔寨网箱作业依赖天然苗种放养，不算养殖。20世纪70年代，每年养殖鱼类在3 000吨左右，仅占总内陆鱼类生产很小的百分比。1975—1979年，养殖完全停止，1980年后才开始恢复生产，1989年达到战前水平，1992年超过8 500吨，平均年增长率为28%。1984年，养殖在总的内陆渔业生产中只占1.8%，1990年增加到9.8%，1992年为12.4%，这个比例在东南亚各国中仍相当低，亚太地区养殖产量占总内陆渔业生产62%，泰国为46%、马来西亚48%、越南51%、老挝13%。养殖鱼在柬埔寨城市供应中起到重要作用，1992年干丹（21.5%）、马德望（15.4%）、金边（14.1%）、和暹粒（13.5%）四个省市生产了65%的养殖鱼，这些省市最靠近全国三个最大城市。

表5-2显示从事水产养殖活动家庭有43 000个，沿海区从事水产养殖活动家庭占本区家庭总比2.5%，居五区之首；其次是平原区，占比2.0%；洞里萨湖占

比 0.8%；山区占比 0.3%；金边为零。

表 5-2 各地区从事水产养殖活动的家庭数（2017 年）

区域	从事水产养殖家庭（千户）	从事水产养殖家庭在全国从事渔业活动家庭占比（%）	区域家庭总数（千户）	从事水产养殖家庭在区域家庭占比（%）
柬埔寨	43	100.00	3 438	1.25
金边	0	0.00	377	0.00
平原区	27	62.79	1 336	2.02
洞里萨湖区	9	20.93	1 026	0.88
沿海区	6	13.95	241	2.49
山区	1	2.33	457	0.22

数据来源：柬埔寨国家统计局，柬埔寨 2017 年社会经济调查

（三）渔业生产区域分布

泰国湾是一个高生产力的海区，具有浅海的特征（平均水深 20 米，最大水深 87 米），底质为泥和沙泥，适合各种鱼类生活。柬埔寨 Koh Kong、KampongSom 、Kampot 三个省邻近泰国湾，海洋渔获量在柬埔寨最高。泰国湾的海洋渔业资源可以分为两个部分即中上层和底层，在中上层鱼类中鲐鱼、鳀鱼、小金枪鱼和鲳鱼为主要经济种类，沙丁鱼数量最大，但价格低，只能供给鱼粉厂；主要底层鱼类为金线鱼科、石首鱼科、大眼鲷科、狗目鱼科、带鱼科、鲽形目、笛鲷科、蛇鲭科、鲳科、板鳃亚纲、康吉鳗科。20 世纪 60 年代拖网船对底鱼资源开发过度，导致泰国湾内区渔业生产下降，随后资源逐步恢复，鱼类主要包括以下的经济鱼类和种群（按产量倒序排列）印度鲐、沙丁鱼、青甘金枪鱼、红鳍圆鲹、大甲鲹、六齿金线鱼、扁舵鲣、鲔、大眼鲷科、狗母鱼科和石首鱼科，无脊椎动物以对虾为主，其次是菲律宾蛤仔、乌贼、鱿鱼、翡翠贻贝、章鱼、虾、沙蟹、海蜇和锯缘青蟹。

柬埔寨共有 50 个鱼类保护区、池塘养鱼 6 万多条，全国年加工和未加工鱼类产品出口量 3 万吨左右，70% 为淡水鱼，30% 为海水鱼，主要输往中国、新加坡、日本、韩国、澳洲、美国、泰国、越南和俄罗斯等国。湄公河是柬埔寨最长的河流，起源中国，经过老挝、泰国、柬埔寨和越南注入南海。湄公河流域有世界上最大的内陆渔业，每年捕捞量约为 210 万吨，柬埔寨渔业总产量 90% 来自洞里萨湖和湄公河沿岸的淡水区域。洞里萨湖拥有得天独厚的条件，是柬埔寨渔业捕捞业的核心。柬埔寨直接或间接从事渔业生产活动的人数多达百万人，其中洞里萨湖的渔业捕捞、养殖、加工、贸易和运输约 200 万人。

柬埔寨海域平均水深不及 80 米，专属经济区范围与陆架面相当，是渔业生产力相当高的海区。柬埔寨中部是由低地形成的大片湄公河三角洲大平原，湄公

河及其支流构成了全国主要河系，具有发展淡水渔业良好自然条件，湄公河和洞里萨湖水域渔业产量见表5-3。

平原上的洞里萨湖（又称金边湖）东面与湄公河相通，长约150千米、宽约30千米，面积约3 000平方千米，是中南半岛上最大的湖泊，也是世界上淡水渔业资源最丰富的渔区。据联合国粮农组织和柬埔寨渔业部的统计，洞里萨湖淡水渔业资源居世界首位，总渔获量居第四位。柬埔寨淡水鱼类年总产量在29万～43万吨，其中洞里萨湖就高达23.5万吨（http://fish.dmcbd.com/201304/09/63.html）。

表5-3 湄公河和洞里萨湖水域渔业产量（2009—2017年）

年份	内陆捕捞产量（吨）	水产养殖产量（吨）	合计产量（吨）
2009	390 000	50 000	440 000
2010	405 000	60 000	465 000
2011	445 000	72 000	517 000
2012	509 000	74 000	583 000
2013	550 000	90 000	640 000
2014	505 005	120 055	625 060
2015	487 905	143 000	630 905
2016	509 350	170 265	679 615
2017	527 795	205 300	733 095

数据来源：FAO渔业统计年鉴

洞里萨湖及泛滥平原对柬埔寨的收入、就业和食品安全影响很大，支持和保护洞里萨湖区生态系统和渔业产业尤为重要。随着邻国泰国和越南对高价淡水鱼需求的增加，洞里萨湖渔业已成为柬埔寨出口创汇的主要支柱。

洞里萨泛滥平原因湄公河洪水泛滥引起的季节变化及该区域生态多样性而成为世界上产鱼最高的水域之一，被誉为“柬埔寨的鱼仓”。雨季，各种鱼类在洞里萨湖繁殖生长，到了11月进入旱季时，鱼类已经长大，进入了柬埔寨渔业的繁忙季节。

在洞里萨地区，有着一些不同于其他地方的奇特捕鱼方式。在湖畔较低的地方，当地农民用一种被称为“水下树林”的方法捉鱼：涨水之前，他们在将要被水淹没的地方，用木棍插成一些圆圈，涨水之后鱼就会在圆圈里繁殖生长。旱季来临，水退了鱼却走不了，人们所做的就是进圈收鱼。除了“水下树林”，当地人还可以在树上抓到鱼。在湖畔树林中的一些老树上有树洞，涨水时有些鱼会躲在树洞里，当湖水退下之时，一些鱼来不及随水退走，于是人们只需要爬上树便可以抓到鱼。

除了这些奇特捕鱼法外，最大规模的捕鱼活动是在洞里萨河上进行。人们在河中钉了一排粗大的木桩，将河拦腰截住，只在中间留一个 1 米多宽的口子，口子上挂着一张 10 多米长的圆筒状的大渔网。人们在上游驾着小船驱赶鱼群，鱼入网后，两只小船沿网行驶，船上人用木棒敲打渔网将鱼赶到网底端。当两只小船到达渔网尽头时，人们把连在渔网上的一个长约 2 米的长筒形大竹篓提上事先等在旁边的渔船，打开竹篓的盖子，船舱中立即堆满了活蹦乱跳的鲜鱼。该湖盛产黑鲤鱼、黑斑鱼、坐鲈鱼、万占鱼、鳗鱼、红目鱼、蛙鱼等鱼类，其产量占全国淡水鱼产量的一半。

（四）渔业生产用途

渔业生产的用途包括用于家庭消费和销售两种主要用途。表 5-4 显示各省渔业生产的主要用途分布情况。2013 年，全国渔业总产量为 680 308吨，其中平原区、洞里萨湖区、沿海区和山区的总产量分别为 301 030吨、242 634吨、61 755吨和 74 889吨，分别占全国总产量的 44. 25%、35. 67%、9. 08% 和 11. 01%，平原区和洞里萨湖区是主要渔业产区。各区域中，平原区、洞里萨湖区、沿海区和山区渔业产品用于家庭消费的产量分别为 277 661吨、222 981吨、56 547吨和 71 582吨，分别占全国总产量的 92. 24%、91. 90%、91. 57%和 95. 58%。

在各省中，大部分区域的渔业产品用于家庭消费，家庭消费的比例高于 90%，仅有 Kandal、Takeo、Battambang、Kampong Chhnang、Koh Kong 、Preah Sihanouk、Kep 和 Kratie 家庭消费比例低于 90%，其分别为 84. 53%、84. 89%、83. 39%、82. 86%、60. 11%、49. 73%、52. 00% 和 83. 87%，其中，Koh Kong 、Preah Sihanouk、Kep 是渔业主产区，其用于销售的比例接近于 50%。

表 5-4　各省渔业产品的主要用途分布

区域/省	家庭消费的产量（吨）	家庭消费的比例（%）	销售的产量（吨）	销售的比例（%）	总产量（吨）	占总产量的比例（%）
全国	628 771	92. 42	51 537	7. 58	680 308	100. 00
平原区	277 661	92. 24	23 369	7. 76	301 030	44. 25
Kampong Cham	30 603	91. 59	2 810	8. 41	33 413	4. 91
Kandal	21 973	84. 53	4 020	15. 47	25 993	3. 82
Phnom Penh	406	92. 27	34	7. 73	440	0. 06
Prey Veng	80 211	97. 72	1 871	2. 28	82 082	12. 07
Svay Rieng	56 703	97. 48	1 466	2. 52	58 169	8. 55
Takeo	56 551	84. 89	10 062	15. 11	66 613	9. 79
Tboung Khmum	31 214	90. 95	3 106	9. 05	34 320	5. 04
洞里萨湖区	222 981	91. 90	19 653	8. 10	242 634	35. 67
Banteay Meanchey	34 486	93. 40	2 435	6. 60	36 921	5. 43

（续表）

区域/省	家庭消费的产量（吨）	家庭消费的比例（%）	销售的产量（吨）	销售的比例（%）	总产量（吨）	占总产量的比例（%）
Battambang	26 858	83. 39	5 350	16. 61	32 208	4. 73
Kampong Chhnang	21 609	82. 86	4 471	17. 14	26 080	3. 83
Kampong Thom	43 492	94. 72	2 423	5. 28	45 915	6. 75
Pursat	16 572	95. 08	858	4. 92	17 430	2. 56
Siemreap	67 758	94. 55	3 905	5. 45	71 663	10. 53
Oddar Meanchey	10 969	98. 28	192	1. 72	11 161	1. 64
Pailin	1 237	98. 49	19	1. 51	1 256	0. 18
沿海区	56 547	91. 57	5 208	8. 43	61 755	9. 08
Kampot	51 394	97. 46	1 341	2. 54	52 735	7. 75
Koh Kong	3 774	60. 11	2 504	39. 89	6 278	0. 92
Sihanoukville	1 028	49. 73	1 039	50. 27	2 067	0. 30
Kep	351	52. 00	324	48. 00	675	0. 10
山区	71 582	95. 58	3 307	4. 42	74 889	11. 01
Kampong Speu	40 064	98. 95	424	1. 05	40 488	5. 95
Kratie	5 598	83. 87	1 077	16. 13	6 675	0. 98
Mondul Kiri	4 736	99. 94	3	0. 06	4 739	0. 70
Preah Vihear	5 134	90. 15	561	9. 85	5 695	0. 84
Ratanak Kiri	8 149	94. 72	454	5. 28	8 603	1. 26
Stung Treng	7 901	90. 93	788	9. 07	8 689	1. 28

数据来源：2013 年柬埔寨农业普查

（五）渔业生产方式

渔业生产的生产方式包括池塘养殖、围栏养殖和其他养殖方式。2013 年，全国从事渔业生产的主体数量 26 496个，其中平原区、洞里萨湖区、沿海区和山区从事渔业生产主体数量分别为 24 310吨、1 260吨、475 吨和 451 吨，分别占全国主体数量的 91. 75%、4. 76%、1. 79% 和 1. 70%，平原区从事渔业生产的比例最高。在各省份中，Prey Veng 和 Svay Rieng 从事渔业生产的主体数量较高，其从事渔业生产主体的数量占总养殖主体数量的比例分别为 45. 16% 和 37. 19%，是渔业的主产区。

在所有生产主体中，从事池塘养殖、围栏养殖和其他养殖方式的主体数量分别为 24 561个、838 个和 1 096个，其分别占比为 92. 70%、3. 16% 和 4. 14%，即池塘养殖是主要生产方式。Kampong Cham 、Phnom Penh、Prey Veng、Svay Rieng、Tboung Khmum、Battambang、Oddar Meanchey、Pailin、Kampot、Preah Sihanouk、Kep、Kratie、Mondul Kiri 和 Preah Vihear 从事池塘养殖主体的数量占省内主体数量的比例高于 90%；Koh Kong 和 Ratanak Kiri 从事围栏养殖主要的比例较高，其比例分别为 47. 45% 和 50. 00%。表 5−5 显示各省渔业生产方式分布情况。

表 5-5 各省渔业主要生产方式分布

区域/省	池塘养殖主体数量（个）	池塘养殖主体比例（%）	围栏养殖主体数量（个）	围栏养殖主体比例（%）	其他养殖方式主体数量（个）	其他养殖方式主体比例（%）	总养殖主体数量（个）	占总养殖主体的比例（%）
全国	24 561	92.70	838	3.16	1 096	4.14	26 496	100.00
平原区	22 954	94.42	675	2.78	680	2.80	24 310	91.75
Kampong Cham	333	100.00	0	0.00	0	0.00	333	1.26
Kandal	1 006	69.76	0	0.00	435	30.17	1 442	5.44
Phnom Penh	303	99.67	1	0.33	0	0.00	304	1.15
Prey Veng	11 144	93.14	674	5.63	147	1.23	11 965	45.16
Svay Rieng	9 854	100.00	0	0.00	0	0.00	9 854	37.19
Takeo	229	70.03	0	0.00	98	29.97	327	1.23
Tboung Khmum	85	100.00	0	0.00	0	0.00	85	0.32
洞里萨湖区	882	70.00	0	0.00	378	30.00	1 260	4.76
Banteay Meanchey	157	79.70	0	0.00	40	20.30	197	0.74
Battambang	3	100.00	0	0.00	0	0.00	3	0.01
Kampong Chhnang	227	69.63	0	0.00	99	30.37	326	1.23
Kampong Thom	65	65.00	0	0.00	35	35.00	100	0.38
Pursat	0	0.00	0	0.00	0	0.00	0	0.00
Siemreap	419	67.26	0	0.00	204	32.74	623	2.35
Oddar Meanchey	8	100.00	0	0.00	0	0.00	8	0.03
Pailin	3	100.00	0	0.00	0	0.00	3	0.01
沿海区	352	74.11	122	25.68	1	0.21	475	1.79
Kampot	149	100.00	0	0.00	0	0.00	149	0.56
Koh Kong	133	52.16	121	47.45	1	0.39	255	0.96
Sihanoukville	34	97.14	1	2.86	0	0.00	35	0.13
Kep	36	100.00	0	0.00	0	0.00	36	0.14
山区	373	82.71	41	9.09	37	8.20	451	1.70
Kampong Speu	231	79.66	39	13.45	20	6.90	290	1.09
Kratie	2	100.00	0	0.00	0	0.00	2	0.01
Mondul Kiri	84	100.00	0	0.00	0	0.00	84	0.32
Preah Vihear	20	100.00	0	0.00	0	0.00	20	0.08
Ratanak Kiri	2	50.00	2	50.00	0	0.00	4	0.02
Stung Treng	34	66.67	0	0.00	17	33.33	51	0.19

数据来源：2013 年柬埔寨农业普查

（六）渔业生产的贮藏和运输

柬埔寨是亚洲网箱养殖发源地，其历史可以追溯到一个世纪前。由于湄公河特定水文周期，天然水库和大湖内陆杂食鱼类如鳢属和鮭鲶属鱼类，具有很强的季节性。渔民靠简单渔具捕捞活鱼，运往城市出售。由于水路运输时间长，活蹦乱跳的鱼还没有运到目的地就大量死亡，以至于腐败变质，严重影响了渔民的收入。为了减少损失，渔民们就将活鱼放入挂在船尾半浸水中的竹笼或木笼中暂养。由于运输路程遥远，渔民为防止鱼饿死就会投喂一些残肴和小杂鱼。就是这样，运到目的地后，活鱼不但没有死，反而个体肥壮，大大地提高了其商品价值。竹笼、木笼不仅是活鱼的暂养工具，而且还是商品鱼养殖生产的一种手段。这种“笼养鱼”就是最早的网箱养鱼，是一种柬埔寨传统养殖类型，湄公河下游是国际网箱养鱼的发源地。目前，柬埔寨全国至少有网箱 1 300个以上，其产量占水产养殖总产量的 80% 左右，网箱养殖也是解决鱼的贮藏和运输有效方法。

水产品流通过程中保藏技术很多，如冰冻、盐渍、鱼箱或渔船活养，这些技术也用于出口到邻国的水产品运输上。为了将生鲜水产品冷藏配送到普惠民生的生鲜连锁便民超市，宏泰有限责任公司（HunTy Co.，Ltd）投资建设万吨级国际标准冷库，促进了柬埔寨渔业水产品冷链和物流发展。

（七）渔业生产的加工技术

虽然柬埔寨人喜欢吃鲜鱼，但是仍然有大量淡水鱼和少量海水鱼加工成食品和动物饲料，主要加工种类为淡水鱼、各种海水鱼、虾类（干制盐制和冻品）、鱿鱼、章鱼等。大多数鱼类加工制品在国内消费，一部分优质高值产品出口东南亚市场。

渔业加工技术对于食品质量安全、人们营养健康以及国家经济发展具有重要影响。2017 年，柬埔寨农林渔业部通过了若干法律法规、技术准则以及一些引入标准和渔业产品健康认证的法令，同时引进渔业产品标签、渔业产品、渔业出口准则、实施技术原则、良好卫生操作、良好生产规范、HACCP 标准、鱼酱标准、干鱼蛇头、冷冻虾和 Prahok 标准以及虾加工、冷冻虾、蟹、鱼露等产品操作规范。

鱼露、鱼浆是柬埔寨传统日常调味品，在农村常用小鱼（当地人称 Prahok）制作，在当地人生活中占有重要地位。大一点的鱼多被晒成鱼干，也有一些做成鱼咖喱。市场上出售的大鱼较少，小盾鳢和鲇鱼主要供应餐饮业。内陆渔业加工呈季节性，生产规模不同，沿河岸和大湖边主要是家庭式和小规模作坊式加工，大多数家庭加工主要满足自身需要，常在 12 月至翌年 2 月从事传统产品加工。大规模加工一般由卸鱼处的承包人进行，一般雇用 60 人左右（主要是妇女），在 1—2 月，5—6 月进行加工，大多数作业在竹筏上进行，加工下脚料投入网箱，加工的鱼一般 7 月在金边销售。大多数加工产品国内居民食用或用于动物饲料，少量优质高值水产品出口，优质传统产品如无骨鱼酱等已进入泰国市场。

（八）渔业生产的优势产品和技术

柬埔寨渔业主要加工产品种类为淡水鱼、海水鱼、虾类（干制、盐制和冻品)、鱿鱼、章鱼等，传统干制鱼、鱼露等产品的生产量很大，在市场上占有重要比例，成为当地居民日常消费食品。除了传统干制鱼、鱼露，加工产品还有鱼干、腌鱼干以及各种鱼虾发酵的鱼制品。在柬埔寨，腌鱼时除了使用盐以外，还用红米、米糠或凤梨等水果。

Prohok 是柬埔寨人喜欢的一种重口味腌鱼，在当地市场十分常见。做法是用臭鱼加上香茅草一起舂碎，暴晒一天后封进盐罐腌制半个月以上，使之变成鱼酱。吃之前用香蕉叶包裹，然后烤熟。打开香蕉叶，会闻到一股微微的腥臭味，但用椰菜或青瓜蘸着吃，又会觉得特别鲜香。柬埔寨烤鱿鱼就是在鱿鱼上面刷有酸橙汁或者鱼露，然后串在木签上用炭火烤制而成，最后佐以一种源于贡布的柬埔寨酱汁食用。

柬埔寨鱼露是用小鱼虾为原料，经腌渍、发酵、熬炼后得到的一种汁液，色泽呈琥珀色，味道带有咸味和鲜味。鱼露闻起来有刺鼻酸臭味，当佐料食用则鲜美提味，常用于东南亚料理。酸甜鱼露是最常见的柬埔寨菜，可以根据自己喜爱的口味调整，酱变得更甜，酸或辣，柠檬汁可用醋代替。

在柬埔寨水产养殖中，网箱养鱼约占 72 %，是大湖部分地区和首都周围河流湖泊中惯用的养殖技术。一般栏网养殖面积为500～5 000平方米，在河流养殖面积小些，湖泊养殖面积大些，其特点为：一是根据养殖的地点、养殖鱼类和养殖者的爱好，确定网箱大小、形状和材料。许多网箱采用竹头，是当地最便宜的材料，竹制网箱寿命一般不超过 2 年，木制网箱寿命长些但成本高。二是根据网箱的大小和形状变化，确定放养密度。养殖鲶鱼，开始放养密度一般为 10 千克/立方米，当养殖 12 个月之后可增加到 60 千克/立方米，这些放养密度毫无疑问死亡率比较高，特别在高温季节（4 -5 月），死亡率估计为 10%。池塘养殖是柬埔寨近些年发展的技术，每年产量为 1 000吨，主要集中在金边周围。柬埔寨农林渔业部推广罗非鱼和鲤鱼低投入的池塘和稻田养殖项目，建立了 8 000个家庭式养殖体系，全国 1 000个家庭取得了池塘养殖的经验，300 个家庭开始稻田养殖。

（九）渔业生产成本分析

渔业生产的成本包括种苗繁育费、饲料费、劳工费、捕捞设施维护费和船的维护费等，表 5 -6 显示渔业生产成本分析。2017 年，全国渔业生产支出合计 8 179. 25万美元，繁种费用、饲料费用、劳工费、冰的费用、捕捞设施维护费、船维护费、船用燃油费、船租金、储罐租金、运输费、技术服务费和其他费用以美元合计分别为 252. 39 万、1 388. 89万、782. 08 万、162. 64 万、3 340. 09万、468. 39 万、1 635. 49万、42. 41 万、9. 03 万、29. 58 万、0. 00 万和 68. 26 万，其分别为占全部成本的3.09%、16.98%、9.56%、1.99%、40.84%、5.73%、20.00%、0.52%、0.11%、0.36%、0.00%和0.83%。捕捞设施维护费、船用燃油费和饲料费占成本的比例较高，分别为40.84%、20.00%和16.98%。不同区域的成本分布还存在一定差别，全国捕捞设施维护费占全部支出的40.84%，而金边、平原区、洞里萨湖区、沿海区和山区捕捞设施维护费分别占区域全部支出的比例为49.24%、68.03%、29.15%、27.43%和68.56%，平原区和山区捕捞设施维护费用占比显著性高于其他地区，成为渔业生产中最主要的支出，而在洞里萨湖区饲料费用成为最主要的支出，占比31.46%；在沿海区船用燃油费成为最主要的支出，占比34.03%。

2017年，金边、平原区、洞里萨湖区、沿海区和山区渔业生产支出以美元计分别为92.06万、1 946.07万、3 397万、2 190.24万和553.88万，分别占全部支出的比例为1.13%、23.79%、41.53%、26.78%和6.77%，洞里萨湖区和沿海区渔业生产支出比例较高，是全国主要的渔业生产区。

表5-6 渔业生产成本分析（2017年）

项目		金边	平原区	洞里萨湖区	沿海区	山区	合计
成本合计（万美元）		92.06	1 946.07	3 397.00	2 190.24	553.88	8 179.25
各区域成本占全部成本比例（%）		1.13	23.79	41.53	26.78	6.77	100.00
繁种费用	数量（万美元）	0.00	75.23	148.28	19.90	8.98	252.39
	比例（%）	0.00	3.87	4.37	0.91	1.62	3.09
饲料费用	数量（万美元）	0.00	247.53	1 068.65	59.93	12.78	1 388.89
	比例（%）	0.00	12.72	31.46	2.74	2.31	16.98
劳工费用	数量（万美元）	0.00	0.00	229.60	552.48	0.00	782.08
	比例（%）	0.00	0.00	6.76	25.23	0.00	9.56
冰的费用	数量（万美元）	4.50	14.73	126.70	16.43	0.28	162.64
	比例（%）	4.89	0.76	3.73	0.75	0.05	1.99
捕捞设施维护费	数量（万美元）	45.33	1 324.00	990.23	600.78	379.75	3 340.09
	比例（%）	49.24	68.03	29.15	27.43	68.56	40.84
船维护费	数量（万美元）	6.73	81.85	230.43	137.58	11.80	468.39
	比例（%）	7.31	4.21	6.78	6.28	2.13	5.73
船用燃料费	数量（万美元）	35.50	190.33	556.18	745.30	108.18	1 635.49
	比例（%）	38.56	9.78	16.37	34.03	19.53	20.00
船租金	数量（万美元）	0.00	0.00	0.00	27.98	14.43	42.41
	比例（%）	0.00	0.00	0.00	1.28	2.61	0.52
贮罐租金	数量（万美元）	0.00	0.00	0.00	9.03	0.00	9.03
	比例（%）	0.00	0.00	0.00	0.41	0.00	0.11

（续表）

项目		金边	平原区	洞里萨湖区	沿海区	山区	合计
物流运输费	数量（万美元）	0.00	2.95	2.45	19.78	4.40	29.58
	比例（%）	0.00	0.15	0.07	0.90	0.79	0.36
技术服务费	数量（万美元）	0.00	0.00	0.00	0.00	0.00	0.00
	比例（%）	0.00	0.00	0.00	0.00	0.00	0.00
其他费用	数量（万美元）	0.00	9.45	44.48	1.05	13.28	68.26
	比例（%）	0.00	0.49	1.31	0.05	2.40	0.83

数据来源：柬埔寨国家统计局，柬埔寨2017年社会经济调查

渔业生产的收入包括种渔业产品收入、自己食用、赠送和慈善等和鱼干制品收入等，表5-7显示渔业生产收入分析。2017年，全国渔业生产收入合计34 374.01万美元，渔业产品收入、自己食用、赠送和慈善等、鱼干制品收入、鱼酱制品收入、动物饲料收入和其他费用以美元合计分别为18 642.84万、13 343.29万、735.04万、1 214.33万、59.76万、33.51万和345.24万，其分别占全部成本的54.24%、38.82%、2.14%、3.53%、0.17%、0.10%、和1.00%。渔业产品收入和自己食用占成本的比例较高，分别为54.24%和38.82%。不同区域的收入分布还存在一定差别，全国渔业产品收入占全部收入的54.24%，而金边、平原区、洞里萨湖区、沿海区和山区渔业产品收入分别占区域全部收入的比例为98.14%、42.10%、57.08%、80.17%和35.83%，金边和沿海区渔业中新鲜产品的商品化率最高，分别达到98.14%和80.17%，而平原区和山区渔业中新鲜产品的商品化率较低，仅为42.10%和35.83%；平原区和山区主要是自己食用，其比例分别达到49.30%和58.48%。鱼类加工的比例较低，鱼干制品收入、鱼酱制品收入和动物饲料收入合计收入为3.80%，渔业产品以新鲜产品消费形式为主。

2017年，金边、平原区、洞里萨湖区、沿海区和山区渔业生产收入以美元计分别为695.76万、10 900.55万、12 513.04万、5 754.12万和4 510.54万，分别占全部支出的比例为2.02%、31.71%、36.40%、16.74%和13.12%，平原区和洞里萨湖区渔业生产收入比例较高。

表5-7 渔业生产收入分析（2017年）

项目	金边	平原区	洞里萨湖区	沿海区	山区	合计
收入合计（万美元）	695.76	10 900.55	12 513.04	5 754.12	4 510.54	34 374.01
各区域收入占全部收入比例（%）	2.02	31.71	36.40	16.74	13.12	100.00

（续表）

项目		金边	平原区	洞里萨湖区	沿海区	山区	合计
渔业产品收入	数量（万美元）	682.83	4 588.78	7 142.20	4 612.88	1 616.15	18 642.84
	占全部收入比例（%）	98.14	42.10	57.08	80.17	35.83	54.24
自己食用	数量（万美元）	12.93	5 373.85	4 332.65	986.58	2 637.28	13 343.29
	占全部收入比例（%）	1.86	49.30	34.63	17.15	58.48	38.82
赠送和慈善等	数量（万美元）	0.00	297.13	264.13	71.18	102.60	735.04
	占全部收入比例（%）	0.00	2.73	2.11	1.24	2.27	2.14
鱼干制品收入	数量（万美元）	0.00	473.70	535.75	81.15	123.73	1 214.33
	占全部收入比例（%）	0.00	4.35	4.28	1.41	2.74	3.53
鱼酱制品收入	数量（万美元）	0.00	37.83	21.83	0.00	0.10	59.76
	占全部收入比例（%）	0.00	0.35	0.17	0.00	0.00	0.17
动物饲料收入	数量（万美元）	0.00	13.18	19.40	0.00	0.93	33.51
	占全部收入比例（%）	0.00	0.12	0.16	0.00	0.02	0.10
其他收入	数量（万美元）	0.00	116.08	197.08	2.33	29.75	345.24
	占全部收入比例（%）	0.00	1.06	1.58	0.04	0.66	1.00

数据来源：柬埔寨国家统计局，柬埔寨 2017 年社会经济调查

（十）渔业的市场情况

1. 龙头企业情况

进玉堂渔业（柬埔寨）有限公司是 2017 年由柬埔寨高棉第一控股集团（以下简称“高棉控股”）与香港上市公司中国海洋捕捞控股有限公司（以下简称“中国海洋捕捞”）在柬埔寨注册资本 1 000 万美金成立的合资公司。企业投资两亿美元，建立以水产养殖、冷冻、冷藏、加工、出口贸易、物流配送、饲料加工为主，捕捞为辅的大型渔业生产公司，全面打造渔业产业化生产链。2019 年 7 月，公司订立三座渔业智能养殖平台，在柬埔寨海域开展深水智能养殖。

宏泰有限责任公司（HunTy Co.，Ltd）是柬埔寨专门从事水产品经营活动的知名企业，冷冻巴沙鱼（龙利鱼）和澳洲淡水小龙虾的养殖、加工与销售为核心业务，同时从事相关行业的产品出口业务。HunTy 公司所生产的产品不论在技术方面还是质量方面都具备了国内外相关严格标准的条件，投资建立柬埔寨渔业产业园，在促进柬埔寨水产品冷链物流配送和走向世界市场做出突出贡献。

高值鱼类出口加工主要在金边和西哈努克市，金边加工厂主要出口活的、冰鲜和冻淡水鱼（主要是鲍鱼和穴沙鲍）至澳大利亚、法国、马来西亚、沙特阿拉伯、新加坡和中国香港，西哈努克市主要加工虾，现已扩大到海水鱼加工。

2. 国内贸易情况

柬埔寨农贸市场及超市的水产品分淡水、海水及加工水产品，淡水和海水鱼加工占总产量的78%。淡水水产品主要有黑鱼、罗非鱼、笋壳鱼、皇家鱼、大罗氏沼虾、鲶鱼和黄鳝等，加工鱼制品有鱼干、熏鱼、烟鱼、腌鱼等，在当地市场上占有重要位置，成为日常消费食物。

柬埔寨人喜欢吃鲜鱼、干制鱼、鱼酱、鱼汁等传统产品，目前年人均鱼类产品消费约52.4千克，其中淡水鱼51.4千克，海鱼1千克，靠近河流湖泊地区居民年人均鱼类产品消费量则达到了76千克。

3. 国际贸易情况

2018年，柬埔寨共出口了1.4万吨生鱼及加工鱼产品，主要输往中国、新加坡、日本、韩国、澳洲、美国、泰国、越南和俄罗斯等国，加工的淡水及海洋鱼类生产量达8.4万吨（表5-8）。柬埔寨内陆鱼类捕捞主要出口到新加坡、马来西亚和中国，而海水鱼类捕捞主要出口到泰国和越南。

表5-8　全国渔业进出口情况（2014—2017年）

项目	2014年	2015年	2016年	2017年
进口量（吨）	20 244	10 724	13 773	18 774
出口量（吨）	63 900	66 046	65 442	69 091

数据来源：FAO渔业统计年鉴

4. 与中国贸易情况

据中国农业农村部相关资料统计，2015年1—10月，中国从柬埔寨进口水产品64.3吨，金额达206.33万美元。2015年1—10月034类（鲜活冷藏及冻鱼）水产品进口额0.58万美元，与2014年同期1.72万美元相比下降了66.2%；2015年1—10月034类（鲜活冷藏及冻鱼）水产品进口量为1.43吨，与2014年同期的3.43吨相比降低了58.3%。中国对柬埔寨036类（鲜活冷藏冷冻及腌甲壳软体）水产品进口额为205.75万美元，与2014年同期的342.14万美元相比降低了39.8%；进口量为62.87吨，与2014年同期的104.81吨相比降低了40.0%。

（十一）渔业的管理情况

1. 主管部门

柬埔寨渔业生产最高管理机构是农林渔业部渔业局，下设4个局：技术局、检验局、计划与统计局以及管理局。另外还有 4 个淡水渔业公司、1 个海洋渔业公司、2 个淡水鱼渔网生产以及 2 个淡水鱼杂交实验场，专职人员 900 多名，在各个省都有自己的分支机构。

柬埔寨渔业管理分为两个层次，即国家级和省市级渔政管理，设有 1 个国家级渔业局，19 个省级渔政局，2 个市级渔政局。

2. 监管部门

柬埔寨渔业管理在中央和地方政府之间进行了区分。在中央一级，农业、林业和渔业部的渔业局负责渔业（及水产养殖）开发研究并起草法律和政策，并被赋予渔业监督管理的行政权力；在地方一级，渔业由省、市渔业局管理，监督其辖区内渔业生产企业遵守国家法律法规。

3. 研究部门

（1）内陆渔业研究与开发研究所（IFReDI）

内陆渔业研究与开发研究所成立于 2002 年，其发展战略是“确保内陆水产品资源的可持续发展，促进国家粮食安全和经济繁荣”。内陆渔业研究与开发研究所的活动经费主要由湄公河委员会和丹麦援助机构提供，受柬埔寨渔业局监管。政府负担职工工资，但不包括研究活动开支，部分人员工资从项目经费支出。内陆渔业研究与开发研究所把国际合作研究项目作为工作重点，同时与省级、地区级工作人员、农民、渔民和渔业区合作进行应用型研究，职能部门有生物研究部门、社会经济研究部门、行政部门、Kandal 省研究站四个，主要是科学收集和分析生物及社会经济数据，并提供相关信息，以促进国家内陆渔业的管理和发展。渔业改革是柬埔寨政府四角发展战略的一个重要组成部分。由于常常涉足国际关注的研究项目，内陆渔业研究与开发研究所研究人员工作能力较强，获得了较高的赞誉，但是研究资金不足、研究规模较小，缺乏对过度捕捞的深入研究和有效控制。

（2）国家动物防疫与繁殖研究中心

国家动物防疫与繁殖研究中心是柬埔寨动物防疫与繁殖管理部门下属的研究机构，2001 年在国家提高农业生产力项目资助下建立了实验室，拥有动物疾病防疫及基础性研究的能力，主要包括生化、细菌、寄生虫、病理、血清、流行病和免疫力方面的研究。人员薪酬多由“柬埔寨提高农业生产力”项目支付，因此，国家动物防疫与繁殖研究中心研究发展最大限制因素就是缺少资金、缺乏精密的研究设施，除了动物疾病诊断以外，其他研究经费和项目都很少。

二、渔业发展的主要问题

（一）技术问题

渔业保鲜中存在的技术问题，一是柬埔寨渔业生产主要采取冰藏和冻藏保鲜，而微冻保鲜与冷海水或冷盐水保鲜以及海水激冷、冷藏仓空气冷却、喷雾加湿、蓄冷保湿等先进的无冰保鲜技术尚未见于生产应用，二是单一保鲜方式存在着成本高、能耗大、干耗、膨胀、品质下降或药物、重金属残留等问题，三是水产品标准水平低，水产品保鲜标准的制（修）定跟不上产品和技术的发展，四是水产品冷藏链水平低，无论在设备上还是“链”上都需要进一步提高和发展。

（二）设备问题

对于水产品冷藏链的实现条件及基本要求，主要有“3T 原则”，即产品最终质量取决于在冷链中贮藏和流通的时间（Time）、温度（Temperature）和耐藏性（Tolerance）；“3P 原则”：原料（Product）、处理工艺（Processing）、包装（Package）；“3C 原则”：冷却（Cool）、清洁（Clean）、小心（Care）；冷藏链中的设备数量（Quantity）、质量（Quality）、冷却速度（Quick）需要达到一定的要求，即 3Q 要求；以及冷藏保鲜的工具和手段（Means）、方法（Methods）和管理措施（Management）需要达到一定要求的 3M 条件。这些都是低温食品加工及流通环节必须遵循的技术理论依据。

水产品冷藏链包括低温加工、低温贮藏、低温运输及配送、低温销售四个环节，每个环节都需要有相应的设备设施支撑。低温加工涉及的冷藏链装备有冷却、冻结装置以及冷冻干燥装置；低温贮藏涉及的冷藏链设施有各类冷藏库、冷藏柜及家用冰箱等；低温运输及配送涉及的冷藏链设备有冷藏汽车、铁路冷藏车、冷藏船、冷藏集装箱等低温运输工具；低温销售涉及冷藏冷冻陈列柜等设备。

目前，柬埔寨渔业水产品冷藏链所需设备匮乏，无法满足正常生产要求，影响了渔业可持续向前发展。

（三）贮藏问题

低温贮藏是渔业生产中停留时间最长、最常用的一个方法，也是水产品冷藏链中一个重要环节。水产品低温贮藏主要依靠冷藏库（简称冷库），按结构形式可分为：土建冷藏库、装配式冷藏库、夹套式冷藏库等。由于内陆和海洋渔业生产中缺冰、缺冷冻和冷藏设备以及冷库等设施，因此影响了柬埔寨水产品的贮藏销售。

（四）加工问题

柬埔寨淡水渔业加工呈季节性变化，沿河岸和大湖边主要是家庭式和小规模作业加工，大多数家庭从事传统产品加工，以满足自己需求，家庭加工主要在12 月到翌年 2 月。大规模加工主要由妇女在每年 1—2 月和 5—6 月进行，大多数作业在竹筏上进行，渔业生产多以贮藏保鲜为主，缺乏精深加工技术和产品。

（五）政治风险问题

柬埔寨政党林立，有 59 个政党（合法注册 42 个），党派纷繁复杂。根据透明国际 2016 年度腐败指数计算，在清廉指数排行榜上的 176 个国家当中，柬埔寨的得分为 21 分，排名为第 156 位（2015 年排第 150 位）。

（六）社会安全环境问题

柬埔寨王国政府重视维护国家安全和社会秩序，社会治安和安全形势总体良好，但也存在一些隐患，抢劫和盗窃案件仍有发生。市区和大部分农村地区虽已排雷，但西北地区省份仍有雷区。根据柬埔寨法律，当地居民只有获得政府颁发的合法持枪证，方可持有枪支。

（七）土地购买与租赁问题

柬埔寨《土地法》不健全，国内一直存在着严重的土地纠纷问题。

（八）劳务风险问题

柬埔寨人口年轻化特点明显，10～35 岁的人口超过总人口的一半，劳动力资源比较充沛。劳动力人口 750 万人，且年增长率 2. 7%。劳动力就业最大领域为农业、成衣业、服务业。但是柬埔寨当地的劳工技能水平较低，当地劳务接受过的文化教育和技能培训程度有限。而且柬埔寨当地劳工的工作效率较低，一方面是技能水平较低，另一方面是柬埔寨人民生活贫困简单，节奏缓慢，长期的战乱等原因，多数柬埔寨人安于现状，易于满足。

（九）自然资源限制问题

目前，柬埔寨的海洋渔业管理面临诸多挑战，既要面对世界上最丰产水域资源萎缩的现状，又要面对国内和国外渔船的过度开发，却又因监测环节薄弱，资源和开发趋势难以评估。鉴于海洋开放入渔政策是造成资源衰退的主要因素之一，柬埔寨政府把注意力集中在发展淡水渔业上。从目前的情况看，柬埔寨要想实现淡水渔业可持续发展，淡水鱼的最佳年产量应该在 40 万吨左右，不能对再提高产量寄予太大希望。同时，湄公河水坝造成的供水问题、农业生产化肥农药造成的污染问题以及地价上涨和土地被大量占用等问题，都给柬埔寨淡水渔业的发展带来了重重困难，未来水产养殖和渔业发展还有很长一段路要走。

三、渔业发展的对策建议

（一）提高水产品保鲜技术水平

由于水产品组织柔嫩，水分和蛋白质含量较高，自然放置很快就会腐败变质，失去食用价值，因此要采用多种技术手段提高水产品保鲜水平。目前，应用于水产品的保鲜技术主要有气调保鲜、低温保鲜、化学方法保鲜、辐照保鲜、熏制保鲜、干制保鲜、盐藏保鲜等。气调保鲜（Modified Atmosphere Packaging，MAP）是通过调整环境气体来延长食品贮藏寿命和货架寿命的技术。目前国内外气调保鲜的方法主要有气调保鲜库保鲜（Controlled atmospherestorage preservation，CA）、塑料薄膜袋气调保鲜（Modified Atmosphere，MA）和动态气调保鲜（dynamic controlled atmosphere，DCA），气调保鲜与低温贮藏结合使用保鲜效果更佳。

低温保鲜在水产品保鲜技术中应用最为广泛，主要有冰藏、冷海水或冷盐水保鲜、微冻保鲜和冻藏保鲜等。冷藏是用天然冰或者制冰机把新鲜水产品的温度降至或接近冰点，但并不冻结的保鲜方法，也叫冰藏、冰冷却保鲜。冷海水（或冷盐水）保鲜是指将水产品浸在−1～0℃的冷海水（或冷盐水）中，使鱼体温度得以冷却，从而延长其保鲜期。此法主要是根据海水（盐水）在 0℃以下才结冰的原理，由制冷剂与碎冰共同提供冷却保鲜所需的温度，优点是可以大批量处理水产品，缺点是易使水产品吸收水分和盐分而发生膨胀，肉味变淡，影响水产品品质。冰温保鲜技术是指将食品的贮藏温度控制在其冰温带的范围内，确定其“冰温带”，将该食品放置在自身的冰温带范围内的合适温度点进行贮藏，与冻藏保鲜相比，其具有能耗小、不破坏细胞组织结构，显著提高水产品使用品质的优点。

在日本，冰温技术已广泛应用于虾、蟹等水产品的贮运。微冻保鲜是将水产品温度降到冻结点以下（一般为−3℃左右）的一种轻度保鲜方法，也称过冷却或部分冷却。该温度下能够有效抑制微生物的繁殖，水产品微冻保鲜的保鲜期是4℃冷藏的 2.5～5 倍。冻藏保鲜将水产品中心温度降低至−18℃以下，鱼体组织中水分绝大部分发生冻结，然后进行贮藏的一种保鲜方法。冻结的方法主要有：盐水浸渍、空气冻结、平板冻结和单体冻结等，虽然冻藏保鲜货架期较长，但其易受温度波动以及空气中氧气含量等的影响，发生干耗、冰晶长大、脂肪氧化以及色变等现象，导致冻藏水产品品质下降。

此外，还有一些高科技低温保鲜技术，如玻璃化转移、真空冷冻干燥、超冷保鲜技术等。玻璃化转移是通过降温使水产品中高分子物质由液态转变成不规则的非晶体即玻璃化状态，此时水产品内部不再进行各种化学反应以达到保鲜的效果。真空冷冻干燥是将水产品中水分冻结后，在低压条件下使水产品水分由固态升华成气态而达到干燥保鲜，其对设备要求较高，生产成本高，常用来干燥海参、鲍鱼、鱼翅等名贵水产品，提高其附加值。超冷保鲜是将捕获后的水产品立即用−10℃的盐水处理，将鱼体表面快速冷却，再根据不同保藏目的和用途确定贮藏温度。

（二）升级生产装备

首先，要提高制冰能力，对现有的陈旧冷库设备进行节能改造，如保温层的检修、制冷设备的节能改造等，从而有效降低能耗；其次，要大规模改造和更新现有的冷冻、冷藏设备，发展新型冷藏装备，提高水产品冷藏链装备水平；最后，要有目的地引进国际先进技术装备，投入研发经费，提高渔业生产装备和加工机械化水平。

（三）提高贮藏能力

冷藏库是把不同温度的冷却食品和冻结食品在不同温度的冷藏库内作短期或长期的储存，主要用于水产品贮存。低温库的温度在−20℃以下，因为海产品在−20℃以下才不会变质，如达不到−20℃海产品鲜味就截然不同。

低温冷藏库冷藏温度对储存物品的品质影响是非常大的，冷藏库温度越低，储存物品的品质越好，相对储存的时间也越久。储存水产类的冷藏库温度一般是在−18℃，水产品冷冻库在−25℃～−22℃下才能保证不会变质。

提高贮藏能力关键是要有先进的冷链技术，可以引入先进技术或者和一些大企业合作，逐步改善制冰能力，提高渔业产品加工品质与质量。

（四）扩大加工规模

加速传统家庭式和小规模作业加工向规模化、效益型加工公司转变，与一些发展较好的国家合作建厂或者引入外资企业。中国进玉堂（柬埔寨）渔业有限公司与柬埔寨王国农林渔业部在金边总理府签署了渔业产业化战略合作备忘录，把先进的渔业产业技术引进柬埔寨，把传统南海捕捞方式转移到南海外部及泰国湾作业，把单一捕捞行业转化为远洋捕捞与养殖双结合，发展水产养殖（包括渔业资源可持续发展与管理，加强渔业仓储发展），开展水产养殖科技、捕捞后渔业及其精深加工等方面合作，推动柬埔寨经济发展。

（五）规避政治风险

重视政治风险，有体系地应对政治风险，高层管理者参与指挥。

（六）维护社会长久治安

发扬宗教中的优良传统；奖励先进事迹、互帮互助事迹、致富带头人等；有违法犯罪的行为要在第一时间给予处置。

（七）完善相关法律

要完善冷藏链物流相关法律法规，规范冷藏链物流市场，保障食品在冷藏链物流过程中规范化流通。应制定相应的法律法规以及食品质量标准，约束企业在食品冷藏链中的行为；要规范食品低温物流各环节的硬件建设、使用和维护的标准；要研究制定涉及食品安全的食品在冷藏链中各项理化指标的执行标准，加快构建食品低温物流标准化体系及安全保障体系。通过政府与食品和物流行业协会合作，共同建立和完善食品冷藏链相关的行业标准以及法规和制度，并尽快全面实施，促进食品冷藏链行业的健康发展。

（八）发展渔业教育

促进渔业人力资源发展以确保渔业服务质量，重点培养渔业技术人员，组织和安排人员到渔业发达国家学习和培训，以获得和掌握渔业发展最新技术和经验。

（九）开展渔业资源保护

修订和发布渔业法规，对违法渔业行为进行执法和打击；提高渔区群众和普通渔民对养护渔业资源重要性的认识，保证当地社区群众对渔业管理及保护的最大参与度；保证所有相关产业的广泛协调，以减少其他产业的发展对渔业资源造成的潜在负面影响。

四、推动中国与柬埔寨渔业发展的合作建议

（一）合作领域与方向

柬埔寨淡水渔业资源丰富，是国民经济的支柱产业。湄公河及其支流构成了全国的主要河系，洞里萨湖和湄公河沿岸的淡水区域渔业总产量占全国的90%。目前，中国与柬埔寨渔业合作主要集中在水产的人工养殖、水产品加工以及技术培训、能力建设、渔业资源联合调查和共同保护等方面，今后在淡水养殖、鱼类贮藏以及产品加工等方面还有广阔的合作空间。

（二）合作伙伴

目前，柬埔寨家庭式渔场主及中小企业在柬埔寨渔业企业总数（88.8%～99.9%）和就业总人数（51.7%～97.2%）（ASEAN SME Policy Index（2014）：The original data is collected from latest country reports where available）方面占据主导地位，在渔业发展中起到了关键作用，这些企业缺乏资金、技术以及产品销售市场，是与中国合作的重要伙伴。

（三）现有的优惠政策、合作潜力

柬埔寨农林渔业部发布了关于在Koh Rong和Koh Rong Sonlem群岛，Preah Sihanouk省建立海洋渔业管理区的法令，推进了海洋渔业资源的保护和可持续性发展，减少了贫困人口。为促进渔业改革的实施，柬埔寨修正法第6条、41条、42条、43条以及渔业法第95条于2017年11月22日颁布。柬埔寨政府非常重视外国直接投资，给予了外资与内资基本同等待遇，《投资法》为外国投资柬埔寨渔业市场提供了相对优惠的税收、土地租赁政策及其发展保障。

“澜湄合作”是中国“一带一路”倡议及“亲、诚、惠、容”周边外交实践的重要组成部分，更是中国积极打造“周边命运共同体”的新尝试，为双边经贸合作发展注入“新活力”。2002年11月4日，中国与东盟签署《中国—东盟全面经济合作框架协议》；中柬两国于2006年1月1日逐步实施“早期收获计划”，降税商品539项，并于2010年1月1日全部削减至零；2010年1月1日，中国—东盟自贸区建成，贸易自由化与便利化为中柬双边农产品贸易合作发展注入了“新动能”；2016年3月23日，“澜湄合作”为中柬农产品贸易发展提供了区域合作新平台，中柬双边农产品贸易再创新高，达到2亿多美元，同比增长21.96%，其中中国自柬埔寨进口增长42.89%；2018年，中柬双边农产品贸易总

额为 2.57 亿美元，同比增长为 43.10%，高于同期中国与东盟农产品贸易增速（10.68%），其中中国自柬埔寨进口 1.9963 亿美元，同比增长 43.31%；2017 年 10 月 10 日，“澜湄组织”柬埔寨国家秘书处在柬埔寨首都金边成立，中柬两国率先签署首批“澜湄合作”专项基金项目，达成 16 项合作协议，协议金额约 732 万美元；2017 年 12 月 21 日，第二次澜沧江—湄公河合作领导人会议在柬埔寨首都金边举行，农业成为六大优先合作领域之一，中柬两国政府在《联合公报》中指出：“大力推进农业合作，共同编制柬埔寨现代农业发展规划，建设农业合作示范园和农产品深加工园区，促进柬埔寨农产品加工、仓储和物流业发展，延伸农业产业链。中国农业部与柬埔寨农林渔业部签署《关于合作编制柬埔寨现代农业发展规划谅解备忘录》。”

（四）潜在风险

柬埔寨渔业市场发展空间很大，但还存在一定风险。一是文化风险，民族风俗和宗教信仰不同，增加了管理的困难；二是法律风险，柬埔寨有些法律并不健全，当发生纠纷时，政府无法给予合理有效的解决，甚至会出现暴力手段，导致企业与当地社区居民纠纷严重；三是融资风险，柬埔寨国内渔业贷款成本高，商业银行和小额贷款机构的年利率高达 18%，融资成本高，企业融资困难，后续资金投入跟不上，影响项目运作。

第六章　柬埔寨橡胶业发展现状、挑战、对策及合作建议

一、橡胶产业发展现状

（一）橡胶产业发展历史

柬埔寨橡胶生产历史悠久，可以追溯至1910年，经过战争、经营形态、金融危机等洗礼，目前柬埔寨已经发展成为全球重要的橡胶出口国。

1910年，法国人Bouillard在西哈努克省Veal Rinh区种植了第一批橡胶种子。经过几年的试验，在1914年，建立了第一个面积为150公顷橡胶种植园。

1921年，5个国际化公司（以法国人为主）在Kompong Cham省的Chup和Chamkar Leu高原红土上逐步建立了大规模的橡胶种植园。

1940年，柬埔寨全国已经建立了28 000公顷的工业规模种植园，其中最大的6家工厂，年产橡胶超过20 000吨。

1945—1950年，由于国内政治不稳定和劳动力短缺，国内橡胶种植园受到明显影响，橡胶种植园面积小幅下降，并低于战前的水平。

1953—1970年，法国橡胶种植公司的种植面积扩大了一倍，同时柬埔寨人也创建了许多种植园，国家开始鼓励小农和私人种植园的发展，并在靠近Kampong Cham省的传统红土栽培地区，鼓励工业化规模的橡胶特许经营区发展。1969年，柬埔寨全国橡胶种植面积达到7万公顷，其中近70%来自国营橡胶种植公司，25%来自民营种植园，橡胶总产量52 000吨。

在20世纪70年代，由于越南战争以及随后红色高棉政权（1975—1979年）管理，橡胶种植园遭受了巨大破坏。越战期间，美国军队在柬埔寨与越南边境附近使用大量化学除叶剂，对橡胶种植园产生巨大影响。当柬埔寨在红色高棉政权管理初期时，外国种植园主分别撤退到金边，对橡胶的生产产生一定影响，但对贸易未见显著性影响，而当红色高棉政权在1975年控制金边时，外国种植园主纷纷逃离柬埔寨，使橡胶的贸易也受到巨大影响。在20世纪70年代后期，用于橡胶种植的土地受到严重破坏，橡胶产量急剧下降至每年10 000吨。

1979—1989年，越南占领柬埔寨，通过国有化橡胶种植园恢复橡胶的生产。此时，所有橡胶种植园被国有化，受到农林渔业部橡胶种植总局的直接监管，并获得苏联和一些欧洲集团国家提供的大量技术援助。但是，当时的橡胶树大部分

树龄已高（30～70 年），整体的经济效益并没有显著性提高。从 1985 年开始，农林渔业部橡胶种植总局的监管逐步弱化，国有天然橡胶生产企业获得了越来越多的管理自主权。

1989 年，越南从柬埔寨撤军，柬埔寨对橡胶种植总局进行重组，并逐步开放国内橡胶管理和生产。家庭种植园/小农橡胶种植园开始迅速发展，种植面积快速增加，成为橡胶产业中最有活力的部分。

1991 年，橡胶种植园被划分成 7 个国有橡胶园、两个私人种植园和几个小型橡胶种植园。柬埔寨橡胶研究所成立，专业从事提高橡胶产量和橡胶产品品质的研究。

1993 年，政府开始给非政府所有者发放橡胶生产许可证，包括自营橡胶种植企业，橡胶种植协会，家庭规模橡胶种植园等，开始鼓励中小橡胶种植园的发展。

1993 年，国家橡胶管理系统得到改善，并优化了现有的种植方案和操作规程，橡胶种植园的生产能力进一步提高。

1996 年，国有橡胶种植园成为橡胶产业的主要动力，在土地和财务管理方面也获得更大的自由度。

1997 年，国家开始重建土地管理制度和规划，进一步对柬埔寨橡胶研究所进行重组，包括在 Chup 建立试验场，并将 Ta Pao 和 Rattanakiri 的橡胶种植园划归研究所进行管理。

1999 年，国有的 7 个橡胶种植园被下放到独立管理的国有企业，并通过国家财产管理局行使所有权。同时，为弥补资产下放所带来的预算收入损失，政府出台了出口税，提高了国有企业的税负。

2000 年，政府第一次颁布了授权中小型种植者自由生产、加工和销售橡胶的法律，但是，中小型种植者仍然有义务向国有公司出售橡胶，该规定使得中小型种植者仅能以较低的价格销售给国有橡胶公司，从而使中小型种植者不得不从事一些非法贸易，来获得更高的价格。

2003 年 6 月，政府批准中小型种植者的橡胶杯状块和凝固物可以自由贸易，从而促进了私营企业发展，减少了中小型种植者的非法贸易行为。

2005 年 6 月，政府批准中小型种植者的橡胶可以完全自由贸易，并在橡胶主产区建造中小型种植者橡胶收集点以促进橡胶贸易。

2008 年和 2009 年，政府将所有 7 个国营橡胶种植园（Chup，Peam Cheang，Krek，Memut，Snuol，Chamkar Ondoung，Boeng Ket）全部私有化，并且向国内外投资者提供土地特许权，管理橡胶产业的发展。然而，部分土地特许权管理不当，导致社会动荡，村庄被毁，造成不和谐的社会影响。

（二）橡胶种植园情况及其分布

柬埔寨天然橡胶的生产数据可以追溯到 1922 年，但是由于战争等原因，从 1967 年到 1980 年的数据有所缺失。表 6-1 显示 1922 年至 2011 年柬埔寨橡胶的种植面积、产量和出口等数据。橡胶的种植面积在 1922 年至 1967 年，逐年提高，并在 1967 年达到了 64 054公顷，其中的割胶面积达到 39 147公顷，出口量达到 47 655吨，均处于历史发展的高位。但是，在 1967 年到 1980 年期间，橡胶种植园大面积的损坏，1980 年，全国的种植面积仅有 5 000公顷，还不到战前的 10%，其总产量为 1 300吨，单产为 260 吨，均大幅度降低。

随着政府橡胶管理政策的逐步放松，橡胶种植园的面积迅速提升，大约在 2006 年恢复到战前的水平，并且飞速发展。经过 5 年的飞速发展，2011 年的种植面积达到 2006 年种植面积的 3 倍，并且单产也有 15% 左右的增加，对外贸易量迅速提高。

表 6-1　全国橡胶的种植面积、产量和出口

年份	种植面积（公顷）	未割胶面积（公顷）	割胶面积（公顷）	总产量（吨）	单产（千克/公顷）	出口量（吨）
1922	1 224	1 224	0	0	0	—
1923	1 928	1 928	0	0	0	—
1924	2 884	2 884	0	0	0	—
1925	5 723	5 723	0	0	0	—
1926	8 114	8 114	0	0	0	—
1927	10 923	10 923	0	0	0	—
1928	15 286	14 086	1 200	196	163	—
1929	18 542	16 742	1 800	340	189	—
1930	22 959	21 159	1 800	482	268	—
1931	25 618	21 118	4 500	698	155	—
1932	26 218	20 618	5 600	1 570	280	—
1933	26 218	18 518	7 700	2 265	294	—
1934	26 436	13 236	13 200	3 288	249	—
1935	26 441	5 862	20 579	6 496	316	—
1936	26 441	2 787	23 654	10 147	429	—
1937	26 469	2 019	24 450	13 715	561	—
1938	26 667	1 749	24 918	15 278	613	—
1939	28 005	2 804	25 201	17 327	687	—
1940	27 977	1 970	26 007	19 988	768	—
1941	28 085	2 278	25 807	20 821	807	—
1942	28 094	2 287	25 807	21 492	833	—
1943	28 264	2 757	25 507	21 616	847	—
1944	30 184	5 472	24 712	18 346	742	—
1945	29 922	6 235	23 687	4 552	192	—

（续表）

年份	种植面积（公顷）	未割胶面积（公顷）	割胶面积（公顷）	总产量（吨）	单产（千克/公顷）	出口量（吨）
1946	30 207	11 587	18 620	6 563	352	—
1947	30 240	10 514	19 726	13 212	670	—
1948	30 225	10 037	20 188	16 335	809	—
1949	30 281	10 061	20 220	15 616	772	—
1950	30 386	8 207	22 179	15 295	690	—
1951	30 397	7 103	23 294	15 631	671	—
1952	30 681	5 499	25 182	18 432	732	16 284
1953	30 721	4 181	26 540	22 388	844	21 074
1954	31 271	3 559	27 712	24 127	871	30 014
1955	31 536	2 548	28 988	27 848	961	29 258
1956	32 432	4 035	28 397	32 094	1 130	29 813
1957	34 398	5 996	28 402	31 684	1 116	34 794
1958	36 053	7 466	28 587	33 621	1 176	37 347
1959	37 905	9 316	28 589	34 468	1 206	38 283
1960	41 644	13 220	28 424	37 109	1 306	40 466
1961	47 691	18 937	28 754	39 980	1 390	35 957
1962	51 794	22 987	28 807	41 559	1 443	36 220
1963	54 524	24 527	29 997	40 755	1 359	42 168
1964	56 048	25 143	30 905	45 760	1 481	47 605
1965	59 050	25 893	33 157	48 959	1 477	45 378
1966	62 211	26 748	35 463	51 350	1 448	50 782
1967	64 054	24 907	39 147	53 716	1 372	47 655
1980	5 000	0	5 000	1 300	260	1 454
1981	8 800	0	8 800	4 000	450	2 616
1982	11 800	0	11 800	7 000	590	8 000
1983	14 546	0	14 546	9 000	610	10 021
1984	19 506	0	19 506	13 388	680	13 307
1985	26 300	0	26 300	17 645	490	16 421
1986	35 779	0	35 779	24 497	680	23 280
1987	40 000	0	40 000	24 917	620	26 335
1988	41 500	0	41 500	31 380	750	29 968
1989	46 789	0	46 789	33 645	710	33 727
1990	51 160	38	51 122	34 700	680	25 563
1991	51 670	100	51 570	35 000	670	24 807
1992	50 835	126	50 709	28 364	550	26 645
1993	43 545	211	43 334	22 345	510	20 990
1994	42 817	241	42 576	30 585	710	30 742
1995	45 048	525	44 523	35 427	800	34 413
1996	45 538	1 138	44 400	43 891	990	41 607
1997	44 466	967	43 499	43 503	1 000	44 799

（续表）

年份	种植面积（公顷）	未割胶面积（公顷）	割胶面积（公顷）	总产量（吨）	单产（千克/公顷）	出口量（吨）
1998	42 625	1 161	41 464	41 398	1 000	39 966
1999	38 413	1 055	37 358	44 043	1 180	43 221
2000	53 722	11 024	42 698	42 007	980	40 066
2001	51 458	13 778	37 680	38 562	1 020	35 672
2002	55 582	18 809	36 773	32 384	880	36 774
2003	53 527	19 831	33 696	32 382	960	32 764
2004	54 209	22 619	31 590	33 770	1 060	33 558
2005	60 406	30 004	30 402	29 464	960	29 950
2006	69 994	37 604	32 390	32 077	990	31 184
2007	82 059	51 568	30 491	32 975	1 080	33 121
2008	108 510	74 197	34 313	37 050	1 080	36 000
2009	129 920	95 785	34 135	37 380	1 095	36 500
2010	181 433	143 027	38 406	42 466	1 100	45 000
2011	213 104	167 942	45 162	51 339	1 137	44 969

数据来源：农林渔业部 2011 年年报；“—” 表示未统计或未上报

表 6-2 显示全国天然橡胶面积。橡胶在柬埔寨各个省份均有分布，其中 Kampong Cham、Ratanakiri、Kratie、KampongThom 和 MondulKiri 五个省算是主产区，其种植面积分别为 91 759公顷、33 589公顷、27 696公顷、19 653公顷和 15 241公顷，其分别占全国种植面积的 43. 06%、15. 76%、13. 00%、9. 22% 和 7. 15%。Kampong Cham 是全国橡胶种植面积最大的省份，2011 年种植面积超过 9 万公顷，其次是 Ratanakiri、Kratie 和 Kampong Thom，这四个省也是柬埔寨传统橡胶种植园所在地。橡胶的种植面积包括采胶面积和未成熟面积，2011 年，全国采胶面积和未成熟面积分别为 45 163公顷和 167 942公顷，在各省中，Kampong Cham、Ratanakiri、Kratie 和 KampongThom 的采胶面积较大，分别为 37 049公顷、2 794公顷、2 550公顷和 2 641公顷，分别占各省面积的比例为 40. 38%、8. 32%、9. 21%和 13. 44%。

表 6-2　各省天然橡胶面积（2011 年）

省份	种植面积（公顷）	种植面积占全国比例（%）	采胶面积（公顷）	采胶面积占全省比例（%）	未成熟面积（公顷）	未成熟面积占全省比例（公顷）
KampongCham	91 759	43. 06	37 049	40. 38	54 710	59. 62
Ratanakiri	33 589	15. 76	2 794	8. 32	30 795	91. 68
Kratie	27 696	13. 00	2 550	9. 21	25 146	90. 79
Kampong Thom	19 653	9. 22	2 641	13. 44	17 012	86. 56
MondulKiri	15 241	7. 15	7	0. 05	15 234	99. 95

（续表）

省份	种植面积（公顷）	种植面积占全国比例（%）	采胶面积（公顷）	采胶面积占全省比例（%）	未成熟面积（公顷）	未成熟面积占全省比例（公顷）
Steung Treng	9 453	4. 44	0	0. 00	9 453	100. 00
SiemReap	4 953	2. 32	0	0. 00	4 953	100. 00
Preah Vihear	3 390	1. 59	13	0. 38	3 377	99. 62
Battambang	1 247	0. 59	29	2. 33	1 218	97. 67
Pailin	878	0. 41	20	2. 28	858	97. 72
Koh Kong	414	0. 19	0	0. 00	414	100. 00
Banteay Meanchey	330	0. 15	0	0. 00	330	100. 00
Svay Rieng	326	0. 15	0	0. 00	326	100. 00
Sihanouk Ville	150	0. 07	60	40. 00	90	60. 00
Kampot	20	0. 01	0	0. 00	20	100. 00
Pursat	15	0. 01	0	0. 00	15	100. 00
Not attributed	3 991	1. 87	0	0. 00	3 991	100. 00
合计	213 105	100. 00	45 163	21. 19	167 942	78. 81

数据来源：农林渔业部年度报告（2011 年）

天然橡胶种植主要包括国营农场、特许农场和私人农场三种经营方式。国营农场是国家进行管理、特许农场主要是国外投资者经营管理。表 6-3 显示各省天然橡胶经营形式分布情况。国营农场、特许农场和私人农场的种植面积分别为 50 715公顷、66 460 公顷和 95 931 公顷，其分别占全国种植面积的 23. 80%、31. 39% 和 45. 02%，私人农场，即农户种植的农场是主要的经营方式。Ratanakiri、Kratie 和 Kampong Thom，这四个省也是柬埔寨传统橡胶种植园所在地。这里的很多种植园以前属于国营种植园。Kampong Cham 是法国殖民地橡胶公司在 20 世纪 20 年代的橡胶种植核心区，靠近越南，非常容易与越南开展贸易。国营农场主要位于 KampongCham、Ratanakiri、Kratie 和 KampongThom，其种植面积分别为 39 898公顷、2 617公顷、4 365公顷和 3 036公顷；特许农场主要分布在 Kratie 和 KampongThom，其种植面积分别为 17 181公顷和 14 040公顷。

表 6-3　各省天然橡胶经营形式（2011 年）

省份	国营农场面积（公顷）	国营农场面积占全省面积比例（%）	特许农场面积（公顷）	特许农场面积占全省面积比例（%）	私人农场面积（公顷）	私人农场面积占全省面积比例（%）
Kampong Cham	39 898	43. 48	3 035	3. 31	48 826	53. 21
Ratanakiri	2 617	7. 79	5 696	16. 96	25 276	75. 25
Kratie	4 365	15. 76	17 181	62. 03	6 150	22. 21
Kampong Thom	3 036	15. 45	14 040	71. 44	2 578	13. 12
Mondul Kiri	0	0. 00	8 461	55. 51	6 780	44. 49

（续表）

省份	国营农场面积（公顷）	国营农场面积占全省面积比例（%）	特许农场面积（公顷）	特许农场面积占全省面积比例（%）	私人农场面积（公顷）	私人农场面积占全省面积比例（%）
Steung Treng	0	0.00	8 146	86.17	1 307	13.83
Siem Reap	473	9.55	4 480	90.45	0	0.00
Preah Vihear	0	0.00	1 430	42.18	1 960	57.82
Battambang	0	0.00	0	0.00	1 247	100.00
Pailin	0	0.00	0	0.00	878	100.00
Koh Kong	0	0.00	0	0.00	414	100.00
Banteay Meanchey	0	0.00	0	0.00	330	100.00
Svay Rieng	326	100.00	0	0.00	0	0.00
Sihanouk Ville	0	0.00	0	0.00	150	100.00
Kampot	0	0.00	0	0.00	20	100.00
Pursat	0	0.00	0	0.00	15	100.00
Not attributed	0	0.00	3 991	100.00	0	0.00
合计	50 715	23.80	66 460	31.19	95 931	45.02

（三）全球橡胶的贸易情况

天然橡胶全球的生产情况见表 6-4。在 2010 年，柬埔寨天然橡胶产量为 38 000吨，在统计数据中排第 16 名，泰国和印度尼西亚产量排名居前，其产量分别为 3 052 000吨和 2 788 000 吨。

柬埔寨天然橡胶的单产为 1.05 吨/公顷，在统计数据中排第 15 名，低于全球的平均单产水平 1.14 吨/公顷；割胶面积为 36 000公顷，在统计数据中排第 18 名。

表 6-4　全球天然橡胶的生产情况（2010 年）

国家	产量（千吨）	单产（吨/公顷）	割胶面积（千公顷）
1. 泰国 #	3 052	1.58	1 929
2. 印度尼西亚#	2 788	0.91	3 065
3. 马来西亚#	859	0.67	1 290
4. 印度#	851	1.89	450
5. 越南 #	754	1.72	439
6. 中国#	691	1.01	685
7. 菲律宾#	395	2.86	138
8. 巴西	222	1.79	124
9. 科特迪瓦	215	1.59	135
10. 尼日利亚	143	0.42	345
11. 斯里兰卡 #	139	1.08	129
12. 危地马拉	98	1.47	67

（续表）

国家	产量（千吨）	单产（吨/公顷）	割胶面积（千公顷）
13. 黎巴嫩	62	0.83	75
14. 喀麦隆	55	1.04	53
15. 缅甸	44	0.54	81
16. 柬埔寨#	38	1.05	36
17. 墨西哥	31	2.22	14
18. 厄瓜多尔	15	1.44	11
19. 加纳	15	0.59	25
20. 几内亚	14	1.33	11
21. 加蓬	14	1.14	12
22. 玻利维亚	13	—	—
23. 刚果金共和国	12	0.23	50
24. 巴布亚新几内亚 #	8	0.50	15
25. 孟加拉国	6	0.10	59
26. 刚果	2	0.81	2
27. 中非共和国	1	1.08	1
28. 文莱达鲁萨兰国	0.23	0.06	4
29. 多米尼加共和国	0.02	0.40	0.04
全球合计	10 537	1.14	9 244

数据来源：FAO

注：#，是天然橡胶生产国联盟成员；“—”表示未统计或未上报

橡胶属于常规的大宗商品，国际贸易市场非常成熟。在国际贸易中，橡胶根据加工步骤主要区分为以下四种类型的产品。

天然橡胶胶乳（HS 400110）：该产品是由乳胶制成的产品，乳胶是橡胶树的乳白色汁液。为了稳定胶乳的弹性，在制造过程中将许多化学品添加到胶乳汁液中。

烟熏天然橡胶（HS 400121）：该产品是一种棕色片状的天然粗橡胶，它是通过将乳胶与酸混合，将其卷成薄片，并通过木柴加热干燥而获得。该产品主要根据视觉评估进行分级，包括 RSS IX，RSS 1，RSS 2，RSS 3，RSS 4 和 RSS 5，等级之间的区别详见国际橡胶质量和包装会议“绿皮书”。

特定性能天然橡胶（TSNR）（400122）：该产品按照天然橡胶技术特性分级，根据污垢含量、灰分含量、挥发性物质含量、氮含量、可塑性和颜色而分为多个等级，具体分级根据 1964 年国际标准化组织的规定。

非特定性能天然橡胶（HS 400129）：即不属于前三种类型的天然橡胶产品。

柬埔寨统计数据显示柬埔寨主要出口非特定性能天然橡胶（HS 400129），而其他国家的统计数据则表明，从柬埔寨进口的主要是特定性能天然橡胶（HS 400122）。

表 6-5 显示全球天然橡胶产品出口贸易情况。在全球天然橡胶市场中，上述

四种产品在2010年，总产量近800万吨，价值240亿美元，其中，天然橡胶乳胶、烟熏天然橡胶、特定性能天然橡胶和非特定性能天然橡胶的出口数量分别为1 199 157吨、937 723吨、5 091 783吨和666 106吨，其价值分别达到2 669 708千美元、3 065 279千美元、16 253 039千美元和1 967 411千美元，特定性能天然橡胶是最主要的产品，全球出口总量超过500万吨，价值160亿美元（表6-4，表6-5）。在2006年至2010年间，世界橡胶产品贸易额每年增长7%，数量下降了2%。特定性能天然橡胶是最大的橡胶产品，也是最具活力的产品，2006年至2010年年间出口量每年增长15%，价值增长5%。

表6-5　全球天然橡胶产品出口贸易情况（2006—2010年）

类型	价值（千美元）	出口数量（吨）	单价（千美元/吨）	年均价值增长率（%）	年均数量增长率（%）
天然橡胶	23 964 960	7 764 219	3 087	7	-2
天然橡胶乳胶	2 669 708	1 199 157	2 226	4	-2
烟熏天然橡胶	3 065 279	937 723	3 269	-4	-12
特定性能天然橡胶	16 253 039	5 091 783	3 192	15	5
非特定性能天然橡胶	1 967 411	666 106	2 954	-11	-17

数据来源：联合国国际贸易中心的贸易统计（2012年1月检索）

表6-6显示全球天然橡胶产品进口贸易情况。在全球天然橡胶市场中，上述四种产品在2010年，总产量近800万吨，价值240亿美元，其中，天然橡胶乳胶、烟熏天然橡胶、特定性能天然橡胶和非特定性能天然橡胶的出口数量分别为1 149 982吨、971 027吨、4 618 681吨和1 159 371吨，其价值分别达到2 925 537千美元、2 981 701千美元、14 464 018千美元和3 379 809千美元，特定性能天然橡胶是最主要的产品，全球出口总量接近500万吨，价值150亿美元。特定性能天然橡胶是最大的橡胶产品，也是最具活力的产品，2006年至2010年间进口量每年增长2%，价值增长10%。

表6-6　全球天然橡胶产品进口贸易情况（2006—2010年）

类型	价值（千美元）	出口数量（吨）	单价（千美元/吨）	年均价值增长率（%）	年均数量增长率（%）
天然橡胶	23 769 785	—	—	7	-2
天然橡胶乳胶	2 925 537	1 149 982	2 544	10	-2
烟熏天然橡胶	2 981 701	971 027	3 071	-1	-7
特定性能天然橡胶	14 464 018	4 618 681	3 132	10	2
非特定性能天然橡胶	3 379 809	1 159 371	2 915	0	-7

数据来源：联合国国际贸易中心的贸易统计（2012年1月检索）

“—”表示未统计或未上报

(四) 橡胶出口贸易

柬埔寨橡胶出口贸易伙伴主要位于东南亚，包括泰国和印度尼西亚。泰国和印度尼西亚是世界上最大的天然橡胶出口国，2010 年每年出口 70 至 80 亿美元，占世界出口的 60% 以上。其他出口贸易伙伴包括马来西亚和越南，再次是科特迪瓦和尼日利亚。2010 年，全球 11 个天然橡胶生产国协会成员国占全球天然橡胶出口的 90% 以上。

表 6-7 显示泰国是三种天然橡胶产品的主要出口国：天然橡胶胶乳（世界市场份额为 71%），烟熏天然橡胶（75%）和非特定性能天然橡胶（32%）。相比之下，印度尼西亚是迄今为止世界上最大的特定性能天然橡胶（TSNR）出口国，该产品也是天然橡胶中数量最大和最具活力的出口橡胶产品。印度尼西亚的特定性能天然橡胶出口 228 万吨，价值超过 70 亿美元，约为全球出口橡胶产品（HS 4001）的 44%。

柬埔寨天然橡胶产业的规模不大，但是发展速度较快。2010 年，柬埔寨天然橡胶（HS 4001）出口额为 8 300万美元，在全球排名第 19 名，其出口增长速度是世界出口增长速度的两倍以上：2006 年至 2010 年年间为每年 17%，而全球为 7%。非特定性能天然橡胶（HS 400129）是柬埔寨最主要的出口产品，其产量在全球排名为第六名。

表 6-7　2010 年天然橡胶产品的主要出口国

项目	出口价值（千美元）	出口占比（%）	贸易平衡（千美元）	出口数量（吨）	单价（美元/吨）	年均价值增长率（%）	年均数量增长率（%）
4001 天然橡胶							
全球	23 964 960	100.0	195 175	7 764 219	3 087	7	-2
1. 泰国#	7 896 026	32.9	7 877 510	2 733 607	2 889	5	-3
2. 印度尼西亚#	7 329 058	30.6	7 291 051	2 352 776	3 115	7	-1
3. 马来西亚#	2 863 578	11.9	1 065 434	900 922	3 178	0	-8
4. 越南＊#	1 294 488	5.4	1 131 675	433 715	2 985	12	2
5. 科特迪瓦	680 427	2.8	667 170	240 729	2 827	16	8
6. 尼日利亚	555 298	2.3	553 188	119 054	4 664	98	144
7. 新加坡#	396 358	1.7	16 294	122 989	3 223	-6	-16
(…)							
19. 柬埔寨#	82 696	0.3	82 641	27 031	3 059	17	11
400110 天然橡胶乳胶							
全球	2 669 708	100.0	-255 829	1 199 157	2 226	4	-2
1. 泰国#	1 881 938	70.5	1 874 750	898 454	2 095	8	0
2. 马来西亚#	168 474	6.3	-809 900	47 773	3 527	0	-8
3. 越南＊#	143 391	5.4	129 420	63 698	2 251	2	-8
4. 比利时	73 699	2.8	-24 186	24 093	3 059	-14	-18
5. Guatemala	72 760	2.7	72 750	34 338	2 119	11	2

（续表）

项目	出口价值（千美元）	出口占比（%）	贸易平衡（千美元）	出口数量（吨）	单价（美元/吨）	年均价值增长率（%）	年均数量增长率（%）
6. 利比里亚 *	53 977	2.0	53 877	22 507	2 398	−22	−15
7. 印度尼西亚#	31 194	1.2	1 275	12 929	2 413	19	11
（…）							
32. 柬埔寨#	1 262	0.0	1 260	400	3 155	—	—
400121 烟熏天然橡胶							
全球	3 065 279	100.0	83 578	937 723	3 269	−4	−12
1. 泰国#	2 309 905	75.4	2 299 679	692 356	3 336	0	−8
2. 印度尼西亚#	192 546	6.3	191 406	60 166	3 200	−32	−37
3. 缅甸 *	122 142	4.0	121 747	40 566	3 011	33	20
4. 新加坡#	118 435	3.9	12 490	34 064	3 477	−13	−19
5. 越南 * #	85 666	2.8	62 110	33 383	2 566	0	−3
6. 斯里兰卡#	66 976	2.2	39 237	20 914	3 202	14	4
7. 中国#	51 592	1.7	642 292	16 161	3 192	75	63
（—）							
柬埔寨#	0	0.0	—	0	—	—	—
400122 特定性能天然橡胶（TSNR）							
全球	16 253 039	100.0	1 789 021	5 091 783	3 192	15	5
1. 印度尼西亚#	7 102 864	43.7	7 096 382	2 278 820	3 117	10	2
2. 泰国#	3 066 444	18.9	3 066 015	930 495	3 295	122	102
3. 马来西亚#	2 647 356	16.3	2 155 573	838 522	3 157	−1	−8
4. 越南 * #	835 677	5.1	813 601	262 103	3 188	18	10
5. 尼日利亚	545 968	3.4	544 681	116 200	4 699	99	219
6. 科特迪瓦	470 885	2.9	470 584	165 813	2 840	18	11
7. 新加坡#	276 456	1.7	6 095	88 697	3 117	−2	−14
（—）							
60. 柬埔寨#	138	0.0	123	63	2 190	—	—
400129 非特定性能天然橡胶							
全球	1 967 411	100.0	1 412 398	666 106	2 954	−11	−17
1. 泰国#	637 360	32.4	636 705	211 978	3 007	−27	−31
2. 荷兰	262 828	13.4	115 015	80 068	3 283	267	259
3. 越南 * #	229 444	11.7	126 249	74 371	3 085	9	−5
4. 科特迪瓦	202 962	10.3	190 011	72 888	2 785	12	5
5. 德国	130 474	6.6	−254 998	43 509	2 999	78	74
6. 柬埔寨#	81 296	4.1	81 259	26 568	3 060	17	10
7. 斯里兰卡#	79 822	4.1	79 687	23 439	3 406	9	1

资料来源：联合国国际贸易中心的贸易地图（2012 年 1 月检索）

注：*，有镜像统计数据的国家；#，天然橡胶生产国协会的成员；“—”表示未统计或未上报

由于管理体系或贸易体系的限制，柬埔寨的橡胶进出口信息一直比较闭塞。经过多年努力，目前已经可以比较容易获得柬埔寨天然橡胶进出口的信息。联合国国际贸易中心为大约 200 个国家提供贸易统计数据，发展中国家的用户可以在联合国国际贸易中心的贸易地图门户网站（www. intracen. org/marketanalysis）免费获得。但是，柬埔寨并没有定期向联合国报告其贸易统计数据，因此柬埔寨的很多数据是

缺失的。因此，本文采用“镜像统计”来展示柬埔寨天然橡胶的进出口情况，所谓“镜像统计”实际上是来源于柬埔寨贸易伙伴报告，从交易的另一方进行推测。因此，比较国家统计数据和镜像数据对全面了解柬埔寨天然橡胶的进出口贸易是十分有益的。值得注意的是2010年镜像数据中未包括越南的数据，而越南是柬埔寨重要的贸易伙伴，所以2010年的镜像数据会较低。比较官方数据与镜像数据，可以发现除了2010年外，柬埔寨天然橡胶出口数据（HS 4001）明显低于镜像数据。比如，2009年官方出口量为32 000吨，镜像数据为53 000吨。

表6-8显示全国的橡胶出口中柬埔寨统计数据与镜像统计数据。柬埔寨统计数据与镜像统计数据之间呈现巨大差异。柬埔寨统计数据显示，柬埔寨主要出口其他形式的天然橡胶（HS 400129），而镜像统计数据则表明其主要出口特定性能天然橡胶（HS 400122）。

表6-8　橡胶出口：柬埔寨统计数据与镜像统计数据

项目	价值（千美元）					数量（吨）				
	2006年	2007年	2008年	2009年	2010年	2006年	2007年	2008年	2009年	2010年
4001 天然橡胶										
柬埔寨统计数据	43 124	40 684	31 122	48 635	82 696	23 292	20 359	11 881	31 469	27 031
镜像数据	94 272	105 913	91 828	92 447	72 065	50 088	53 520	37 350	53 293	22 171
400110 天然橡胶乳胶										
柬埔寨统计数据	3	0	0	0	1 262	1	0	0	0	400
镜像数据	0	0	254	0	0	0	0	125	0	0
400121 烟熏天然橡胶										
柬埔寨统计数据	0	0	0	0	0	0	0	0	0	0
镜像数据	482	144	1 074	1 185	1 423	224	80	414	681	454
400122 特定性能天然橡胶										
柬埔寨统计数据	0	0	0	0	138	0	0	0	0	63
镜像数据	91 556	102 518	85 651	90 934	67 452	47 540	50 786	34 271	52 390	20 455
400129 非特定性能天然橡胶										
柬埔寨统计数据	43 122	40 684	31 122	48 615	81 296	23 292	20 359	11 881	30 969	26 568
镜像数据	2 233	3 251	4 851	328	3 192	2 326	2 654	2 540	222	1 262

资料来源：联合国国际贸易中心的贸易地图（2012年1月检索）

*2010年的镜像数据被大大低估，因为它们不包括越南，后者向联合国报告其贸易统计数据

柬埔寨天然橡胶的主要贸易伙伴包括越南、马来西亚、新加坡、中国、泰国和韩国（表6-9）。越南长期以来一直是柬埔寨天然橡胶的主要出口目的地。主要存在以下两方面原因，一方面大多数柬埔寨橡胶园位于柬埔寨和越南边境附近；另一方面越南贸易商非常愿意购买来自柬埔寨的低品质天然橡胶初加工产品，然后自己再进一步处理和再出口。虽然越南市场的价格普遍低于马来西亚和新加坡，但柬埔寨国内生产商倾向于选择越南买家，因为两个市场的价格差异通常低于运输和处理到销售点的成本（金边或西哈努克）。所以，柬埔寨的天然橡胶产品多销售给越南。

表 6-9　柬埔寨天然橡胶出口量市场

区域	柬埔寨统计数据（吨）						镜像数据（吨）					
	2006 年	2007 年	2008 年	2009 年	2010 年	合计	2006 年	2007 年	2008 年	2009 年	2010 年	合计
全球	23 292	20 359	11 881	31 469	27 031	114 032	50 088	53 520	37 350	53 293	22 171	216 422
越南	19 374	17 582	9 844	24 618	20	91. 035	38 814	38 438	28 723	42 955	—	148 930
马来西亚	1 382	1 098	883	1 276	2 394	7 033	3 565	7 524	2 605	3 408	4 799	21 901
新加坡	2 483	1 391	950	1 184	613	6 621	0	0	0	0	0	0
中国（统计数据不含中国香港和中国台湾地区）	0	0	50	2 374	2 041	4 465	5 746	6 442	4 977	4 983	12 322	34 470
泰国	0	192	0	248	977	1 417	0	0	0	168	0	168
朝鲜	53	0	0	805	498	1 356	96	19	538	1 697	3 648	5 998
中国香港地区	0	0	0	943	0	943	0	0	0	0	0	0
中国台湾地区	0	0	0	0	313	313	217	78	258	0	557	1 110
白俄罗斯	0	0	0	0	242	242	0	0	0	0	346	346
印度	0	0	0	0	121	121	0	0	0	0	230	230
瑞士	0	0	0	0	100	100	0	0	0	0	0	0
美国	0	0	96	20	0	116	1 286	768	0	20	96	2 170
印度尼西亚	0	0	0	0	58	58	0	0	0	0	0	0

（续表）

区域	柬埔寨统计数据（吨）						镜像数据（吨）					
	2006年	2007年	2008年	2009年	2010年	合计	2006年	2007年	2008年	2009年	2010年	合计
德国	0	0	58	0	0	58	38	0	58	0	0	96
南非	0	0	0	0	58	58	0	0	0	0	0	0
法国	0	38	0	0	0	38	0	0	0	0	0	0
意大利	0	38	0	0	0	38	0	0	38	62	19	119
西班牙	0	19	0	0	0	19	192	230	59	0	154	635
日本	0	0	0	0	0	0	0	0	40	0	0	40
比利时	0	0	0	0	0	0	0	0	38	0	0	38
加拿大	0	0	0	0	0	38	0	0	0	0	0	38
阿根廷	0	0	0	0	0	0	0	0	16	0	0	16
捷克	0	0	0	0	0	0	77	0	0	0	0	77
葡萄牙	0	0	0	0	0	0	19	0	0	0	0	19
俄罗斯	0	0	0	0	0	0	0	21	0	0	0	21
总数	4	7	6	8	12	18	11	8	11	7	9	19

资料来源：联合国国际贸易中心的贸易数据（2012年1月检索）

（五）主要进口商

中国、美国和日本是世界三大天然橡胶（HS 4001）的进口国。2010 年中国天然橡胶进口额超过 55 亿美元，相当于世界市场份额的 24%。中国天然橡胶进口规模接近于美国（世界市场份额 12.6%）和日本（10.2%）进口量之和。2006 年至 2010 年，中国橡胶进口量平均每年增长 12%，显著高于全球进口量平均增长率 7% 的数值，更是显著高于美国和日本 1%～2% 的年均增长率。马来西亚是天然橡胶的净出口国，同时也是一个充满活力的天然橡胶进口国。在 2006 至 2010 年间，马来西亚的橡胶进口量每年增长超过 30%，成为世界第四大进口国。相比之下，柬埔寨的天然橡胶进口量微不足道，其中 2010 年的进口量仅为 55 000美元，约 70 吨。

特定性能天然橡胶（HS 400122）是迄今为止全球交易量最大的天然橡胶产品，世界进口量约为 150 亿美元。主要目的地市场是中国（占全球市场份额的 30%），美国（占全球市场份额的 17%）和日本（占全球市场份额的 12%）。同时，这三个国家也是烟熏天然橡胶（HS 400121）的主要进口国，其中中国占全球市场份额的 23%，日本占全球市场份额的 19%，美国占全球市场份额的 11%。2006 年至 2010 年间，印度天然橡胶年平均进口增长率为 29%，已成为世界上第四大烟熏天然橡胶进口国。

马来西亚和中国是天然橡胶胶乳（HS 400110）的主要进口国，其两者进口量之后超过全球产量的 50%，其中马来西亚进口量占世界市场份额的 33%，中国进口量占全球市场份额的 18%。其他主要的进口国包括荷兰、伊朗和美国等，值得注意的是荷兰的进口量在 2006 年至 2010 年期间每年翻番。

巴西是非特定性能天然橡胶（HS 400129）的主要目的地市场，其进口量占全球市场份额的 14%，其次是德国（进口量占全球市场份额的 11%）和中国台湾地区（进口量占全球市场份额的 9%）。

天然橡胶产品的主要进口国（2010 年）见表 6-10。

表 6-10　天然橡胶产品的主要进口国（2010 年）

项目	出口价值（千美元）	世界出口占比（%）	贸易平衡（千美元）	出口数量（吨）	单价（美元/吨）	年均价值增长率（%）	年均数量增长率（%）
4001 天然橡胶							
全球	23 769 785	100.0	195 175	0	—	7	-2
1. 中国#	5 666 651	23.8	-5 586 595	1 861 367	3 044	12	3
2. 美国	2 987 237	12.6	-2 837 661	944 969	3 161	2	-5
3. 日本	2 422 907	10.2	-2 420 943	758 097	3 196	1	-6
4. 马来西亚#	1 798 144	7.6	1 065 434	678 882	2 649	32	7

（续表）

项目	出口价值（千美元）	世界出口占比（%）	贸易平衡（千美元）	出口数量（吨）	单价（美元/吨）	年均价值增长率（%）	年均数量增长率（%）
5. 德国	1 261 441	5.3	-952 181	407 896	3 093	8	1
6. 韩国	1 194 794	5.0	-1 182 673	402 000	2 972	7	0
7. 巴西	790 467	3.3	-760 924	260 805	3 031	9	3
(—)							
128. 柬埔寨#	55	0.0	82 641	70	786	-25	-23
400110 天然橡胶乳胶							
全球	2 925 537	100.0	-255 829	1 149 982	2 544	10	-2
1. 马来西亚#	978 374	33.4	-809 900	348 486	2 807	30	1
2. 中国#	526 158	18.0	-524 092	251 235	2 094	11	2
3. 荷兰	136 241	4.7	-133 511	42 423	3 211	101	71
4. 伊朗	109 873	3.8	-109 873	38 121	2 882	16	6
5. 美国	103 719	3.5	-81 393	53 222	1 949	-14	-7
6. 德国	99 422	3.4	-83 861	40 107	2 479	-16	-18
7. 比利时	97 885	3.3	-24 186	36 433	2 687	-9	-14
(—)							
132. 柬埔寨#	2	0.0	1 260	12	167	-56	-36
400121 烟熏天然橡胶							
全球	2 981 701	100.0	83 578	971 027	3 071	-1	-7
1. 中国#	693 884	23.3	-642 292	217 084	3 196	3	-4
2. 日本	570 130	19.1	-570 079	172 978	3 296	-6	-14
3. 美国	340 295	11.4	-329 311	97 295	3 498	-5	-12
4. 印度#	227 717	7.6	-214 480	125 553	1 814	29	34
5. 巴西	152 839	5.1	-151 717	45 829	3 335	4	-3
6. 马来西亚#	121 692	4.1	-86 137	39 452	3 085	7	-3
7. 新加坡#	105 945	3.6	12 490	31 408	3 373	-11	-17
(—)							
柬埔寨#	0	0.0	—	0	—	—	—
400122 特定性能天然橡胶（TSNR）							
全球	14 464 018	100.0	1 789 021	4 618 681	3 132	10	2
1. 中国#	4 333 787	30.0	-4 312 017	1 353 189	3 203	14	6
2. 美国	2 507 980	17.3	-2 434 608	783 406	3 201	6	-3
3. 日本	1 706 926	11.8	-1 706 629	542 126	3 149	10	1
4. 韩国	1 006 243	7.0	-995 693	332 338	3 028	8	1
5. 德国	716 279	5.0	-554 611	230 837	3 103	32	23
6. 马来西亚#	491 783	3.4	2 155 573	158 087	3 111	57	45
7. 法国	353 299	2.4	-245 177	111 574	3 166	3	-4
(—)							
108. 柬埔寨#	15	0.0	123	0	—	-6	—
400129 非特定性能天然橡胶							
全球	3 379 809	100.0	-1 412 398	1 159 371	2 915	0	-7
1. 巴西	485 360	14.4	-456 951	155 935	3 113	6	-1
2. 德国	385 472	11.4	-254 998	119 198	3 234	2	-5

（续表）

项目	出口价值（千美元）	世界出口占比（%）	贸易平衡（千美元）	出口数量（吨）	单价（美元/吨）	年均价值增长率（%）	年均数量增长率（%）
3. 中国台湾地区	308 831	9.1	-302 792	93 836	3 291	11	2
4. 马来西亚#	204 500	6.1	-192 433	132 144	1 548	21	3
5. 西班牙	188 190	5.6	-185 012	60 668	3 102	0	-7
6. 捷克共和国	185 499	5.5	-185 107	57 456	3 229	1	-5
7. 斯洛伐克	156 885	4.6	-156 882	49 108	3 195	11	3
(…)							
103. 柬埔寨#	37	0.0	81 259	57	649	-13	-20

资料来源：联合国国际贸易中心的贸易地图（2012 年 1 月检索）

*，有镜像统计的国家；#，天然橡胶生产国协会成员；"—"表示未统计或未上报

（六）在世界橡胶生产中的地位

表 6-11 显示了世界十大天然橡胶生产商，出口商和进口商以及柬埔寨的十大生产商，出口商和进口商，以及他们在世界贸易总量中的份额。泰国、印度尼西亚和马来西亚是天然橡胶的主要生产国，其生产量占全球的生产份额分别为 29.0%、26.5%和 8.2%，泰国和印度尼西亚产量之和超过全球 50%的产量。柬埔寨天然橡胶的产量仅占全球产量的 0.4%，排名第 16 位；泰国、印度尼西亚和马来西亚是天然橡胶的主要出口国，其出口量占全球的生产份额分别为 32.9%、30.6%和 11.9%，泰国和印度尼西亚出口量之和占全球出口量 60%以上。柬埔寨天然橡胶的出口量仅占全球产量的 0.3%，排名第 19 位；中国、美国和日本是天然橡胶的主要进口国，其进口量占全球的生产份额分别为 23.8%、12.6%和 10.2%，三国进口量之和超过全球 40%的进口量。

表 6-11 天然橡胶主要生产国、出口国和进口国（2010 年）

生产国（%）	出口国（%）	进口国（%）
1. 泰国#（29.0）	1. 泰国#（32.9）	1. 中国#（23.8）
2. 印度尼西亚#（26.5）	2. 印度尼西亚#（30.6）	2. 美国（12.6）
3. 马来西亚#（8.2）	3. 马来西亚#（11.9）	3. 日本（10.2）
4. 印度#（8.1）	4. 越南*#（5.4）	4. 马来西亚#（7.6）
5. 越南#（7.2）	5. 科特迪瓦（2.8）	5. 德国（5.3）
6. 中国#（6.6）	6. 尼日利亚（2.3）	6. 韩国（5.0）
7. 菲律宾#（3.8）	7. 新加坡#（1.7）	7. 巴西（3.3）
8. 巴西（2.1）	8. 德国（1.3）	8. 法国（2.4）
9. 科特迪瓦（2）	9. 卢森堡（1.2）	9. 西班牙（2.4）
10. 尼日利亚（1.4）	10. 荷兰（1.1）	10. 印度#（2.3）

（续表）

生产国（%）	出口国（%）	进口国（%）
（…）	（…）	（…）
16. 柬埔寨#（0.4）	19. 柬埔寨#（0.3）	128. 柬埔寨#（0.0）

资料来源：FAO，联合国国际贸易中心的贸易地图

*，有镜像统计数据的国家；#，天然橡胶生产国协会的成员

（七）天然橡胶市场

自2000年以来，天然橡胶国际市场价格大幅波动，其中世界银行和天然橡胶生产国协会的统计数据权威性较高。

世界银行对全球的主要商品市场进行检测，自1960年以来每月发布70多种商品，包括橡胶（RSS3和TRS20）的贸易数据。自2000年以来，天然橡胶的世界市场价格出现大幅波动，随着价格的快速下跌而出现强劲上涨。例如，新加坡/马来西亚橡胶价格（RSS3级）在不到五年的时间内从2001年12月的0.5美元/千克增加到2006年6月的2.7美元/千克，然后在不到6个月的时间内下降到2006年11月1.6美元/千克，2008年6月增加到3.2美元/千克，在不到6个月（2008年12月）下降超过60%至1.2美元/千克，然后在大约两年内增加了5倍以上，2011年2月历史高位超过6.2美元/千克（图6-1）。天然橡胶价格的历史高位是由于东南亚气候原因导致天然橡胶减产，新兴市场对轮胎的强劲需求以及高油价（天然橡胶与合成橡胶的竞争，合成橡胶的副产品）等综合原因所引起。根据世界银行2011年6月的全球经济展望，天然橡胶价格会再次下跌至3.5至4美元/千克。

图6-1 马来西亚和新加坡天然橡胶（RSS3）价格

数据来源：天然橡胶生产国协会统计数据

天然橡胶生产国协会发布不同类型橡胶和市场的每周（以及每日）价格，

包括 TSR（吉隆坡，曼谷），RSS（曼谷，新加坡，科伦坡和科塔亚姆）和乳胶（马来西亚）等，并且这些数据是对所有用户开放的。图 6-2 显示特定性能天然橡胶（例如 TSR 吉隆坡）和烟熏天然橡胶（例如 RSS 曼谷）的价格非常接近。天然橡胶乳胶（马来西亚）价格往往较低，但随着时间的推移呈现出与 TSR 和 RSS 类似的模式。

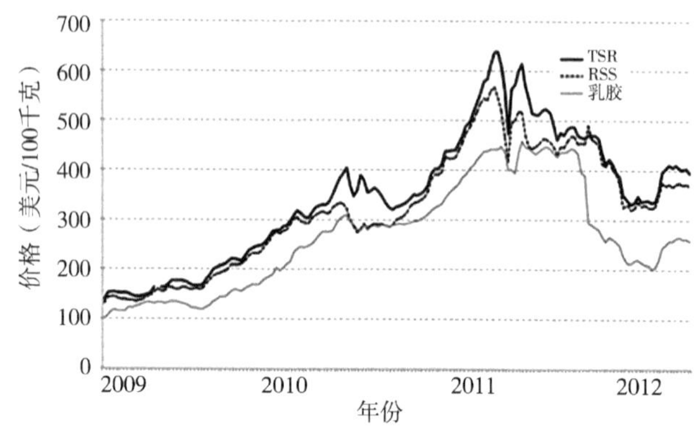

图 6-2　2009—2012 年全球天然橡胶的价格（美元/100 千克）

数据来源：天然橡胶生产国协会的统计数据

剧烈的价格变化对橡胶生产商，特别是小农户来说是一个挑战。对于橡胶生产商而言，价格的剧烈波动使投资决策变得困难。因为，橡胶的生产需要一定周期，一般橡胶树要在种植后 5 年才能生产乳胶。此外，小农户贸易信息缺失，与国际市场完全不接轨，没有任何议价权，因此生活也会受到天然橡胶市场价格波动的影响。

二、橡胶产业发展存在的挑战

（一）天然橡胶主要从业者

柬埔寨天然橡胶价值链的主要活动包括投入品供应、橡胶种植、采集、加工和分销到国内和国际市场（图 6-3）。在价值链的每个参与者所面对的问题不同，具体如下。

天然橡胶加工的主要参与者是橡胶生产商，中间商和批发商，加工商和国内外贸易商。由于柬埔寨国内的橡胶已经自由贸易，所以天然橡胶的生产商可以与中间商、批发商，乃至于加工商自由交易。柬埔寨橡胶研究所 2007 年数据统计显示，63% 的生产商将产品卖给批发商、30% 的生产商将产品卖给了附近的加工商、还有 7% 的生产商将产品卖给了中间商。

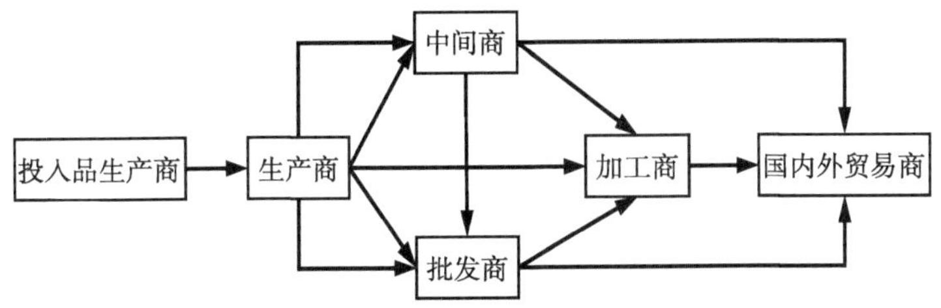

图 6-3　天然橡胶价值链的主要参与者

批发商从生产商购买橡胶后，大部分会转卖给生产商，少量的会直接进行国内外的贸易活动；一些中间商从小型生产商购买橡胶后，会卖给批发商或生产商，还有一些中间商会以一些非法的手段将产品卖给越南人，他们一般通过摩托车将橡胶转运给越南人，每次可以达到 300 千克。一般的批发商每天会收购 10～20 吨橡胶，但是这个也与当地中间商的活动能力有关，有时候当地的中间商会成为批发商的主要货源。

（二）天然橡胶种植的主要问题

在天然橡胶种植环节，不管是小规模，还是大规模的种植园，都会面临一些类似问题，这些问题有些可以通过单一主管部门进行协调解决，但是大部分的问题需要多个主管部门联合处理，才能获得更好的解决效果。例如，橡胶种植园的融资问题，需要金融、合作社、农业和商业等多个部门联合来解决问题。

1. 缺乏管理技术

大部分的中小种植园的橡胶的种植管理技术有待于进一步提升。主要体现在：栽培技术，包括种苗、肥料和农药等的选择；间作计划的设计，如何通过合理设计间作计划，保证在非割胶期，依然可以获得有效收入；采后处理技术，包括如何在割胶过程中防雨，如何快速干燥天然橡胶，从而提高天然橡胶的产量和质量。

2. 缺乏农业投入品

柬埔寨国内缺乏橡胶产业的农业投入品配套产业，比如化肥、农药、用于割胶的的工具和碗等，从而导致无法获得高质量投入品，或是农业投入品的价格较高等。

3. 橡胶产量低，缺乏新品种

目前，大部分橡胶园还在使用 25 年以上的老橡胶树品种，种植园主，尤其是中小种植园主，无力购买新品种，高产品种，从而导致柬埔寨橡胶的平均产量显著低于周边国家的产量。同时，市场上鲜有高产优质橡胶品种，大部分都是老旧传统品种，无法获得更加优异的种质资源。

4. 缺乏土地

对于中小种植园，尤其是小型种植园，土地的归属权不明确，给种植园主带来更多的生产风险。

5. 缺乏劳动力

种植园普遍面临缺乏足够劳动力的现象，尤其是缺乏割胶工人。现有的熟练割胶工人会被各个种植园抢来抢去，从而将劳动工资推高；另一方面，种植园主又不愿意雇用不熟练工，因为割胶过程会产生大量损失。

6. 缺乏科学技术

由于种植农户缺乏科学技术，包括缺乏最新割胶技术引进、缺乏最佳种植条件规范、缺乏新品种引进能力等问题。尤其是，橡胶树在受到病虫害、真菌、霉菌或病毒感染时，无法获得及时的应对技术和有效处理。

7. 缺乏采后处理技术

大部分中小种植户缺少保护乳胶液体免受降雨影响的知识，缺乏将乳胶液快速干燥的技术。

8. 缺乏金融支持

种植园主在获得金融支持时，常常会面临高利率、贷款规模有限、贷款程序漫长和抵押物证明材料要求严格等障碍，尤其是小型农场主更是难以获得信贷（他们担心由于抵押要求而失去土地），从而无法购买优质投入并投资于升级改造或扩大生产规模。该问题的根本原因在于虽然橡胶种植的潜在收入很高，但风险也很高。因为橡胶需要相对较高和长期的投资，种植后五到七年才开始产生收入，但是国际天然橡胶生产的价格波动存在很大的不确定性。

9. 缺乏基础设施

柬埔寨破旧和落后的基础设施对天然橡胶业的发展形成“瓶颈”制约。柬埔寨约有 1.5 万千米公路，其中国道 4 165千米，省级路 3 335千米，剩余的为农村路，但大部分的国道常年处于维修状态，全国只有两条铁路，车速缓慢，且轨距与国际不接轨；海运与河运港口设施严重不足；空运主要为客运，货运不发达；供电严重不足，电价十分昂贵；电话普及率较低，互联网服务很落后。

农业推广服务能力有限，尤其是在农业投入品、栽培技术和采后处理技术等方面。应该鼓励更多的中小种植园主参与农业推广服务，提高推广活动的有效性。另外，高昂的物流成本不仅降低了农民的收入，并限制了潜在买家的数量，而且增加了整个价值链的交易和出口成本。

极其薄弱的基础设施条件使得柬埔寨的物流成本和技术推广成本远远高于东南亚区域内邻近的其他国家，这将进一步削弱国际认同度不高的柬埔寨天然橡胶的国际竞争力。

10. 缺乏质量技术标准

中小种植园主通常将乳胶干燥后销售，而不是以液态形式出售，因为干燥的乳胶更容易存储和销售，但是，中小种植园的处理技术落后，生产环境差，从而导致产品的品质较低，仅可以用于低档次橡胶制品的生产，无法用于加工生产优质橡胶产品（CRS 5）。

11. 缺乏市场与分销渠道

中小种植园主无法获得足够的价格和市场信息，无法对市场获得更加全面的了解，因而特别容易受到价格波动的影响。

部分获得低息金融信贷的中间商常常会把收购价格压得很低，此时，中小种植园主缺乏其他的销售渠道，就只能以低价销售自己的产品。

12. 商业环境不佳

部分大型种植园常常面临乳胶被偷窃的风险。天然橡胶凝固物是发生盗窃风险最高的产品，大型种植园每年平均有 5%～15% 的产量被盗窃。

尽管柬埔寨对贸易和外国直接投资开放，但一些企业通过行贿、逃税活动或利用法规的漏洞进行不公平竞争。

（三）天然橡交易中的主要问题

1. 缺乏信贷支持

由于高额信贷成本以及基于农作物的抵押品要求严格，收购人或中间商缺乏营运资金，限制了对产业升级或扩建的能力。

2. 缺乏基础设施

整个社会基础设施缺乏、油价高，从而推高了运输成本，推高了企业的运营成本。

3. 缺乏技术质量标准

部分中小种植园主将天然橡胶乳胶中添加各类物质，使初加工产品品质低，无法加工成为高品质的最终橡胶产品。

4. 商业环境不佳

由于天然橡胶的中间商存在激烈的竞争，他们反而形成了价格联盟，都会向种植者报出较低的收购价。

(四) 天然橡胶加工中的主要问题

1. 缺乏加工投入品

柬埔寨国内没有橡胶加工生产专业的配套产业或工厂，因此大多数橡胶加工投入品必须通过进口解决，投入品价格较高。

由于天然橡胶原料供应不足，大部分加工工厂产能仅释放了 50%～80%，企业的生产成本提高。

2. 缺乏劳动力

缺乏熟练劳动技术工人和专业技术人员。

3. 缺乏科学生产技术

目前，柬埔寨国内的橡胶产品主要涉及半成品（干橡胶）。但是由于缺乏投资，缺乏技术和缺乏熟练的劳动力，因而将干天然橡胶转变为可在国内外使用的最终产品的能力有限。

4. 缺乏基础设施

柬埔寨的工业基础薄弱，能源成本高，尤其电价较高，导致柬埔寨生产运营成本高于邻国。进一步导致本国缺乏天然橡胶加工工厂，尤其是天然橡胶最终产品的加工厂，所产乳胶几乎全部出口到国外。

5. 缺乏技术质量标准

大多数加工企业缺乏出口前对橡胶产品进行熏蒸的技术和相关质量标准。

6. 缺乏市场与分销渠道

柬埔寨的橡胶生产不能很好地适应国际需求，目前，国内主要是生产乳胶初加工产品，该产品的产能过剩，但国际需求较少；而杯状块状物或凝结物生产能力低，国际需求量大。同时，柬埔寨橡胶仅符合一般规格，通常在现货市场上出售，缺乏填补长期合同中缺口的能力。

（五）天然橡胶出口中的主要问题

1. 缺乏市场意识和渠道

主要与已有的市场渠道进行对接，缺乏开发市场和出口、以及拓宽市场的经验和想法。销售渠道和定价权受到邻国特别是越南的控制。越南投资者受到越南西进战略（包含能源战略）政策的鼓励，在越南国家橡胶协会的统一部署协调下，积极参与柬埔寨天然橡胶业的发展。根据 2009 年 9 月柬埔寨和越南签署的橡胶业投资合作谅解备忘录显示：2012 年越南在柬埔寨投资兴建大型橡胶加工厂，2015 年前完成在柬埔寨种植 10 万公顷橡胶项目，总投资额预计 6 亿～8 亿美元。这是柬埔寨推行橡胶发展战略以来最大的投资协定，严重受制于他国无疑会将柬埔寨天然橡胶业的发展置于危险境地。

2. 缺乏基础设施

物流及其运输基础设施投资不足，运输成本高。

同时，缺乏对进出口贸易程序了解和培训，缺失进出口贸易的信息，难以开展出口贸易活动。

3. 缺乏市场与销售渠道

因为出口天然橡胶产品流向了新加坡，马来西亚和越南的中介机构，而未接触到最终的橡胶产品生产者，所以即使是柬埔寨最大的出口商，也通常不了解最终用户对天然橡胶品质的需求。

对替代市场的了解有限。主要聚焦于现有的国内或国际市场，缺乏进一步扩展市场的能力，缺乏对替代市场的了解和准备。

缺乏国际营销经验。目前，大部分的出口商很难申请将橡胶产品出口到海外市场的原产地证书，不清楚各个国家或各个企业对原产地证书的需求。

4. 商业环境不佳

尽管在2010年3月国会批准通过了《反腐败法》，但柬埔寨的反腐工作任重道远。2010年年末，国际非政府组织“透明国际”公布了“世界各国廉洁程度排行榜”，在参与排行的178个国家中，柬埔寨位列第154位。不动产权利、非正式收费、透明度和争议解决等方面的问题大大增加了柬埔寨天然橡胶业发展的成本。

同时，出口基础设施不足、冗长的出口单证处理以及出口建议的不可预测性均降低了橡胶出口的竞争力。

三、应对橡胶产业挑战的对策

（一）天然橡胶发展规划

天然橡胶已经被列入高质量贸易发展规划中，是19种重要出口产品之一。在农林渔业部橡胶总局的中长期规划中的发展目标是：提升天然橡胶生产产业，提升中小种植园生产能力，从而提高农民收入，提升农村人口的就业，降低贫困人口数量，促进柬埔寨自然资源的可持续性发展。

在农林渔业部橡胶总局在国家发展规划指出，在2020年，柬埔寨天然橡胶的种植面积达到300 000公顷，其中235 000公顷为成熟橡胶树，总产量达到290 000吨。具体包括以下实施方案：①加强对种植园主的培训，从而保证天然橡胶的质量和产量；②从立法层面进一步提高橡胶种植面积；③通过提供土地、技术和信贷等多种服务渠道，鼓励和促进中小种植园主开发橡胶园；④通过特许经营等方式，促进中小种植园主在大型种植园中开发种植园；⑤通过提升天然橡胶质量，提升橡胶效益；⑥提升橡胶总局在产业中的领导和管理地位。

（二）橡胶产业的管理、科研和生产部门

橡胶产业是柬埔寨一个关系国计民生的行业，从业人口众多，尤其是对于贫困人口的脱贫具有重大意义。目前，农林渔业部、商务部、工业与手工业部和土地资源部等均与橡胶产业有一定联系。其中，农林渔业部作为橡胶产业的牵头部门，下属的橡胶种植总局、柬埔寨橡胶研究所、皇家农业大学、橡胶发展公司以及橡胶农场等部门负责产业各方面的支持。具体来说，橡胶种植总局主要负责行使国家的权利和相关政策的制定；柬埔寨橡胶研究所和皇家农业大学主要从事橡

胶领域的研究和技术推广；橡胶发展公司、橡胶进出口及其装备公司负责推进橡胶产业的技术应用和国内外贸易；国营橡胶农场（包括 Chup 橡胶农场、Krek 橡胶农场、Memot 橡胶农场、Snuol 橡胶农场、Chamcar Andoung 橡胶农场、Boeng Ket 橡胶农场和 Peam Chaing 橡胶农场）主要负责橡胶新品种示范、种植技术展示和推广以及生产。

1. 农林渔业部橡胶种植总局

（1）农林渔业部橡胶种植总局主要职责

橡胶种植总局成立于 1981 年，是农林渔业部下属的政府机构，主要负责行使国家的权利。主要出版物为橡胶通报。

橡胶种植总局主要工作职责如下：研究和确定橡胶种植土地的开发政策，并跟进柬埔寨橡胶的发展；组织橡胶产业档案和统计系统；研究与公开分布国内和国际市场上橡胶价格和需求，以促进和鼓励家庭规模的橡胶种植者生产；进行国际合作以促进和发展橡胶种植产业；履行领导交办的其他职责。

（2）农林渔业部橡胶种植总局下属部门主要工作职责

橡胶种植总局下设橡胶发展处和橡胶市场与合作处。橡胶发展处主要工作职责如下：制订橡胶种植土地自然资源的研究和开发计划；研究和传播法律，以鼓励投资者参与橡胶产业发展；与橡胶研究机构，橡胶种植园以及国际促进和发展橡胶的机构合作，促进橡胶产业发展；履行领导交办的其他职责。

下设的橡胶市场与合作处主要工作职责如下：通过与公共机构和橡胶农民协会的合作，向投资者、家庭规模的橡胶农、工业或贸易伙伴传播有关橡胶技术和经济的信息；研究和发布国内外市场上橡胶的需求和价格；跟踪项目实施情况并评估橡胶产量和橡胶生产部门；履行领导交办的其他职责。

（3）农林渔业部橡胶种植总局已经开展的工作

近年来，橡胶种植总局大力贯彻国家发展规划，促进橡胶产业可持续的健康发展。主要开展以下方面的工作。

（A）橡胶技术的传播和培训

2015 年，橡胶种植总局开展橡胶技术专项培训课程，包括：在 Tbong Khmum 和 Mondulkiri 省的 2 个课程中对橡胶农民进行了橡胶种植采收技术和乳胶生产技术培训，共有 88 名农民参加。在这次培训中，农民们在现场学习了橡胶乳胶的理论教训和实际应用，为橡胶和乳胶的标准化生产提供基础。

将橡胶加工技术在家庭农场进行推广。此次推广主要在如马德望，拜林，蒙杜基里，Kratie，Ratanakiri 和 Stung Treng 合计 6 个省进行，推广活动共有 365 名农民参加。所有参与推广培训的农民都收到了课程材料，并回答了培训过程中的所有提问。

将烟熏天然橡胶的加工技术在家庭农场进行推广。此次推广主要在 Kampong Cham 和 Tbong Khmum 省进行，累计进行 4 次技术推广活动，共有 211 个家庭农场参加了技术培训。

为相关省农业官员举办 3 次橡胶技术培训课程。培训的课程主要面对 Kampong Thom、Preah Vihear 和 Kompong Thom 省的农业官员，累计举行 4 场培训会，参加省级农业官员 75 人次。该培训旨在提高省级农业官员对橡胶种植者，尤其是农民的橡胶种植者的技术支撑能力，从而促进橡胶生产高质量和可持续发展。

为橡胶生产经营者举办橡胶加工技术培训。培训课程主要面对 Kampong Cham、Tbong Khmum、Ratanakiri、Mondulkiri、Kratie、Kampong Thom 和 Stung Treng 省的 7 个橡胶加工企业进行，累计有 41 人次参加培训。

开展橡胶生产和市场预测技术培训。培训课程主要面对国家公务员和农产品加工局官员，累计共有 25 人参加此次技术培训。

开展项目设计和预算管理方面培训。培训课程主要面对国家公务员，累计共有 30 人参加此次技术培训。

（B）加强橡胶家庭农场资源整合工作

在 Stung Treng 省建立了一个农民社区，该农民社区包括了由 7 名成员组成的社区董事会和 5 人组成的社区审查委员会。该农民社区主要是提高家庭农场在橡胶市场的议价能力，降低橡胶产品成本，提升产品质量，从而达到提高社区成员收入的目的。

2. 橡胶研究所

（1）柬埔寨橡胶研究所主要工作职责

柬埔寨橡胶研究所最早成立于 1955 年，战后于 1991 年重建，该机构是法人实体，由董事会管理。在人力资源、资产和财务管理方面具有自主管理权利，但是需要获得农林渔业部的批准。主要出版物为柬埔寨橡胶研究所通报。

主要职责为：推进中小橡胶生产者促进计划的实施；开展促进橡胶产业发展的基础性研究；推广主管和技术部门的最新生产技术；促进橡胶产业各部门之间的协调发展。

（2）柬埔寨橡胶研究所已经开展的工作

柬埔寨橡胶研究所开展育种、栽培技术、加工技术等多方面的研究，并提高橡胶品质检测的能力。在理论研究方面主要包括以下方面。

（A）研发优质新品种

开展新品种评价工作，跟踪和获取新品种表现。在 26 个地点进行试种评价，其中包括 Try Pheap Group Co. ，Ltd 在内的 8 个地点。

（B）研究橡胶植物生理学特性

创建和监测 14 个农场实验数据，分析橡胶树植物生理特性。

（C）研究橡胶栽培和植保技术

研究栽培密度、气候环境、肥料等因素对橡胶树长势和橡胶产量的影响，并建立橡胶树的植保技术方案。

（D）数据的整理与建档

建立橡胶生产档案，建立调查数据档案。

在橡胶品质检测能力方面主要包括以下方面。

（A）橡胶样品品质抽样检测

累计抽取橡胶样品 325 份样品进行检测，其中有 139 份样品符合中国标准要求。

（B）橡胶测试结果的比对工作

开展 4 次橡胶测试结果比对工作，将实验室测试结果与第三方认证实验室的结果进行比对。

（C）建立 TSR 橡胶产品检测实验室

在 IRA 实验室间进行 2 次测试，并被认定为橡胶 TSR 的区域橡胶产品检测实验室。

（D）开展实验室质量标准体系的建立工作

根据 ISO / IEC17025：2005 标准对现有实验室进行升级和改造，完成测试实验室容量和校准的一般要求。

（E）开展橡胶加工厂检测结果的评估

开展 2 次橡胶加工厂实验室的检测结果验证工作，建立柬埔寨橡胶研究所正式认证实验室的标准。

3. 皇家农业大学

其橡胶科学研究学院主要从事橡胶种植、采收和加工的研究，为橡胶树种植提供技能和人力资本。该学院成立于 2012 年，为学生提供橡胶生产理论、加工技术，以及相关领域的实践课程，旨在提供适合橡胶种植和加工的知识和实践经验。学院由三个系组成：橡胶种植系、橡胶采后处理系和橡胶加工系。

（三）问题的解决方案

柬埔寨的橡胶产业面临着许多挑战，包括缺乏足够的种植投入品，土地使用权保障，缺乏技术支持，加工成本高，缺乏加工能力以及有效的市场销售渠道等。政府、国营事业单位以及私营部门对橡胶产业的制约因素提出以下解决建议。

1. 缺乏科学技术和管理体系的解决方案

加强橡胶种植管理技术研究，加强技术推广服务。主要是支持柬埔寨橡胶研究所、高校、农业第三方机构开展橡胶良好农业生产领域的研究工作。提高现有农业推广服务机构的服务能力，并进一步拓展服务技术的服务内容，比如进一步覆盖橡胶生产投入品的供应商等。

对农户开展橡胶种植良好操作规范和农场管理方面的培训。主要是对农户开展种苗选择、化肥农药施用和采后处理技术的培训，加强无公害种植技术的实施；开展农场管理技术，以及信贷资金申请和还贷过程介绍，高效利用信贷资金。

对交易商提供贸易和资金管理方面的培训。开展国际贸易以及金融工具方法的培训，包括信用证、透支、期货市场和套期保值等的使用方法和技巧。

提升和加强现有培训队伍的能力。推广农业信息交流系统，提高农业信息的覆盖面和服务能力。

2. 提高橡胶产品质量的解决方案

提高橡胶加工产品的质量对柬埔寨橡胶产业发展至关重要。柬埔寨橡胶发展协会最近加入国际橡胶协会，这是提高质量和促进橡胶贸易的良好起点。下一步，应该进一步拓宽对柬埔寨橡胶研究所提供项目和技术等支持，提高其国际认可程度，为橡胶产品品质的定级提供必要硬件条件。

3. 降低橡胶产品出口费用解决方案

政府可以进一步出台促进橡胶出口的优惠政策，减少出口审批手续，降低非审批等隐性费用，为橡胶的出口提供尽可能的便利。同时，进一步改善国内物流和加强与邻国的运输合作，降低物流过程中的费用，消除隐性成本，提高柬埔寨橡胶出口的竞争力。

4. 缺乏农业投入品的解决方案

拓展获取适当农业投入品的渠道。政府着力于提高橡胶生产投入品品质，如高产品种、农药和化肥等；建立农药投入品的进口监控系统，以确保根据现行法律对进口进行有效控制，对于非法进口黑名单上列出的低质量或高毒性肥料和杀虫剂坚决取缔；确定并支持可以提供优质农业投入品供应商，并向他们提供授权经营的证书，协助农民筛选出优质农业投入品；建立一个农业投入品展示和交易中心，该中心的所有产品均具有清晰的所有权和出售许可；推进大型投入品加工商开展订单农业合作模式。

5. 缺乏土地的解决方案

通过特许经营等形式提供明确的土地所有权，并鼓励在特权可用土地上推广橡胶种植。通过颁发土地证书，尤其是向缺乏保护的小规模农民发放土地证书，进一步提高经营特许土地的安全性，使他们能够进行长期投资；促进和鼓励特许土地上的农民提高种植面积。

6. 缺乏劳动力的解决方案

对整个产业链上的从业者进行培训。见本节 1. 的解决方案。

吸引从事橡胶加工的国际大型公司投资。向国际大型橡胶加工公司提供投资优惠，吸引其在柬埔寨投资，从而实现对本国劳动力资源的培训和管理，提升劳动力工作技能。

7. 缺乏科学技术的解决方案

向各类技术投资提供优惠措施。提供投资激励措施，以鼓励橡胶加工工艺的升级与改革，例如对进口加工技术征收零关税。

8. 缺乏信贷的解决方案

改善和加强橡胶生产者与相关金融业务的深入对接。建立橡胶行业的信贷促进计划，以低于市场的利率的价格为橡胶生产商和加工企业提供短期和长期贸易融资服务，提高金融工具的使用效率；建立多层次的橡胶生产保险制度，比如在自然灾害发生时，降低生产企业的经济损失。

9. 缺乏基础设施的解决方案

加强运输和通信基础设施的建设。改善运输（公路，铁路）和通讯方面的基础设施，降低物流成本，并促进市场发展；从越南和老挝等邻国寻求更便宜的电力。

10. 缺乏质量技术标准的解决方案

促进国际操作规范和质量标准的实施。在整个价值链上促进有关国际操作规范的研究和培训；提升认证实验室的检测能力，推广柬埔寨橡胶质量标准，以建立国际买家和交易机构和生产者之间的信任；建立基于 ISO 认证的工厂质量系统，从而提升产品质量标准和劳动生产关系；了解行业标准和国际买家购买真实需求，与国际买家和最终用户进行紧密合作。

吸引国际橡胶加工投资者。鼓励和吸引国际橡胶加工的投资者，以将国际最先进的技术与管理理念引入柬埔寨。

11. 缺乏市场与销售渠道的解决方案

通过国际市场橡胶最新交易信息，比如价格、变化趋势和全球的供应和需求量等。提供当地橡胶相关的最新信息，加强和拓展现有的价格和市场信息；创建一个独立的专业农民组织，该组织可以向成员及时发布橡胶种植、管理和市场信息。

促进橡胶贸易商和加工商进入柬埔寨，从而替代现有的出口市场。支持成立柬埔寨橡胶出口商协会，以向其成员提供有关国际橡胶市场信息，以及与出口相关的加工技术和出口程序的信息。

12. 商业环境不佳的解决方案

降低出口费用。降低柬埔寨的正式和非正式出口成本，并提高交易和审批速度，例如，使出口流程更加透明，减少政府机构的参与，减少检查和通关程序的数量，并使交易和审批系统信息化。

13. 天然橡胶生产率低的解决方案

可以通过以下两个策略解决生产率低下的问题。一是向小农户提供高产橡胶品种。该方法可以通过政府或无偿援助或低息、贴息贷款等金融方式为橡胶种植园提供高产橡胶品种。二是加强橡胶品种和栽培技术的研究与开发。政府通过为柬埔寨橡胶研究所提供强有力的资金支持来加强基础和应用技术研究，并在橡胶园中推广橡胶新品种和新技术。

四、中国参与橡胶产业的合作建议

柬埔寨橡胶 2011 年的种植面积为 213 104公顷，可割胶的面积仅为 45 162公顷，占总种植面积的 21.2%。同时，柬埔寨农林渔业部橡胶总局为了促进橡胶产业的发展，也在大力鼓励和支持国内和国际投资者的投资，以促进产业的健康发展。

中国作为世界上主要的橡胶进口和消费国，在 2010 年，进口天然橡胶

1 861 367吨，占全球进口量的23.8%，全球排名第一。在天然橡胶的种植、收获、加工和贸易等方面均具有一定的优势，在以下方面具有较大的合作潜力。

（一）提高天然橡胶的产能

柬埔寨农林渔业部的橡胶产业发展规划显示2020年，全国的橡胶产量预计达到290 000吨，比2010年的40 000吨产量，提高6.25倍。实现上述橡胶产量的提升，应该是现有大型种植园、小农户和特许种植园等共同努力的结果。目前，柬埔寨还在鼓励特许橡胶种植园的推广，鼓励通过先进的种植、收获和加工技术提高橡胶的产能。

（二）促进产品多样化

1. 提升特定性能天然橡胶（TSNR）的等级

目前，柬埔寨主要生产和出口的天然橡胶产品为CSR5和CSR5L，该类产品在2005年，占柬埔寨天然橡胶产品出口总量的80%左右，但该类产品仅占世界总需求的5%左右。相比之下，全球对天然橡胶的需求主要来自轮胎行业，该行业主要需要CSR10，CSR20或RSS3类型的天然橡胶，该类产品仅占柬埔寨出口总量的10%。从应对国际市场天然橡胶需求方面，柬埔寨应该考虑加大轮胎产业所需的高品质天然橡胶产品（例如CSR10和CSR20）的生产。

2. 扩大烟熏天然橡胶的生产规模

目前，柬埔寨生产和出口烟熏天然橡胶（RSS）的规模较小，据柬埔寨农林渔业部的统计数据显示，2010年柬埔寨烟熏天然橡胶的出口量为0吨，而全部天然橡胶的出口量为27 031吨。另一方面，全球天然橡胶市场中，轮胎生产商（如米其林，普利司通）对烟熏天然橡胶（RSS）的需求强劲。而且，生产出口质量RSS的仅需要很少的投资，适合中小投资者进行投资。

3. 促进橡胶产业升级，提高最终产品份额

目前，柬埔寨天然橡胶生产商出口的大部分天然橡胶属于半成品，常常是在出口国进一步加工转化为最终产品。天然橡胶的最终产品广泛应用于多个领域，比如在工业上常用于传送带和橡胶辊的生产；在汽车产业中，常用于轮胎、风扇带和散热器软管等生产；在乳胶制品中，包括橡胶手套、避孕套、玩具和卫生用品等生产。随着科技的发展和需求的多元化，更多的天然橡胶产品会得到应用。大力推进天然橡胶产业下移，研发更多的天然橡胶最终产品，将是提升天然橡胶

产业效益的核心推动力。然而，由于缺乏投资，技术和熟练劳动力，柬埔寨将干燥天然橡胶转化为可在国内和国际上使用的最终产品的能力有限。因而，柬埔寨农林渔业部及其工业化和手工业部均在大力鼓励和促进天然橡胶最终产品生产企业在柬埔寨投资与生产。

第七章　柬埔寨食品安全管理体系构架及运行机制

食品安全关乎国民的健康与社会的发展，是每个国家都无法回避的重点民生问题。世界各国历史不同、体制不同、组织结构也有所不同，因而各国食品安全主管部门（Härtel I，2018）也有所不同。美国食品安全主管部门是以农业部食品安全和检查局和食品药品管理局为核心管理机构，疾病预防与控制中心、卫生与公共服务部和环境保护署等 13 个联邦政府机构（Härtel I，2018）共同参与作为基本构架（Taylor M R，1997；王浦劬，刘新胜，2016）；德国食品安全主管部门实行“单部管理、分级负责”的方式，即联邦食品、农业和消费者保护部在联邦层面进行管理，各联邦州政府负责执行落实各项监管措施和成立相关机构（Härtel I，2018；Steiner B，2006）；法国食品安全采用中央和地方分工协作的管理方式，其中中央层面是以农业渔业部，经济、金融和工业部，以及社会事务、劳动和团结部为基本构架（Westgren R E，1999）；日本食品安全主管部门以食品安全委员会、农林水产省和厚生劳动省三个部门为基本构架（赵荣，陈绍志，乔娟，2012）；泰国形成以卫生部为主，农业部、商务部和科学技术部协调配合的食品安全监管机制（边红彪，2019）；我国食品安全主管部门中，国家食品安全委员会是高层协调机构，国家市场监督管理总局、公安部、农业农村部、商务部、国家卫生健康委员会等分工负责，并由国家市场监督管理总局直接向国务院负责（赵荣，陈绍志，乔娟，2012；吴秀敏等，2015；罗云波，吴广枫，张宁，2019；刘毅，赵昌松，2019；郭思琪，2019；杨晓宇，张娜，2016）。

柬埔寨在独立之前，属于法国殖民地，因而其食品安全管理系统借鉴法国、德国和美国等发达国家的成功经验，并历经多次调整（吕果，1996），形成相对高效和稳定的构架，对其他各国食品安全管理体系的建立具有一定借鉴作用。因此，本章对柬埔寨食品安全管理体系构建及其运行机制进行介绍。

一、食品安全体系行为主体及主要责任

柬埔寨政府将食品安全主管部门、食品生产或经营者和消费者作为食品安全管理体系中的 3 方行为主体。在食品安全问题上，上述 3 方行为主体应该共同承担责任、共同参与问题解决，各方的主要责任如下。

食品安全主管部门：①需要向食品生产或经营者和消费者提供食品安全方面

教育、告知和建议；②需要通过食品安全监测、检查、抽查、纠正以及召回产品等多种手段提高食品的安全性；③在必要条件下，采取纠正性行政措施和制裁等法律手段提高食品的安全性。

食品生产或经营者：①为消费者生产或提供安全的食品，并及时解决出现的食品安全问题；②在生产或经营过程中，实施食品安全管理体系；③确保生产或经营的食品符合国家在食品安全方面的要求和标准；④及时提醒或通报食品安全主管部门潜在的食品安全问题，并与食品安全主管部门密切合作探索解决方案，以避免或降低食品安全风险；⑤对已经发生的食品安全问题迅速做出反应；⑥召回问题食品。

消费者：①主动了解食品安全问题，仅选择和食用符合食品安全要求和标准的食品；②及时将已经发生的食品安全问题反馈给食品生产或经营者，并及时向食品安全主管部门报告。

二、食品安全主管部门构架及主要责任

在食品安全管理体系中，食品安全主管部门是食品生产或经营者和消费者的主要纽带，是维护食品安全和消费者权益的核心行为主体，是食品安全管理体系构架的核心。因而，下文主要对食品安全主管部门构架和运行机制进行分析。

食品安全涉及到食品原料生产、食品加工、食品物流、食品储运、食品销售、食品营养等多个环节，因而柬埔寨的食品安全管理体系受到农林渔业部、商务部、旅游部、工业与手工业部、卫生部和财政部六个部门联合管理。各部门在管理范围和管理职责各有侧重点，其主要职责如下。

（一）农林渔业部的主要职责

农林渔业部是食品安全主管部门中的主要负责部门，所有食品原料生产和食品初级加工过程的经营者均应该在农林渔业部相关部门登记注册，并获得生产许可，才可以进行食品生产和初级加工，并且在生产过程中应该严格执行食品安全相关法规和制度。在该生产过程中，农林渔业部主要职责如下：①制定食品原料生产和初级加工过程中食品安全的政策和法律框架；②在食品原料生产和初加工场所监视和检查与食品质量安全；③制定并实施监督和发展战略规划，以促进食品安全相关规划的实施；④建立种植业、渔业、养殖业食品原料及其初级加工品的质量和安全检验标准，并负责产品质量安全检验，签发上述产品出口许可证书；⑤制订和实施危机管理和应急响应预案，以协助解决食品安全应急事件，或将食品安全事件的影响降低至最小。

（二）工业与手工业部的主要职责

所有从事食品深加工的经营者均需在工业与手工业部相关部门登记注册，并获得食品生产许可。工业与手工业部应该及时将食品深加工企业的注册和生产许可与相关的部门进行公开，从而保证食品深加工企业高效地执行食品安全相关法规和制度。在该过程中，工业与手工业部主要职责如下：①制订有关食品安全和食品标准的政策和法律框架；②监测和检查食品标准和相关法规的执行情况；③制订和实施促进食品安全生产规范的计划；④对食品安全生产规范进行监督和检验，并负责签发深加工食品出口质量保证书；⑤对食品加工厂使用的非食品原料及其加工品的原料安全进行监督和检验，并负责签发上述产品进口许可证；⑥制订和实施食品安全危机管理和应急响应预案，以协助解决应急事件，或将事件影响降低至最小。

（三）商务部的主要职责

商务部下设的进出口检验和反欺诈总局对食品安全问题进行指导和协调，以促进食品质量安全标准在市场贸易中的高效市场监督。在该过程中，商务部进出口检验和反欺诈总局主要职责如下：①制订与消费者保护和法律依据有关的法律框架，并加强与柬埔寨海关总署或其他相关机构合作；②为消费者的利益提供标准化的解决方案，保障消费者权益；③对不符合食品安全要求的产品实施管控，管控措施包括提供信息与管理规定技术支持、发布警告、罚款、提起法律诉讼、暂停产品销售、扣押产品、乃至于强制召回产品等手段；④对食品安全问题产品实施跟进，并与相关管理部门保持沟通，以采取必要的手段解决上述产品问题；⑤及时接收、处理和跟踪消费者的投诉；⑥制订和实施跨境市场监督活动的框架。

（四）卫生部的主要职责

卫生部负责领导协调与消费者食品安全相关的以下任务：①制订食品生产或经营者卫生和环境卫生标准的政策与法律框架；②为消费者提供保证食品安全和身体健康建议；③监测和监督检查食品生产企业的卫生和环境卫生状况；④制订和实施食品生产企业卫生和环境卫生规范与标准；⑤对食品安全生产卫生和环境卫生规范进行监督和检验，并负责签发食品生产企业卫生和环境卫生保证证书；⑥制订和实施食品安全危机管理和应急响应预案，以协助解决应急事件，或将事件影响降低至最小。

（五）财政部的主要职责

财政部下设的柬埔寨海关总署是负责在国际检查站监管食品安全问题的机

构。在该过程中，柬埔寨海关总署主要职责如下：①根据风险管理规范联合采取执法行动，与食品进出口相关的部委共同保障《贸易便利化联合措施》的实施；②作为牵头机构，对进入该国的食品进行初步检查，并根据风险评估标准决定是否应由其他主管部委门介入共同对产品进行检查，或是否可以通关；③与出口目的国的海关总署或有关主管部门共享有关食品出口商的信息；④与食品相关主管部门合作建立产品风险评价标准；⑤当货物存在风险时，则通知相关管理部门或主管部门，以确定解决方案。

（六）旅游部的主要职责

旅游部负责签发与旅游业相关食堂和餐厅的所有注册和经营许可证书，并负责领导与消费者食品安全相关问题的协调。在该过程中，旅游部主要职责为：制订与旅游业相关食堂和餐厅的标准和规范，并对其进行监督和检查。

三、食品安全主管部门主要分工

食品安全涉及食品原料生产、食品加工、食品物流、食品储运、食品销售、食品营养等多个环节，依据食品安全主管部门主要职责的划分，可以将上述环节优化为生产、加工和贸易三个层次，其中生产环节包括种植业、养殖业和渔业；加工环节包括农产品、初加工、深加工和餐饮；贸易环节包括出口农产品和初加工食品、其他进出口、出口深加工食品和进口食品原料、内销食品、食堂和餐厅（图 7-1）。

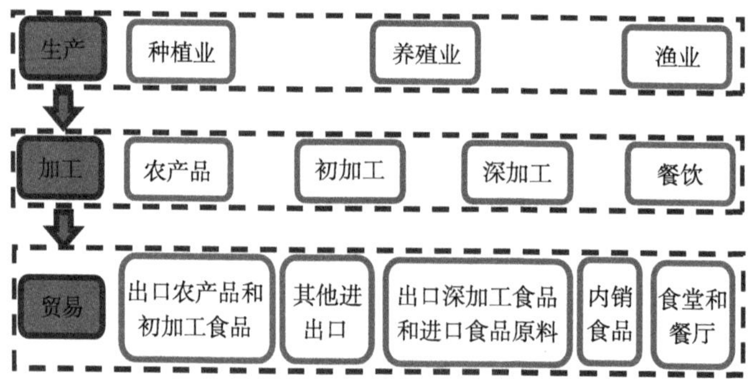

图 7-1　柬埔寨食品安全体系主要环节

（一）农林渔业部的主要分工

农林渔业部在食品安全管理体系中具有重要地位，在从农产品生产到加工到经营的产业链中，农林渔业部负责农产品生产环节中种植业、养殖业和渔业；加工环节中农产品和初加工；经营环节中出口农产品和初加工食品和内销食品的食品安全相关问题监管。

农林渔业部下属的农业产业局、农业总局、动物卫生与生产局和渔业局分别负责初级加工食品、种植业产品、养殖业产品和渔业产品的质量安全问题。其中，农业产业局主要负农产品生产与食品加工业的衔接，是农林渔业部中唯一直接与农产品生产和食品加工业对接的部门，其主要职责包括：①促进农业产业发展，并设计农业产业的政策、规划、方案、项目和实施方案；②参与食品加工企业发展问题，并制订指导食品加工和商业生产投资的相关政策；③制订食品加工企业发展规划，并鼓励和促进食品加工发展；④参与、鼓励和促进对农产品加工和食品加工企业的投资和出口等。农业产业局下属的柬埔寨农产品和食品检验实验室负责制订和监督初级加工农产品农药残留、毒素残留等质量标准的执行等（张超，HOUR P，KONG P，2020）。

（二）工业与手工业部的主要分工

在从生产到加工到贸易的产业链中，工业与手工业部负责加工环节中深加工；贸易环节中出口深加工食品和进口食品原料和内销食品的食品安全相关问题监管。

（三）商务部的主要分工

在从生产到加工到贸易的产业链中，商务部下设的进出口检验和反欺诈总局负责加工环节中农产品、初加工和深加工；贸易环节中内销食品的食品安全相关问题监管。

进出口检验和反欺诈总局下设 4 个局级单位和 27 个分支机构。4 个局级单位分别为消费者保护与反欺诈局、技术事务和公共关系局、政策与争端解决局和检验实验室。消费者保护与反欺诈局主要负责制订消费者保护相关的法律、处理和跟踪消费者投诉，保障消费者权益；技术事务和公共关系局主要负责食品质量安全标准的建立，并对不符合食品安全要求的产品实施管控；政策与争端解决局主要负责制订和实施跨境市场监督活动，解决国际争端问题；检验实验室主要负责食品安全的监测和监督，对样品质量安全进行评价。

（四）卫生部的主要分工

在从生产到加工到贸易的产业链中，卫生部负责加工环节中农产品、初加工、深加工和餐饮；贸易环节中出口农产品和初加工食品、其他进出口、出口深加工食品和进口食品原料、内销食品、以及食堂和餐厅的食品安全相关问题监管。

（五）财政部的主要分工

在从生产到加工到贸易的产业链中，财政部负责贸易环节中出口农产品和初加工食品、其他进出口、出口深加工食品和进口食品原料的食品安全相关问题监管。

（六）旅游部的主要分工

在从生产到加工到贸易的产业链中，旅游部负责生产环节中餐饮业；贸易环节中食堂和餐厅的食品安全相关问题监管。

四、食品安全主管部门运行机制

从行业划分的角度，食品安全管理体系涉及农业、制造业和服务业 3 大领域，覆盖面广，涉及人群复杂，因而在管理方面也是由 6 个部门沟通进行监管，每个部门负责食品安全产业链中的部分环节，各部门有重叠的监管环节，也有无交叉的环节。为了充分保障食品安全、保障国民健康，政府进一步建立部门间的协调运行机制。

在规范、标准、法规或规划制订方面，一般是以主责部门作为牵头单位，首先制订规范、标准、法规或规划的初稿，然后将初稿发送至相关部门进行审阅，主责部门根据相关部门的反馈进行初稿的修订，并再次提交相关部门审阅，经过多轮磋商和修订，提交相关部门进行发布和实施；有时牵头单位在制订规范、标准、法规或规划初稿时，就会与主要相关部门进行协调沟通，共同制订初稿，并共同完成后续的审批手续，建立跨部级的规范、标准、法规或规划。

在规范、标准、法规或规划实施方面，牵头单位作为主责部门实施，协调相关部门进行联合行动，保证规范、标准、法规或规划准确实施；同时，还会通过相关单位邀请相关专家，对规范、标准、法规或规划实施过程中的问题进行咨询，以保证在规范、标准、法规或规划实施的科学性。

在紧急情况下，一般主责部门作为牵头单位迅速建立应急响应组，该响应组由 6 个部门的相关单位联合组成。在牵头单位领导下，迅速分析紧急情况原因，建立紧急问题解决方案，分头实施，在必要时会进一步与其他相关部门协调工作，攻克难关。之后，主责单位根据此次问题解决的经验，建立同类紧急问题解决预案，与各个部门分享。

参考文献

边红彪，2019. 泰国食品安全监管体系研究［J］. 食品安全质量检测学报，10（15）：5 202–5 205.

郭思琪，2019. 浅析我国食品安全体系［J］. 中国食品（2）：129–130.

刘毅，赵昌松，2019. 主要发达国家食品安全监管体系研究［J］. 饮食保健，6（7）：279.

罗云波，吴广枫，张宁，2019. 建立和完善中国食品安全保障体系的研究与思考［J］. 中国食品学报，19（12）：6–13.

吕果，1996. 柬埔寨粮食安全形势分析［J］. 南洋问题研究（3）：25–30.

王浦劬，刘新胜，2016. 美国食品安全监管职权体系及其借鉴意义［J］. 科学决策，45（3）：1–9.

吴秀敏，赵智晶，李冬梅，等，2015. 农产品质量安全保障体系：理论与实践［M］. 北京：中国财政经济出版社.

杨晓宇，张娜，2016. 浅析当前中国对食品生产监管的举措［J］. 食品安全质量检测学报，7（7）：2 968–2 972.

张超，HOUR P，KONG P，2020. 柬埔寨农产品加工业的发展现状与机遇［J］. 农产品加工，481（1）：14–19.

赵荣，陈绍志，乔娟，2012. 美国，欧盟，日本食品质量安全追溯监管体系及对中国的启示［J］. 世界农业，34（3）：1–4，25.

Härtel I，2018. Handbook of Agri–food Law in China，Germany，European Union：Food Security，Food Safety，Sustainable Use of Resources in Agriculture［M］. Springer.

Steiner B，2006. Governance reform of German food safety regulation：cosmetic or real?［J］. What's the Beef，45：181–120.

Taylor M R，1997. Preparing America's food safety system for the twenty–first century–who is responsible for what when it comes to meeting the food safety challenges of the consumer–driven global economy［J］. Food & Drug，52：13.

Westgren R E，1999. Delivering food safety，food quality，and sustainable production practices：The Label Rouge poultry system in France［J］. American Journal of Agricultural Economics，81（5）：1 107–1 111.